Kohlhammer

Die Herausgeberinnen

Prof.in Dr. Marie-Christine Vierbuchen arbeitet seit August 2017 an der Universität Vechta als Juniorprofessorin für Inklusive Bildung in den Erziehungswissenschaften.

Im Wintersemester 2016/17 vertrat sie die Professur ›Schulische Interventionsforschung bei besonderen pädagogischen Bedürfnissen‹ an der Universität Wuppertal in der School of Education. Seit 2009 arbeitete sie an der Universität Oldenburg als Wissenschaftliche Mitarbeiterin im Institut für Sonder- und Rehabilitationspädagogik im Fachbereich ›Pädagogik und Didaktik bei Beeinträchtigungen des Lernens‹.

Ihre Forschungsschwerpunkte sind Lehrkräftebildung, schulische Inklusion sowie Prävention und Intervention bei Lern- und Verhaltensbeeinträchtigung (z. B. Diagnostik und Förderplanung, Classroom Management).

Prof.in Dr. Frederike Bartels wurde zum 1. Oktober 2017 als Juniorprofessorin für Grundschulpädagogik in das Fach Erziehungswissenschaften an die Fakultät I – Bildungs- und Gesellschaftswissenschaften der Universität Vechta berufen. Zuvor war sie bereits seit 2008 als Lehrkraft für besondere Aufgaben, später als wissenschaftliche Mitarbeiterin in Vechta tätig.

Die Forschungstätigkeiten liegen im Bereich Grundschul- und Elementarpädagogik. Schwerpunkte sind Selbstkonzept und implizite Fähigkeitstheorien von Kindern im Vor- und Grundschulalter, Lehrerfeedback, Erwartungen von Eltern und pädagogischen Fachkräften an Bildungsinstitutionen und die Professionalisierung von Elementar- und Primarpädagog*innen.

Marie-Christine Vierbuchen
Frederike Bartels (Hrsg.)

Feedback in der Unterrichtspraxis

Schülerinnen und Schüler beim
Lernen wirksam unterstützen

Verlag W. Kohlhammer

Dieses Werk einschließlich aller seiner Teile ist urheberrechtlich geschützt. Jede Verwendung außerhalb der engen Grenzen des Urheberrechts ist ohne Zustimmung des Verlags unzulässig und strafbar. Das gilt insbesondere für Vervielfältigungen, Übersetzungen, Mikroverfilmungen und für die Einspeicherung und Verarbeitung in elektronischen Systemen.

Die Wiedergabe von Warenbezeichnungen, Handelsnamen und sonstigen Kennzeichen in diesem Buch berechtigt nicht zu der Annahme, dass diese von jedermann frei benutzt werden dürfen. Vielmehr kann es sich auch dann um eingetragene Warenzeichen oder sonstige geschützte Kennzeichen handeln, wenn sie nicht eigens als solche gekennzeichnet sind.

Es konnten nicht alle Rechtsinhaber von Abbildungen ermittelt werden. Sollte dem Verlag gegenüber der Nachweis der Rechtsinhaberschaft geführt werden, wird das branchenübliche Honorar nachträglich gezahlt.

Dieses Werk enthält Hinweise/Links zu externen Websites Dritter, auf deren Inhalt der Verlag keinen Einfluss hat und die der Haftung der jeweiligen Seitenanbieter oder -betreiber unterliegen. Zum Zeitpunkt der Verlinkung wurden die externen Websites auf mögliche Rechtsverstöße überprüft und dabei keine Rechtsverletzung festgestellt. Ohne konkrete Hinweise auf eine solche Rechtsverletzung ist eine permanente inhaltliche Kontrolle der verlinkten Seiten nicht zumutbar. Sollten jedoch Rechtsverletzungen bekannt werden, werden die betroffenen externen Links soweit möglich unverzüglich entfernt.

1. Auflage 2019

Alle Rechte vorbehalten
© W. Kohlhammer GmbH, Stuttgart
Gesamtherstellung: W. Kohlhammer GmbH, Stuttgart

Print:
ISBN 978-3-17-035244-5

E-Book-Formate:
pdf: ISBN 978-3-17-035245-2
epub: ISBN 978-3-17-035246-9
mobi: ISBN 978-3-17-035247-6

Inhalt

1	Vorwort der Herausgeberinnen	11
I	**Feedback – Terminologie, Konzept und Bedeutung für die Praxis**	
2	Ich gebe und fordere Rückmeldung. – Feedback in der Unterrichtspraxis	19
	Denise Weckend, Christina Schatz & Klaus Zierer	
	2.1 Einleitung	19
	2.2 Erfolgreiches Feedback	20
	2.2.1 Motivation	21
	2.2.2 Lernziele	22
	2.2.3 Informationsinhalt und Leistungsstand	22
	2.2.4 Feedback als Dialog	23
	2.3 Vollständiges Feedback	23
	2.3.1 Die Perspektiven des Feedbacks	24
	2.3.2 Die Ebenen des Feedbacks	24
	2.4 Feedback in der Unterrichtspraxis	29
	2.4.1 Das K3W-Modell	29
	2.4.2 Das Fortbildungsmodul »Ich gebe und fordere Rückmeldung.«	30
	2.5 Ergebnisse aus der Praxis	33
	2.6 Ausblick	38
	Literatur	39
3	Feedback und Lob – Perspektiven auf den Umgang mit Lob und Kritik im Grundschulunterricht	40
	Frederike Bartels, Vanessa Pieper & Julius Busch	
	3.1 Einleitung	40
	3.2 Feedback und Lob – eine terminologische Verortung	41
	3.2.1 Formen und Effekte von Feedback	42
	3.2.2 Lob und Kritik	43
	3.2.3 Effekte von Lob und Kritik	44
	3.3 Schülerinnen- und Schülerperspektiven auf Lob und Kritik – Entwicklungen im Verlauf der Grundschulzeit	47

		3.3.1 Entwicklungsverläufe im Anfangsunterricht	47
		3.3.2 Entwicklungsverläufe am Ende der Grundschulzeit...	49
		3.3.3 Geschlechterdifferente Wahrnehmungen	51
	3.4	Pädagogische Konsequenzen	52
	Literatur		54

4 Lob als effektives Classroom Management in der Sekundarstufe – wissenschaftliche Befunde und praktische Hinweise 59
Sarah Fefer & Marie-Christine Vierbuchen

	4.1	Die Logik eines mehrstufigen Systems	60
	4.2	Bedeutung des Lobes in der Sekundarstufe	63
	4.3	Menge des Lobes	65
	4.4	Art des Lobes..	66
	4.5	Erfolgreiches Lob – Training für Lehrkräfte	68
	4.6	Schlussfolgerungen	71
	Literatur		72

II Feedback – soziale Integration und Inklusion

5 Lehrkraftfeedback und soziale Integration: ein Dreiebenenmodell zum integrationswirksamen Lehrkraftfeedback in Schule und Unterricht 79
Christian Huber

	5.1	Einleitung	79
	5.2	Ansätze zur Erklärung von sozialen Integrationsprozessen	79
	5.3	Theoretischer Hintergrund: soziale Referenzierungsprozesse und Austauschtheorie	80
	5.4	Forschungsstand zur Wirkung von Lehrkraftfeedback auf die soziale Integration	82
	5.5	Ein Dreiebenenmodell zur integrationswirksamen Wirkung von (Lehrkraft-)Feedback	83
		5.5.1 Ebene 1: der Fokus des Feedbacks	84
		5.5.2 Ebene 2: die Valenz des Feedbacks	85
		5.5.3 Ebene 3: die (emotionale) Temperatur des Feedbacks	85
	5.6	Beziehung zwischen Feedbackgebendem und Beobachtendem	86
	5.7	Hypothetische (Wechsel-)Wirkung der integrationsrelevanten Ebenen von Lehrkraftfeedback	86
	5.8	Ableitungen des Dreiebenenmodells für die schulische Praxis	88
		5.8.1 Öffentlichkeit des Lehrkraftfeedbacks	88
		5.8.2 Valenz des Feedbacks	88

		5.8.3 Bezugsnormorientierung des Feedbacks	89
		5.8.4 Classroom Management	89
		5.8.5 Schulnoten als Feedback	90
		5.8.6 Einstellungen der Lehrkraft	90
	5.9	Fazit	91
	Literatur		92

6	Individuelles Feedback als Bestandteil inklusiven Unterrichts? Eine empirische Studie über die Wahrnehmung von individuellem Lehrkraftfeedback aus Schülerinnen- und Schülersicht	95
	Susanne Schwab, Janka Goldan & Lisa Hoffmann	

	6.1	Einleitung	95
	6.2	Fragestellungen	97
	6.3	Methode	97
		6.3.1 Stichprobe	97
		6.3.2 Erhebungsinstrumente	98
	6.4	Ergebnisse	99
		6.4.1 Deskriptive Ergebnisse	99
		6.4.2 Prädiktoren von individuellem Feedback	100
		6.4.3 Zusammenhänge zwischen der Wahrnehmung individuellen Lehrkraftfeedbacks und der Beziehung zur Lehrkraft, der Beziehung zu den Peers, dem akademischen Selbstkonzept und der Intention zum Schulabbruch	102
	6.5	Diskussion	103
	Literatur		106

III Feedback und Fehlerkultur

7	Umgang mit Fehlern im Unterricht: zur Rolle von Feedback in einem konstruktiven Fehlerklima	111
	Gabriele Steuer & Markus Dresel	

	7.1	Fehlerklima und Feedback – eine theoretische Annäherung	111
		7.1.1 Fehler im Unterricht	111
		7.1.2 Fehlerklima – Definition und Beschreibung	113
		7.1.3 Feedback	116
	7.2	Empirische Befunde zu Fehlerklima und Feedback	118
		7.2.1 Empirische Befunde zum Zusammenhang von Fehlerklima und Feedback	118
		7.2.2 Empirische Befunde zum Zusammenhang von Fehlerklima und individuellem Umgang mit Fehlern	119

		7.2.3	Empirische Befunde zum Zusammenhang von Fehlerklima und Leistung	120
	7.3		Bedeutung für die Unterrichtspraxis	120
	Literatur			122

8 Leistungsattributionen und attributionales Feedback 125
Robert Grassinger

	8.1	Leistungsattributionen und deren Klassifikation sowie Relevanz	125
		8.1.1 Klassifikation von Leistungsattributionen	126
		8.1.2 Wirkung von Leistungsattributionen auf Lern- und Leistungsmotivation sowie Leistungsemotionen	127
	8.2	Antezedenzien von Leistungsattributionen	130
		8.2.1 Situative Informationen zum Konsensus, zur Konsistenz und zur Distinktheit der Leistung	130
		8.2.2 Attributionsverzerrungen am Beispiel von selbstwertdienlichen Attributionsmustern	131
		8.2.3 Motivationale Tendenzen und Überzeugungen	131
		8.2.4 Geschlecht	132
	8.3	Attributionales Feedback	132
		8.3.1 Günstige Inhalte attributionalen Feedbacks	133
		8.3.2 Günstige Darbietung attributionalen Feedbacks	134
		8.3.3 Reattributionstrainings	135
	8.4	Zusammenfassung	137
	Literatur		137

IV Feedback in der Lehreraus- und -fortbildung

9 Zur Handlungskompetenz von Lehramtsstudierenden beim Erteilen von Feedback – Effekte der Strukturiertheit bei der Analyse eigener Videoaufnahmen 143
Miriam Hess & Frank Lipowsky

	9.1	Einleitung	143
	9.2	Hintergrund	143
		9.2.1 Zur Bedeutsamkeit und Qualität von Feedback	144
		9.2.2 Zur Veränderung der Handlungskompetenz durch die Arbeit mit Videos	145
	9.3	Fragestellungen	146
	9.4	Datengrundlage: das Projekt ProFee und die drei Lernumgebungen	147
	9.5	Methodisches Vorgehen	150
		9.5.1 Zur Erfassung der Handlungskompetenz der Studierenden	150

		9.5.2 Zur Stichprobe	152
		9.5.3 Zu den Analysemethoden	152
	9.6	Ergebnisse	153
		9.6.1 Analysen anhand der Einzelitems	153
		9.6.2 Analysen anhand der Summenscores	155
	9.7	Diskussion	156
	Literatur		159
10	Feedback durch Coaching – eine zentrale Komponente wirksamer Lehrkräftefortbildungen		161
	Daniela Rzejak & Frank Lipowsky		
	10.1	Einleitung	161
	10.2	Feedback und Coaching: eine begriffliche Annäherung	161
		10.2.1 Feedback	162
		10.2.2 Coaching	163
	10.3	Befunde zum Coaching in Lehrkräftefortbildungen	165
		10.3.1 Übersichtsarbeiten zur Wirksamkeit von Coaching für Lehrkräfte	165
		10.3.2 Zur Wirksamkeit von Coaching: ein Blick auf einzelne Studien	166
	10.4	Wirksames Lehrkräftecoaching?! Resümee und Ausblick	172
	Literatur		174
Autorinnen und Autoren			**178**

1 Vorwort der Herausgeberinnen

Die Forschung über die Verwendung und den Nutzen von Feedback im Unterricht hat eine lange Tradition. Vor mehr als hundert Jahren demonstrierte Gilchrist (1916) bereits, dass ein positives Lehrkraft-Feedback die Leistung der Schülerinnen und Schüler bei einem Test verbesserte. Mittlerweile sind eine Reihe an Untersuchungen zu Feedback im Klassenzimmer durchgeführt worden, wobei die Forschungsbemühungen seit dem Erscheinen von Hattie und Timperleys (2007) Synthese von 196 Studien aus 12 vorangegangenen Meta-Analysen über Lehrkraftfeedback mit Sicherheit intensiviert wurden.

John Hattie, einer der einflussreichsten Bildungsforscher der heutigen Zeit, definiert Feedback als »eine Information (...), die von einem Akteur (z. B. Lehrperson, Peer, Buch, Eltern oder die eigene Erfahrung) über Aspekte der eigenen Leistung oder das eigene Verstehen gegeben wird« (Hattie, 2013, S. 206). Die Erkenntnisse aus der zitierten Studie von Hattie und Timperley (2007) demonstrieren, dass positives Feedback, das sich auf bestimmte Aufgaben und Aktivitäten im Klassenzimmer konzentriert, ein wirksames Instrument ist, um den Erfolg der Schülerinnen und Schüler in akademischen und nicht-akademischen Bereichen zu fördern. Und spätestens seit Hattie (2009) Feedback als eine der »Top Ten« wirksamster Einflussgrößen auf die Lernleistung von Schülerinnen und Schüler identifizierte, wird Feedback auch von Akteurinnen und Akteuren aus Praxis und Forschung verstärkt als wichtige Steuergröße schulischen Lernens wahrgenommen.

Das vorliegende Buch versteht sich als wissenschaftlich fundierter Beitrag, in dem eine systematische und reflektierte Annäherung an die unterschiedlichen Ebenen und Bereiche von Feedback stattfindet, in denen Feedback als Steuerungsinstrument im Alltag des Lehrens und Lernens wirksam wird. Im schulischen Kontext besitzt Feedback eine hohe Relevanz, so dass in diesem Werk sowohl das Feedbackverhalten der Lehrkraft und seine Auswirkungen und Chancen im Unterricht thematisiert werden wie auch die Möglichkeiten einer gezielten Unterstützung und Förderung des Feedbackverhaltens von Lehrkräften.

In allen Kapiteln wird deutlich, dass gelingend eingesetztes Feedback nicht rein intuitiv umsetzbar ist, sondern ein gezieltes Training und Reflektion benötigt, da es sonst viel zu selten und nicht passgenau gegeben wird und damit wertvolles Entwicklungspotenzial verloren geht. Adäquat eingesetzt stellt Feedback eine Bereicherung sowohl für Lehrkräfte als auch für Schülerinnen und Schüler auf vielen Ebenen dar.

Aufbauend auf aktuellen Forschungserkenntnissen wird der Frage nach Gelingensbedingungen erfolgreichen Feedbacks im schulischen Kontext nachgegangen. Zentral geht es um Themen wie Feedback und eine gesunde »Fehlerkultur«, genderspezifische Unterschiede in der Wahrnehmung von Feedback und Feedbackgeberkultur, wertschätzendes Feedback als Bestandteil einer gelungenen Beziehungsgestaltung und förderliches Instrument zur Unterstützung des sozialen Status' von Schülerinnen und Schülern innerhalb der Klassengemeinschaft sowie als Steuerungsinstrument der Schulentwicklung, zur Einschätzung und Bewertung von Unterricht und Schulleben.

Übergreifend wird Feedback innerhalb des vorliegenden Buches als eine zentrale Unterstützungshilfe bei der Regulation von sozialen und akademischen Lernprozessen betrachtet, wenn es gelingend eingesetzt wird. Insbesondere Feedback und seine Auswirkungen auf individuelle und soziale Aspekte (z. B. Selbstkonzept oder soziale Anerkennung) ist aktuell mehr denn je ein bedeutsames Thema, in dem viele Gestaltungsmöglichkeiten liegen, gerade im Zuge des Prozesses inklusiver Schul- und Unterrichtsentwicklung. In einzelnen Beiträgen werden daher Handlungsmöglichkeiten für die Unterrichtspraxis skizziert, aber auch Grenzen aufgezeigt.

In den einzelnen Kapiteln werden unterschiedliche Perspektiven auf Feedback und seine Komponenten aufgezeigt. Die verwendeten Begrifflichkeiten werden in den jeweiligen Kapiteln detaillierter betrachtet. Es fließen dabei nationale und internationale Erkenntnisse von deutschen und internationalen Autorinnen und Autoren ein. Die Autorinnen und Autoren der Beiträge selbst stammen aus unterschiedlichen Disziplinen u. a. der Erziehungswissenschaft, der Grundschulpädagogik, der Psychologie und der Sonderpädagogik. Diese Vielfalt an unterschiedlichen Perspektiven ermöglicht den Leserinnen und Lesern tiefere Einblicke in das Verständnis über Wirkweisen von Feedback aus Sicht der jeweiligen Forschungstradition. Die Beiträge weisen dabei zum Teil Unterschiede im Theorieverständnis auf, allen gemein ist jedoch ein fundierter theoretischer Ansatz. Je nach fachlicher Genese wird eher aus einer sozial-konstruktivistischen Perspektive oder behavioristisch orientierten Perspektive argumentiert. Neben gesellschaftlichen Entwicklungen (wie z. B. Inklusion) werden auch institutionelle und akteurspezifische Bedürfnisse in den Beiträgen in den Blick genommen. Es werden Entwicklungsperspektiven von Verstehensprozessen von Feedback im Primarstufenbereich aufgezeigt und die Bedeutung von Lob für die Arbeit mit Schülerinnen und Schülern in der Sekundarstufe dargelegt. Feedback als Thema in der Lehreraus- und -fortbildung bildet ein weiteres Feld, in dem Feedback an Bedeutung gewinnt und das daher in diesem Buch näher beleuchtet wird.

Das Buch richtet sich sowohl an angehende Lehrkräfte, Forscherinnen und Forscher, Lehrende an Hochschulen als auch an Lehrkräfte und andere professionelle Fachkräfte, die ihr Wissen über wirksames Feedback in der Unterrichtspraxis erweitern möchten. Es werden Forschungsergebnisse beleuchtet, aber auch praktische und ganz konkrete Tipps für den Unterrichtsalltag sowie für die Lehrkräftebildung gegeben.

Das Buch ist untergliedert in vier Themenbereiche.
Kapitel I: Feedback – Terminologie, Konzept und Bedeutung für die Praxis. Im ersten Teil des Buches findet eine Einführung in grundlegende Begrifflichkeiten und Konzepte von Feedback sowie der Bedeutung für die Unterrichtspraxis statt. In ihrem Beitrag »*Ich gebe und fordere Rückmeldung. – Feedback in der Unterrichtspraxis*« beschreiben *Denise Weckend*, *Christina Schatz* und *Klaus Zierer*

erfolgreiches und lernförderliches Feedback. Hier wird Theorie und Forschung vor allem basierend auf »Visible Learning« von Hattie, mit Bezug zu seinem Feedbackmodell, beleuchtet. Einerseits geben sie einen Überblick über den aktuellen Forschungsstand. Sie erläutern, wie systematisch und vollständig Feedback gegeben werden kann, damit es lernwirksam ist. Andererseits stellen sie in ihrem Beitrag die Fortbildung »Ich gebe und fordere Rückmeldung.« im Schulprojekt »Schulen zum Leben« in Mecklenburg-Vorpommern vor. *Frederike Bartels, Vanessa Pieper* und *Julius Busch* gehen in ihrem Beitrag »*Feedback und Lob – Perspektiven auf den Umgang mit Lob und Kritik im Grundschulunterricht*« aus grundschulpädagogischer Sicht auf einen lernförderlichen Umgang mit Lob und Kritik im Grundschulunterricht ein. Die Autoren stellen dar, wie Lob und Kritik aus der Perspektive von Schülerinnen und Schülern wahrgenommen wird. Nach einer terminologischen Verortung und Abgrenzung von Feedback werden – aus dynamisch-transaktionaler Perspektive – die Effekte von Lob thematisiert. Den Abschluss des Kapitels bildet die Betrachtung von pädagogischen Konsequenzen, die Lehrkräften Hinweise für einen wirkungsvollen Umgang mit Lob und Kritik im Grundschulalltag geben kann. *Sarah Fefer* und *Marie-Christine Vierbuchen* stellen in ihrem Beitrag »*Lob als effektives Classroom Management in der Sekundarstufe – wissenschaftliche Befunde und praktische Hinweise*« Lob als positives Feedback vor allem in seiner Relevanz für die Sekundarstufe dar und gehen hier spezifisch auch auf Lob für Schülerinnen und Schüler mit hohem Entwicklungsrisiko ein. Aktuelle internationale Forschungsergebnisse werden zusammengefasst und in einen Bezug zum Thema Classroom Management gesetzt. Es wird die Möglichkeit einer Umsetzung innerhalb eines dreistufigen Systems mit jeweils verschiedenen Implikationen für Lob angeregt und konkrete Handlungsstrategien gelingenden Einsatzes, aber auch Stolpersteine der Umsetzung von angemessenem Lob im Unterricht berichtet.

Kapitel II: Feedback – Soziale Integration und Inklusion. In dem Beitrag »*Lehrkraftfeedback und soziale Integration: Ein Dreiebenenmodell zum integrationswirksamen Lehrkraftfeedback in Schule und Unterricht*« von *Christian Huber* geht es um den Zusammenhang zwischen Lehrkraftfeedback und sozialer Integration. Dieser Zusammenhang wird auf Grundlage der sozialen Referenzierungstheorie und zahlreicher empirischer Befunde erklärt. Beides (Theorie und Empirie) wird zu einem Dreiebenenmodell für integrationswirksames Feedback in der Schule zusammengeführt. In Anlehnung an Hattie und Timperly sowie Kluger und DeNisi wird in diesem Modell davon ausgegangen, dass Valenz, Fokus und Temperatur eines Feedbacks die Wirkung auf die soziale Integration beeinflussen. Aus dem Modell werden konkrete Hinweise für Schule und Unterricht abgeleitet. Dabei wird erklärt, warum und wie die »Öffentlichkeit« eines Feedbacks, die Bezugsnormorientierung von Rückmeldungen, Classroom Management, Schulnoten und Einstellungen ein Feedback und damit soziale Hierarchien in einer Klasse beeinflussen können. Am Ende werden theoretische und empirische Limitationen des Modells diskutiert. *Susanne Schwab, Janka Goldan* und *Lisa Hoffmann* präsentieren in ihrem Beitrag »*Individuelles Feedback als Bestandteil inklusiven Unterrichts? Eine empirische Studie über die Wahrnehmung von individuellem Lehrkraftfeedback aus Schülerinnen- und Schülersicht*« Ergebnisse aus einer Studie, in der individuelles Feedback aus Perspektive der Schülerinnen und Schüler analysiert wird. Dies wird in diesem Kapitel für den Deutsch-, Mathematik- und Englischunterricht dargestellt. Die Ergebnisse zeigen, dass etwa zehn Prozent der Stichprobe überhaupt kein individuelles Feedback wahrnehmen. Auf Ebene der Schülerinnen und Schüler zeigt sich, dass weder das Geschlecht noch ein festgestellter besonderer Unterstützungsbedarf oder Migrationshintergrund einen Einfluss auf die Wahrnehmung individuellen Feedbacks haben. Darüber hinaus sind auf Lehrkraftebene weder die Einschätzung des eigenen Feedbackverhaltens noch die Anzahl der Jahre an Unterrichtserfahrung oder die Einstellung gegenüber schulischer Inklusion signifikante Prädiktoren der Schülerwahrnehmung von individuellem Feedback. Korrelationsanalysen bestätigen, dass Feedback mit der Beziehung zur Lehrkraft, jener zu den Peers, dem akademischem Selbstkonzept als auch (negativ) mit der Intention, die Schule zu verlassen, im Zusammenhang steht.

Kapitel III: Feedback und Fehlerkultur. Fehler gehören – insbesondere in der Schule – zum Lernen dazu. Dennoch stellen Fehler Lehrkräfte immer wieder vor Herausforderungen. Dies liegt zum einen an der Rolle von Fehlern als Bewertungsmaßstäbe, die sie in Leistungssituationen innehaben. Zum anderen an der Frage danach, wie konkret auf Fehler reagiert werden soll oder auch daran, ob auf alle Fehler eingegangen werden muss. In dem Beitrag von *Gabriele Steuer* und *Markus Dresel* »*Umgang mit Fehlern im Unterricht: zur Rolle von Feedback in einem konstruktiven Fehlerklima*« wird das Fehlerklima in einen theoretischen Zusammenhang mit Feedback gebracht. Es wird eine Reihe von empirischen Studien dargestellt, die unterstreichen, wie bedeutsam ein positiver Umgang mit Fehlern in der Klasse ist. In seinem Beitrag »*Leistungsattributionen und attributionales Feedback*« stellt *Robert Grassinger* die Bedeutsamkeit von Leistungsattributionen für schulische Lernprozesse und damit die Funktion attributionalen Feedbacks dar. Es wird deutlich, dass manche Leistungsattributionen die Lern- und Leistungsmotivation sowie positive Lern- und Leistungsemotionen begünstigen, andere hingegen sich ungünstig darauf auswirken. Dies wirft die Frage nach der Entwicklung und Erklärungsmöglichkeiten von Leistungsattributionen auf. Abschließend wird der Einsatz attributionalen Feedbacks durch die Lehrkraft anhand von Beispielen diskutiert, welches die Leistungsattributionen der Schülerinnen und Schüler günstig beeinflussen kann.

Kapitel IV: Feedback in der Lehreraus- und -fortbildung. In ihrem Beitrag »*Zur Handlungskompetenz von Lehramtsstudierenden beim Erteilen von Feedback – Effekte der Strukturiertheit bei der Analyse eigener Videoaufnahmen*« analysieren *Miriam Hess* und *Frank Lipowsky* den Einsatz von Videos in der Lehrerbildung zur Förderung der professionellen Kompetenzen von Lehrkräften im Bereich Feedback. Nach einer theoretischen Einführung, in der Grundlegendes zum Einsatz von Videos in der Lehrerbildung berichtet wird, präsentieren sie Ergebnisse aus einer quasi-experimentellen Studie. In dieser wurde u. a. der Frage nachgegangen, ob eine sehr stark vorstrukturierte, kriteriale Analyse eigener Videos lernförderlicher ist als eine offene, reflektierende Auseinandersetzung mit den eigenen Videos. Die Ergebnisse deuten darauf hin, dass Lehramtsstudierende nicht grundsätzlich von dem Einsatz von Videos in der Ausbildung profitieren. Allerdings lässt sich feststellen, dass gerade Novizen von einer vorstrukturierten Lernumgebung mehr profitieren als von offenen Lernsituationen. Im zweiten Beitrag dieses Kapitels »*Feedback durch Coaching – Eine zentrale Komponente wirksamer Lehrkräftefortbildungen*« geben *Daniela Rzejak* und *Frank Lipowsky* einen Überblick über die aktuellen Befunde zur Wirksamkeit von Feedback und Coaching in Lehrkräftefortbildungen. Coaching ist eng mit Feedback verbunden und so kann dieser Beitrag ein wichtiges Thema der Lehrkräfteprofessionalisierung beleuchten. Zuerst werden Metaanalysen und Reviews zur übergreifenden Darstellung der Wirksamkeit von Coaching in der Lehrkräfteprofessionalisierung genutzt, anschließend werden Einzelstudien mit verschiedenen Schwerpunkten dargestellt, so dass der Einsatz von Coaching in seiner Wirkung auf den Unterricht der beteiligten Lehrkräfte und deren Schülerinnen und Schüler betrachtet wird. Es zeigt sich, dass Coaching im Prozess der Lehrkräftefortbildungen das Potenzial besitzt, dass sich die Schülerinnen und Schüler fortgebildeter Lehrkräfte engagierter am Unterricht beteiligen und bessere Lernleistungen erzielen. Dabei kristallisiert sich allerdings auch heraus, dass vertiefende Forschung notwendig ist, um zu identifizieren, welche Ansätze des Coachings für welche Lehrkräfte und unter welchen Bedingungen unterstützend sind.

Wir wünschen allen Leserinnen und Lesern viel Spaß beim Lesen!

Vechta, im April 2019
Marie-Christine Vierbuchen & Frederike Bartels

I Feedback – Terminologie, Konzept und Bedeutung für die Praxis

2 Ich gebe und fordere Rückmeldung. – Feedback in der Unterrichtspraxis

Denise Weckend, Christina Schatz & Klaus Zierer

2.1 Einleitung

Das Thema Feedback spielt in Bezug auf Lehr-Lern-Prozesse zwar schon seit längerem eine wichtige Rolle, doch mit der Veröffentlichung von John Hatties »Visible Learning« im Jahr 2009 rückte Feedback erneut ins Zentrum bildungstheoretischer und -praktischer Diskussionen. In seiner Synthese aus über 800 Meta-Analysen zeigt sich, dass Feedback ein ausgiebig erforschtes Feld der Pädagogik ist. Dem Faktor »Feedback« liegen 25 Metaanalysen zugrunde, die über 1 000 Einzelstudien umfassen. Von allen Faktoren weist Feedback damit die dritthäufigste Anzahl von Meta-Analysen überhaupt auf. Die Feedbackforschung gehört somit zu den wichtigsten und empirisch am besten gesicherten Bereichen der Erziehungswissenschaft. Dies verdeutlicht auch die folgende Abbildung (▶ Abb. 2.1), in der die Einzelstudien aus »Visible Learning« mit ihren Effektstärken aufgelistet sind.

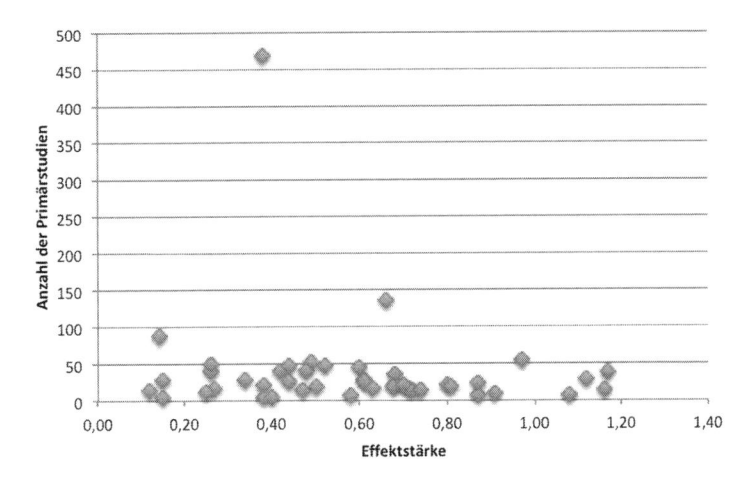

Abb. 2.1: Meta-Analysen zum Faktor »Feedback« nach Anzahl der Primärstudien und Effektstärke

Geht man von der Theorie in die Praxis und befragt Lehrpersonen über ihr Feedbackverhalten, geben diese oft die Antwort, dass sie viel Feedback geben. Forscht man jedoch genauer nach, wird meist auch klar, dass dieses Feedback einseitig gegeben wird – meist nur von der Lehrperson zu den Lernenden und oftmals nur auf der Ebene der Aufgabe, die entweder richtig oder falsch gelöst wurde.

Obenstehende Abbildung macht zudem deutlich, dass die Studien sehr unterschiedliche – teilweise sogar negative – Effektstärken aufweisen. Feedback ist zwar umfassend erforscht und erfährt in der Bildungswelt eine enorme Beachtung, wird aber nicht immer erfolgreich und lernförderlich in unterrichtliche Interaktionen integriert.

Daher ist es das Ziel des vorliegenden Beitrages, neben der Theorie auch die Forschung zu erfolgreichem und lernförderlichem Feedback basierend auf »Visible Learning« zu beleuchten. Dabei soll Bezug zu Hatties Feedbackmodell genommen werden, nach dem sich ein vollständiges Feedback auf drei Ebenen (Aufgabe, Prozess und Selbstregulation) und drei Perspektiven (Vergangenheit, Gegenwart, Zukunft) bezieht (vgl. Hattie & Zierer, 2018; Hattie, 2013). Darüber hinaus soll ein Blick in die Unterrichtspraxis geworfen werden: Was bedeutet es für Lehrpersonen, vollständiges Feedback zu geben? Wodurch zeichnet sich erfolgreiches Feedback aus? Wie kann aussagekräftiges Feedback von Lernenden eingeholt werden? Diese Fragen sind ein zentrales Anliegen der Lehrerfortbildung »Ich gebe und fordere Rückmeldung.« im Schulprojekt »Schulen zum Leben« in Mecklenburg-Vorpommern, die abschließend vorgestellt wird. An diesem nehmen ausgewählte Lehrkraftkollegien teil, um pädagogische Expertise zu reflektieren und weiterzuentwickeln (vgl. Hattie & Zierer, 2017). Diese zeigt sich als Zusammenspiel von Kompetenz und Haltung: Erfolgreiches Feedback ist nicht nur eine Frage der Technik, sondern auch und vor allem eine Frage der Haltung. Projektbegleitende empirische Erhebungen nehmen nicht nur die Perspektive der beteiligten Lehrpersonen in den Blick, sondern erfassen auch die Schülersicht und stellen beide Ergebnisse gegenüber.

2.2 Erfolgreiches Feedback

Der Feedbackbegriff umfasst ein breites Spektrum, das sich durch Vielfalt und Heterogenität auszeichnet. Um dies in den Blick zu nehmen und Erkenntnisse über erfolgreiches Feedback zu erlangen, bietet sich die Betrachtung der Meta-Analysen an, die von John Hattie (2009) in seiner Synthese aus dem Bildungsbereich zusammengefasst wurden. Hattie berechnet Effektstärken einzelner Faktoren, die Einfluss auf die Lernleistung von Schülerinnen und Schülern haben und veranschaulicht diese mit Hilfe von Barometern (▶ Abb. 2.2).

Bedeutende Effekte sind nach Hattie Effektstärken über dem Umschlagpunkt von $d = 0{,}40$. Werte zwischen 0,20 und 0,40 werden als Schulbesuchseffekte bezeichnet und Werte zwischen 0 und 0,20 können als Entwicklungseffekte angesehen werden. Der Faktor »Feedback« reiht sich mit einer Effektstärke von $d = 0{,}75$, die aus 25 Meta-Analysen berechnet wurde, in den oberen Rängen auf Hatties Faktorenliste ein.

2 Ich gebe und fordere Rückmeldung. – Feedback in der Unterrichtspraxis

Rückmeldung (Feedback)		
Rang	Anzahl der Meta-Analysen	Erscheinungsjahr der Meta-Analysen
10	25	1980–2006
d = 0,75		

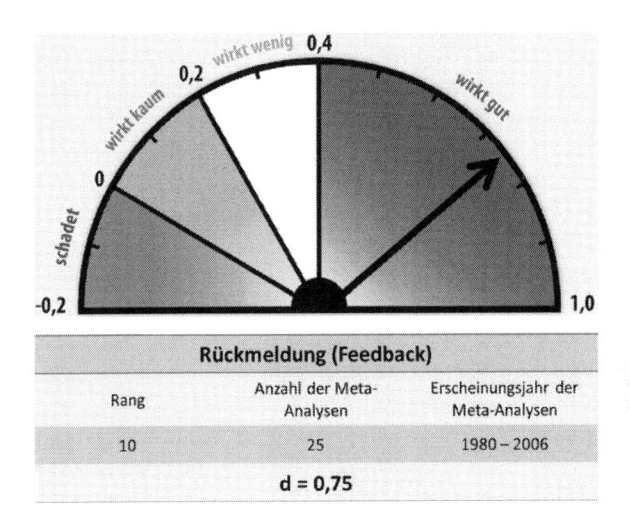

Abb. 2.2: Barometer des Faktors »Feedback« (Hattie & Zierer, 2018, S. 147)

Doch was bedeutet Feedback? Dass diese Frage nicht einfach zu beantworten ist, wird schon beim Blick auf die hohe Anzahl der Meta-Analysen klar, die eine hohe Diskrepanz in den Effektstärken aufweisen. Hattie (2013) stellte in seiner Auseinandersetzung mit dem Thema Feedback fest, dass unter Feedback nicht nur das verstanden werden kann, »was Lehrpersonen den Lernenden geben«, sondern auch die Rückmeldungen, die Lehrpersonen von ihren Lernenden erhalten. Diese Form erwies sich in der Forschung sogar als besonders wirksam (Hattie, 2013). Demnach schlussfolgert er, »dass Feedback eine Information ist, die von einem Akteur (z. B. Lehrperson, Peer, Buch, Eltern oder die eigene Erfahrung) über Aspekte der eigenen Leistung oder das eigene Verstehen gegeben wird« (Hattie, 2013, S. 206). Aufgrund dieser Definition und der umfassenden Forschung wird ersichtlich, dass sich eine Auseinandersetzung mit den Meta-Analysen lohnt, um Aspekte effektiven Feedbacks herauszustellen.

Wirft man einen Blick in die Forschung, lassen sich verschiedene Facetten herausarbeiten, die Feedback enthalten muss, um erfolgreich zu sein. Hierzu zählt die Motivation (Deci & Ryan, 1985), der Bezug zu Lernzielen (Hattie & Timperley, 2016; Kluger & DeNisi, 1996), der Informationsinhalt über die Leistung(serbringung) (Kulhavy, 1977) und die Berücksichtigung des Leistungsstandes (Sweller, 1990) der Schülerinnen und Schüler (Zierer et al., 2015).

2.2.1 Motivation

Motivation spielt für wirksames Feedback insofern eine Rolle, als das Feedback nicht mit Lob verwechselt werden darf und sich auch klar von extrinsischer Belohnung und Bestrafung abgrenzen muss (Deci & Ryan, 1985). Dies sind Formen, die nach Hattie am wenigsten effektiv für die Leistungsverbesserung sind. Sinn von Feedback ist es, durch Informationen den Lernprozess zu verbessern. Wird Lob mit anderen Formen von Feedback vermischt oder zu häufig eingesetzt, verliert Feedback sogar an Wirkung (Hattie, 2014). Dies liegt daran, dass Lob stärker wahrgenommen wird und somit die Lerninformation in Form von Feedback abgeschwächt wird. Gibt man Feedback verbunden mit Lob, führt das zu weniger Engagement und Anstrengung auf Seiten der Lernenden (Kessels et al., 2008). Bei personenbezogenem Feedback, also Feedback in Form von Lob, das man auf sich selbst bezieht, können Lernende unter Umständen versuchen, »die Risiken zu vermeiden, die mit dem Angehen einer anspruchsvollen Aufgabe verbunden sind« (Hattie, 2013, S. 210). Die Lernenden möchten dann das positive Bild, das die Lehrperson von ihnen hat, nicht gefährden. Deshalb sollte jede Lehrperson darauf achten, positives Feedback in Form von Lob wohldosiert zu geben. Gibt man den Lernenden Rückmeldungen, die Informationen zum Lernprozess enthalten, sollte auf zusätzliches Lob verzichtet werden bzw. es deutlich davon abgegrenzt und darauf geachtet werden, dass die Lernenden erfahren, was das Ziel ihres Lernens ist (Soll-Zustand), wo sie sich gerade im Lernprozess befinden (Ist-Zustand) und wie sie eine mögliche Diskrepanz zwischen Ist-Zustand und Soll-Zustand verringern können.

2.2.2 Lernziele

Erfolgreiches Feedback sollte stets einen Bezug zu konkreten und herausfordernden Lernzielen herstellen (Hattie & Timperley, 2016; Kluger & DeNisi, 1996). Soll Feedback gelingen, muss es sich auf konkrete Sachverhalte beziehen. Daher ist es notwendig, dass Lehrpersonen Ziele für ihren Unterricht formulieren und diese auch für die Lernenden transparent machen, um bei der Rückmeldung Bezug darauf nehmen zu können. Dies hat zur Folge, dass zu den Lernzielen immer auch Erfolgskriterien benannt werden können – sie machen den Lernenden sichtbar, wo die Herausforderung im Lernprozess liegt. Feedback muss außerdem kontinuierlich gegeben werden und im Prozess erfolgen, um wirksam zu sein. Es liegt auf der Hand, dass der Lernende schon im Lernprozess Rückmeldung zu den Zielen und seiner Zielerreichung benötigt und nicht erst am Ende des Prozesses (Zierer et al., 2015).

2.2.3 Informationsinhalt und Leistungsstand

Das Geben von Feedback ist wirksamer, sofern ein Bezug zu konkreten Lernkontexten und zu dem bisherigen Verständnis hergestellt wird (Kulhavy, 1977). Hierbei ist es wichtig, dass der Leistungsstand der Lernenden berücksichtigt wird (Sweller, 1990). So benötigt ein Novize, der sich im Bereich des Oberflächen-Verständnisses befindet, verstärkt Feedback auf der Ebene der Aufgabe, also darüber, was er richtig bzw. falsch gemacht hat (Hattie & Zierer, 2018). Ein Experte hingegen weiß dies in der Regel bereits und benötigt daher verstärkt Feedback auf den Ebenen des Prozesses und der Selbstregulation (Hattie & Zierer, 2018).

Der Lernende sollte unabhängig von seinem Leistungsstand nicht nur über die Korrektheit einer Aufgabenbearbeitung informiert werden, sondern die Lehrperson sollte versuchen, »die Lücke zu füllen zwischen dem, was verstanden wurde und was verstanden werden soll« (Hattie, 2013, S. 207).

2.2.4 Feedback als Dialog

Feedback ist als unendlicher Dialog zwischen Lehrperson und Lernenden zu verstehen (Hattie & Zierer, 2018): Feedback wird nicht nur von der Lehrperson an Lernende gegeben, sondern auch umgekehrt von den Lernenden an die Lehrperson (▶ Abb. 2.3).

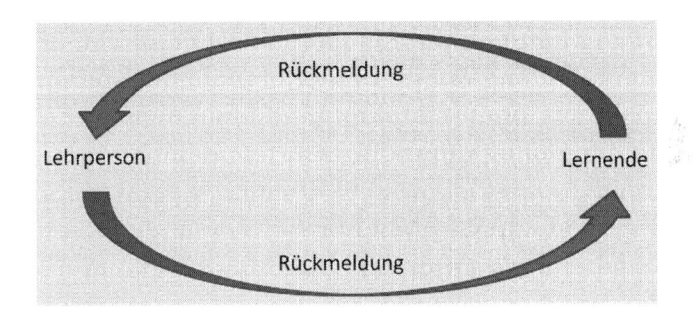

Abb. 2.3: Feedback als Dialog (Hattie & Zierer 2018, S. 154)

Geben die Lernenden der Lehrperson Feedback, kann das besonders wirksam für erfolgreiches, herausforderndes und wertschätzendes Unterrichten sein. Die Lehrperson erfährt, auf welchem Leistungsstand die Lernenden stehen, wo sie Verständnisprobleme haben und Fehler machen. Dadurch »können Lehren und Lernen miteinander synchronisiert werden« und die Diskrepanz zwischen Fremd- und Selbsteinschätzung von Unterricht wird reduziert (Hattie, 2013, S. 206). Diese Rückmeldungen zur Wirksamkeit ihrer Lehre können Lehrpersonen wiederum helfen, ihre didaktischen Entscheidungen zu überdenken und Feedback wird ein Instrument zur Entwicklung von Unterricht.

Zwar stellt das Lernenden-Feedback eine zentrale Komponente gelingenden Unterrichts dar, doch auch das Feedback von der Lehrperson zu den Lernenden ist in seiner Wirkung nicht zu unterschätzen, zumal es vordergründig immer thematisiert wird. Doch welche Aspekte spielen für ein vollständiges Feedback eine Rolle?

2.3 Vollständiges Feedback

Auf Grundlage der dargestellten Forschungen zu erfolgreichem Feedback entwickelten Hattie und Timperley (2016) ihr Feedbackmodell, das Rückmeldungen auf die Leistungen oder auf das Verhalten der Lernenden umfasst. Das Herzstück des Modells sind die Perspektiven und die Ebenen von Feedback. Um vollständige und effektive Rückmeldungen geben zu können, müssen beim Feedback von der

Lehrperson an die Lernenden nicht nur die verschiedenen Perspektiven, sondern auch die verschiedenen Ebenen des Feedbacks berücksichtigt werden.

2.3.1 Die Perspektiven des Feedbacks

Unter den Perspektiven des Feedbacks verstehen Hattie und Timperley (2016) folgende Unterteilung (vgl. auch Hattie & Zierer, 2018):

- Feed-Back (vergangenheitsbezogenes Feedback) bezeichnet diejenige Rückmeldung, die den aktuellen Ist-Stand mit dem vorausgegangenen Ist-Stand vergleicht. Dem Lernenden wird mitgeteilt, welche Fortschritte er seit dem letzten Feedback gemacht hat.
- Feed-Up (gegenwartsbezogenes Feedback) ist diejenige Rückmeldung, die den aktuellen Ist-Stand mit dem derzeitigen Soll-Stand vergleicht. Hier erfährt der Lernende, wo er gerade steht und was er tun kann, um das aktuelle Ziel zu erreichen.
- Feed-Forward (zukunftsbezogenes Feedback) umfasst diejenige Rückmeldung, die den zukünftigen Soll-Stand in den Blick nimmt (Welche nächsten Schritte im Lernprozess stehen bevor? Wohin gehst du als nächstes?). Dem Lernenden wird mitgeteilt, welche nächsten Schritte im Lernprozess bevorstehen und was er als Nächstes tun kann, um zukünftige Ziele zu erreichen.

Wie kann erfolgreiches Feedback aussehen, das sich auf alle drei Perspektiven bezieht?

> Die Lehrperson kann »auf der Ebene der Aufgabe dem Lernenden rückmelden, erstens welche Aufgaben richtig gelöst wurden und welche falsch, was den derzeitigen Ist-Stand im Vergleich zum gesetzten Soll-Stand markiert (»Feed Up«), zweitens wie sich der derzeitige Leistungsstand des Lernenden im Vergleich zum letzten Leistungstest verändert hat, wie sich der aktuelle Ist-Stand im Vergleich zum vorausgegangenen Stand zeigt (»Feed Back«), und drittens welche Aufgaben in Zukunft zu bearbeiten sind und welcher zukünftige Soll-Zustand sich daraus ergibt (»Feed Forward«)« (Hattie & Zierer, 2018, S. 151).

An diesem Beispiel wird deutlich, dass die Perspektiven Vergangenheit, Gegenwart und Zukunft ineinandergreifen können. Erst wenn alle Perspektiven berücksichtigt werden, erhält der Lernende ein umfassendes Bild über seinen Leistungsstand.

2.3.2 Die Ebenen des Feedbacks

Für vollständiges Feedback ist es nicht nur wichtig, die unterschiedlichen Perspektiven des Feedbacks zu beachten, sondern auch die verschiedenen Ebenen. Es kann die persönlichkeitsbezogene Ebene, die die Ebene des Selbst beinhaltet, und die leistungsbezogene Ebene, die sich aus den Ebenen der Aufgabe, des Prozesses und der Selbstregulation zusammensetzt, unterschieden werden (Hattie & Zierer, 2018, S. 147 ff).

Die persönlichkeitsbezogene Ebene von Feedback: das Selbst

Der Fokus liegt beim persönlichkeitsbezogenen Feedback auf dem Selbst. Hierzu zählt beispielsweise Lob oder Tadel, wie »Du bist toll!« oder »Du bist ein toller Mathematiker!«. Da keine Informationen zum Lernprozess enthalten sind, hat dieses Feedback kaum direkte Effekte auf die Lernleistung. Zudem kann das Feedback sogar negativ wirken, da der Lernende das Gesagte auf sich selbst und nicht auf sein Lernen bezieht und solche Rückmeldungen stärker wahrnimmt als Rückmeldungen, die sich auf den Lernprozess beziehen. So kann übermäßiges Lob zu einer Minderung der Leistungsbereitschaft führen, um das vorherrschende positive Bild der eigenen Person nicht auf das Spiel zu setzen. Tadel kann hingegen bei Schülerinnen und Schülern zu einem negativen Selbstkonzept beitragen, da es eben auch auf die Person und nicht den Fehler bezogen werden kann. Zudem kann eine vorherrschende intrinsische Motivation durch Belohnungen oder Lob zu einer extrinsischen Motivation werden. Das heißt, der Lernende ist nicht mehr motiviert, weil er sich für die Sache von sich aus interessiert, sondern weil er belohnt wird. Hierzu zählen beispielsweise Süßigkeiten, Aufkleber oder Stempel. Daher sollten Rückmeldungen auf der Ebene des Selbst wohldosiert und wohlüberlegt eingesetzt werden. Natürlich ist Lob für eine gute Lehrer-Schüler-Beziehung förderlich und kann positiv wirken, jedoch gibt es weitaus wirksamere Verfahren, um für Geborgenheit und eine gute Atmosphäre zu sorgen. Faktoren wie die »Klarheit der Lehrperson« oder auch »Glaubwürdigkeit«, die beide überdurchschnittliche Effektstärken erzielen, wären Beispiele dafür.

Aufgabe	Prozess	Selbstregulation	Selbst
Wie gut wurden die Aufgaben verstanden/erledigt?	Was muss getan werden, um die Aufgaben zu verstehen/ zu meistern?	Selbstüberwachung, -steuerung und -regulation der Aktivitäten	Persönliche Bewertung und Effekt (gewöhnlich positiv) auf die Lernende/den Lernenden

Abb. 2.4: Ebenen des Feedbacks (Hattie & Zierer, 2018)

Die leistungsbezogenen Ebenen von Feedback: Aufgabe, Prozess und Selbstregulation

Da sich die leistungsbezogene Ebene auf Aufgabe, Prozess und Selbstregulation der erbrachten Lernleistungen bezieht, können hierbei positivere Wirkungen auf den gesamten Lernprozess festgestellt werden (Hattie & Zierer, 2018).

Feedback auf der Ebene der Aufgabe

Gibt man Feedback auf der Ebene der Aufgabe, wird dem Lernenden rückgemeldet, ob eine Aufgabe richtig oder falsch gelöst wurde. Es handelt sich also um eine Rückmeldung im Hinblick auf das Produkt der Leistung. Die Lehrperson fragt beispielsweise mit Hilfe eines Leistungstests Aufgaben ab, »deren Lösung die Lernzielerreichung markiert. Nach Testdurchführung wird korrigiert, wie viele Aufgaben richtig oder falsch gelöst wurden. Auf diesem Weg bekommt der Lernende vor Augen geführt, was er kann und was nicht« (Hattie & Zierer, 2018). Auf der Ebene der Aufgabe ist Feedback noch lernwirksamer, wenn es hilft, falsch Erlerntes zu erkennen und es Hinweise zur Lösung gibt. Daher ist eine schlichte Notenvergabe für den Lernprozess weniger wirksam als ergänzende Kommentierungen der bearbeiteten Aufgaben (Hattie & Timperley, 2016).

Feedback auf der Ebene des Prozesses

Rückmeldungen, die sich auf den Prozess der Aufgabenbearbeitung beziehen, zählen zur Ebene des Prozesses. Der Lernende erfährt, wie er gearbeitet hat und zielt auf die Verbesserung des vertieften Lernens und dazugehöriger Strategien ab. Hier wird also nicht nur die Frage, ob ein Ziel erreicht wurde, beantwortet, sondern es werden auch Informationen darüber gegeben, warum das Ziel erreicht wurde bzw. was zur Erreichung des Zieles fehlt. Die Lehrperson meldet dem Lernenden beispielsweise zurück, ob er zügig oder nachlässig gearbeitet hat oder ob er viele Flüchtigkeitsfehler gemacht hat. Der Lernende wird darüber informiert, wie er gearbeitet hat (Hattie & Zierer, 2018). Somit kann Feedback auf dieser Ebene Bewertungen zu Motivation, Anstrengung und Engagement sowie Denkanstöße, Verständnis- und Transferfragen, alternative Strategien und Herangehensweisen enthalten. Feedback auf der Ebene des Prozesses ist effektiver als Feedback auf der Ebene der Aufgabe, da die Lernenden aufgrund der Rückmeldungen zu ihrem Handlungs- und Lernprozess ihre Lösungsstrategien optimieren können (Hattie & Timperley, 2016; Kluger & DeNisi, 1996). Wie bereits erwähnt wurde, eignet sich Feedback auf der Ebene der Aufgabe gut für Novizen, wohingegen Feedback auf der Ebene des Prozesses auf die »Verbesserung des tieferen Lernens« zielt (Hattie, 2014, S. 136).

Feedback auf der Ebene der Selbstregulation

Als dritte und letzte Ebene ist die Ebene der Selbstregulation zu nennen. Die Lehrperson teilt den Lernenden mit, wie sie Produkt und Prozess ihrer Leistung selbst reguliert haben, wie sie den Lernprozess selbst gesteuert und überwacht haben. Der Lernende soll selbst erkennen, wie er die Diskrepanz zwischen dem jetzigen Leistungsstand und dem gesetzten Ziel verringern kann. Er ist also selbst verantwortlich für sein Lernen. Die Lehrperson kann dem Lernenden beispielsweise nach einem Leistungstest mitteilen, wie er während des Tests seine Aufmerksamkeit fokussiert hat, ob sein Zeitmanagement gut war und ob er Kontrollverfahren, wie beispielsweise eine Nebenrechnung zur Prüfung des Ergebnisses, angewendet hat. Dadurch soll dem Lernenden klar werden, wie er Prozess und Produkt seiner Leistung selbst reguliert hat (Hattie & Zierer, 2018). Es handelt sich um Rückmeldungen zu Steuermechanismen der Leistung. Diese fördern die metakognitiven Fähigkeiten der Lernenden, da sie Hinweise zu Strategien bekommen, welche ihnen helfen, ihr Ziel effektiver zu erreichen.

Alle Ebenen des Feedbacks im Blick

Wann sollte man auf welcher Ebene Feedback geben? Diese Frage kann mit einem Beispiel beantwortet werden: Machen Lernende Fehler zum wiederholten Male, bringt es ihnen nichts, nur Feedback auf der Ebene der Aufgabe zu bekommen. Sie müssen wissen, warum sie den Fehler machen und was sie tun können, um aus dem Fehler zu lernen. Es muss eine Verbindung aus Feedback auf der Ebene der Aufgabe und einem Feedback auf den Ebenen des Prozesses und der Selbstregulation hergestellt werden. Die Ebenen können nicht hierarchisiert werden, sondern sind als Kreislauf zu verstehen: Sie greifen ineinander und wirken zusammen (▶ Abb. 2.5).

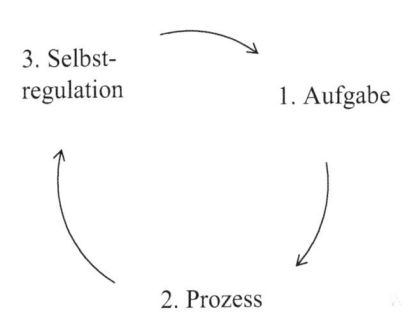

Abb. 2.5: Kreislauf der Ebenen (Hattie & Zierer, 2018)

Diese Ausführungen zeigen, dass erfolgreiches Feedback keine Frage der Quantität, sondern eine Frage der Qualität ist (Hattie & Zierer, 2018).

Ein vollständiges Feedback, also ein Feedback, das alle Ebenen und Perspektiven gleichermaßen berücksichtigt, würde Lehrperson und Lernenden zunächst überfordern. Vielmehr sollten Lehrpersonen die Gesamtheit der Ebenen und Perspektiven von Feedback im Hinterkopf behalten, um dem Lernenden jenen Ausschnitt des Feedbacks mitteilen zu können, der zum jeweiligen Leistungsstand passt und die nächsten Schritte in seinem Lernprozess aufzeigt (▶ Kap. 2.3). Die Komplexität zeigt, dass Feedbackgeben erlernt, an die Lernenden angepasst und im richtigen Moment eingesetzt werden muss. Und noch wichtiger als das Feedback, das gegeben wird, ist das Feedback, das ankommt. Gibt man unmittelbares Feedback wird das von Lernenden als Anerkennung wahrgenommen und steigert deren Engagement, Enthusiasmus und Selbstverpflichtung. Außerdem reduziert es die Distanz zwischen Lernenden und Lehrendem, und beeinflusst auch andere effektive Faktoren, wie die schon erwähnte Lehrer-Schüler-Beziehung oder die Motivation, positiv.

Wie kann ein vollständiges Feedback in der Praxis aussehen? Da vollständiges Feedback ein vielschichtiges Konstrukt ist, ist die Übertragung in die Praxis nicht leicht. Hattie und Zierer (2018) haben versucht, die Ebenen und Perspektiven von Feedback zu einer Feedbackmatrix zusammenzuführen und mit beispielhaften Fragen zu füllen:

Tab. 2.1: Feedback-Matrix (Hattie & Zierer, 2018)

		Ebenen von Feedback		
		Aufgabe (Was?)	**Prozess (Wie?)**	**Selbstregulation (Mit Hilfe welcher Strategien?)**
Perspektiven von Feedback	**Vergangenheit (»Feed Back«)**	Wo zeigt sich in Hinblick auf die *Ziele/Inhalte* ein *Fortschritt*?	Wo zeigt sich in Hinblick auf die *Leistungserbringung* ein *Fortschritt*? Gibt es Hinweise auf eine bessere Bearbeitung?	Wo zeigt sich in Hinblick auf die eingesetzten *Strategien der Selbstregulation* ein *Fortschritt*?
	Gegenwart (»Feed Up«)	Welche *Ziele* wurden erreicht? Welche *Inhalte* wurden verstanden?	Wie wurde die *Leistung* erbracht? Gibt es Hinweise zur Bearbeitung?	Welche *Strategien der Selbstregulation* wurden erfolgreiche eingesetzt?
	Zukunft (»Feed Forward«)	Welche *Ziele* sind als *nächstes* zu setzen? Welche *Inhalte* sind als *nächstes* zu erwerben?	Welche Hinweise zur *Leistungserbringung* sind als *nächstes* zu geben?	Welche *Strategien der Selbstregulation* sind als *nächstes* anzuwenden?

Grundsätzlich sollte beachtet werden: Nur weil man Feedback gibt und nimmt, hat man noch nicht die Garantie, einen erfolgreichen Lernprozess zu initiieren. Befinden sich Lernende noch in der Erarbeitungsphase und haben kein tieferes Verständnis über das Thema, ist es besser, das Wissen im Unterricht zu vertiefen, statt »Feedback zu noch nicht ganz verstandenen Konzepten« zu geben (Hattie, 2013, S. 211). Somit muss zuerst eine Erarbeitungs- und Handlungsphase erfolgen, bevor Feedback gegeben werden kann.

Fehler gehören zum Lernen dazu

Führt man sich bisher Gesagtes noch einmal vor Augen, zeigt sich, dass für ein erfolgreiches Feedback eine positive Fehlerkultur unabdingbar ist. Lernen heißt Fehler machen. Daher sollten Fehler nicht als etwas gesehen werden das es zu vermeiden gilt. Über Fehler zu sprechen, heißt neue Lernmöglichkeiten aufzudecken. Wobei das Ziel keine Defizitorientierung ist, sondern eine Kommunikation über den Fehler, auf allen Ebenen des Feedbacks. Lernende wissen häufig, was sie falsch gemacht haben, benötigen aber Hilfe, herauszufinden, wie sie den Fehler für ihren Lernprozess nutzen können. Thematisiert die Lehrperson den Fehler und gibt Hilfen, anstatt Fehler zu verschweigen oder gar schönzureden, kann eine wertschätzende und lernförderliche Fehlerkultur entstehen. Zu beachten ist, dass auf einen sachlichen Fehler keinesfalls Rückmeldung auf der Ebene des Selbst gegeben werden sollte. Denn dann besteht die Möglichkeit, dass Lernende die Rückmeldung auf ihre Person beziehen und denken, sie seien schlechte Lernende. Den Lernenden sollte daher immer verdeutlicht werden, auf welche Ebene sich die Rückmeldung bezieht.

2.4 Feedback in der Unterrichtspraxis

Bevor am Beispiel des Schulprojekts »Schulen zum Leben« erläutert wird, wie Feedback in die Unterrichtspraxis integriert werden kann, ist es erforderlich, das Konstrukt der Lehrpersonenprofessionalität in den Blick zu nehmen. Hierzu wird auf das K3W-Modell zurückgegriffen, das unmittelbar aus den Visible Learning Studien entsprungen ist.

2.4.1 Das K3W-Modell

Das K3W-Modell rückt »Mindframes« ins Zentrum des Lehrpersonenhandelns (Zierer et al., 2017) und versucht Kompetenzen (Wissen und Können) und professionelle Haltungen (Werten und Wollen) von Lehrpersonen miteinander zu verknüpfen (Zierer, 2015). Ein hohes Maß an Kompetenz (Fachkompetenz, didaktische Kompetenz und pädagogische Kompetenz) reicht alleine noch nicht aus, um eine erfolgreiche Lehrperson zu sein. Es kommt vor allem auf die pädagogischen Haltungen einer Lehrperson an, ob und inwiefern sie ihren Lehrberuf erfolgreich ausübt.

Eine erfolgreiche Lehrperson benötigt eben nicht nur Kompetenzen, um erfolgreich zu unterrichten, sondern auch angemessene Haltungen. Die Kompetenzen beantworten dabei die Frage nach dem »Was« wir tun in Form von Wissen und Können, die Haltungen beantworten die Frage nach dem »Wie« und »Warum« wir etwas tun in Form von Wollen und Werten. Zwischen den einzelnen Bausteinen besteht ein enger Zusammenhang: Können baut auf Wissen auf, das erst angewandt werden kann, wenn ein Wollen vorhanden ist. Und dem Wollen liegt immer ein Werten zugrunde. Damit das Tun einer Lehrperson – in einem günstigen Kontext – erfolgreich ist, benötigt sie das nötige Können, Wissen, Wollen und Werten, auf das sie zurückgreifen kann. Fehlt einer der vier Aspekte, wird die Lehrperson in ihrem Handeln höchstwahrscheinlich scheitern. Das skizzierte Zusammenspiel von Kompetenz und Haltung nennt Hattie Mindframes (Hattie & Zierer, 2017).

Doch welche Mindframes sind gefordert, um pädagogische Interaktionen wirksam werden zu lassen? Diese wurden von Hattie und Zierer in dem Buch »Kenne deinen Einfluss! ›Visible Learning‹ für die Unterrichtspraxis« (2018) herausgearbeitet:

1. Ich rede über Lernen, nicht über Lehren.
2. Ich setze die Herausforderung.
3. Ich betrachte Lernen als harte Arbeit.
4. Ich entwickle positive Beziehungen.
5. Ich verwende Dialog anstelle von Monolog.
6. Ich informiere alle über die Sprache der Bildung.
7. Ich sehe mich als Veränderungsagent.
8. Ich gebe und fordere Rückmeldung.
9. Ich erachte Schülerleistungen als eine Rückmeldung für mich über mich.
10. Ich kooperiere mit anderen Lehrpersonen.

Diese zehn Mindframes werden mithilfe verschiedener Faktoren aus »Visible Learning« (2009) beschrieben und mit weiteren Erkenntnissen aus der wissenschaftlichen Forschung untermauert. Dabei sind die Mindframes nicht als Kriterienkatalog zu verstehen, der chronologisch durch- bzw. abgearbeitet werden kann, sondern sie bilden vielmehr ein Netz: Sie stehen in enger Verbindung zueinander, bedingen sich wechselseitig und beziehen sich aufeinander. Je stärker ein Mindframe ausgeprägt ist, desto mehr beeinflusst dies das Denken und Handeln einer Lehrperson. Dennoch sind für ein professionelles und erfolgreiches Lehrpersonenhandeln alle Mindframes wichtig. Dabei sind Mindframes nicht als individuelle Ausprägungen oder Begabung zu sehen. Sie können erlernt und verändert werden.

Wie kann die Arbeit an Mindframes mit Lehrpersonen aussehen? Das deutschlandweit bisher einmalige Projekt »Schulen zum Leben«, eine Kooperation zwischen dem Lehrstuhl für Schulpädagogik der Universität Augsburg und dem Institut für Qualitätsentwicklung Mecklenburg-Vorpommern (IQ M-V), hat sich genau das zur Aufgabe gemacht. Die teilnehmenden Kollegien einer kooperativen Gesamtschule und eines Gymnasiums erhalten zu jeder der zehn Mindframes nach Hattie und Zierer (2017, 2018) eine Fortbildung. In diesen reflektieren sie im Dialog die eigene Professionalität und erfahren dabei Unterstützung, gemeinsam ihre Schule und ihren Unterricht weiterzuentwickeln. In halbjährigen Abständen werden Erhebungen von Lernenden, Lehrpersonen und Schulleitungen durchgeführt, um die Effektivität der Fortbildungen zu prüfen (Zierer et al., 2017). Nachfolgend soll ein Fortbildungsmodul vorgestellt werden.

2.4.2 Das Fortbildungsmodul »Ich gebe und fordere Rückmeldung.«

Die Fortbildung zum Thema »Ich gebe und fordere Rückmeldung.« orientiert sich am didaktischen AVIVA-Modell nach Städeli (2010) (▶ Tab. 2.2).

Tab. 2.2: AVIVA-Modell nach Städeli (2010)

	AVIVA-Modell
A	Ankommen und Einstimmen
V	Vorwissen aktivieren
I	Informieren
V	Verarbeiten
A	Auswerten

Zu Beginn der Veranstaltung werden Ablauf und Zielsetzungen (siehe Kasten unten) des Tages geklärt, bevor ein aktivierender Einstieg in die Thematik erfolgt.

Ankommen und Einstimmen: Die Lehrpersonen werden mit Hilfe von Bildern dazu angeregt, das Thema Feedback auch in andere Lebensbereiche zu übertragen und zu diskutieren, warum Rückmeldungen wichtig sind – vor allem, wenn es darum geht, gesetzte Ziele zu erreichen.

Vorwissen aktivieren: Anschließend sollen die Lehrpersonen zur Vorwissensaktivierung und Reflexion ihrer aktuellen Vorstellung des Mindframe eine Aufgabe im projektbegleitenden Portfolio bearbeiten. In dem Portfolio finden sich nicht nur projektrelevante Inhalte und Aufgaben, sondern auch Platz für Mitschriften, ein Glossar und eine eigene Materialsammlung. Die Teilnehmerinnen und Teilnehmer lesen ein Fallbeispiel, in dem eine Feedback-Situation im Unterricht dargestellt wird. Die Lehrpersonen sollen nun das Feedback der Lehrerin beurteilen und anschließend die eigene Auffassung von Feedback reflektieren, um so zu einem gemeinsamen Verständnis des Mindframe zu gelangen.

Zielsetzungen des Moduls

Am Ende des Tages sollten Sie ...

1. Ihr eigenes Haltungsverständnis zu »Ich gebe und fordere Rückmeldung.« erläutern können.
2. die Daten der Erhebung kennen.
3. die Haltung mittels empirischer Befunde (»Feedback«) beschreiben können.
4. »Feedback geben« und »Feedback nehmen« in den eigenen Unterricht integrieren können.
5. Ihr Entwicklungsziel zur Umsetzung der Haltung im Schulalltag formulieren können.

Informieren: Zur weiteren Auseinandersetzung mit der eigenen Haltung und zum Erkennen möglicher Entwicklungsschritte im Lehrerberuf, folgt in der Informationsphase ein Blick in aktuelle wissenschaftliche Forschungsbefunde. Zunächst wird der Faktor »Feedback« (Effektstärke auf Lernleistung: $d = 0.75$) vorgestellt. Im Vortrag wird die Wichtigkeit des Faktors betont, was zum einen die hohe Effektstärke, zum anderen aber auch die große Anzahl an Studien zeigt. Damit hohe Effekte auf die Lernleistung von Schülerinnen und Schülern erzielt werden können, ist es grundlegend, Feedback in richtiger und vollständiger Weise in den Unterricht zu integrieren. Interessant ist die Information, dass Lehrpersonen tatsächlich tagtäglich viel Feedback geben, gerade wenn ihre Klassen klein sind. Erfolgreiches Feedback ist aber eben keine Frage der Quantität, sondern eine Frage der Qualität und immer als Dialog von Lernenden zu Lehrpersonen und von Lehrpersonen zu Lernenden zu sehen. Um beide Seiten von Feedback tiefergehend zu ergründen, wird das Kollegium in zwei Gruppen geteilt, welche nun Workshops zum Thema »Feedback geben« und »Feedback nehmen« besuchen.

Workshop »Feedback nehmen« (Schüler-Lehrpersonen-Feedback)

Die Lehrpersonen sollen am Ende dieses Workshops Chancen und Grenzen von Schülerfeedback benennen können, Schülerfeedback mit Hilfe der SWOT-Analyse

(Learned et al., 1965) auswerten können und vielfältige, evidenzbasierte Schülerfeedbackmethoden kennengelernt haben.

Zu Beginn des Workshops wird die Bedeutung von Schüler-Lehrpersonen-Feedback an Hand von Beispielen aus der Praxis sowie Forschungsergebnissen aufgezeigt und die Frage, was Feedback nehmen so schwierig macht, geklärt. Erfolgreiches Feedback erfordert nicht nur auf Seite der Lehrpersonen Kompetenz und Haltung, sondern auch auf Schülerseite sowie eine Vertrauenskultur zwischen Lehrpersonen und Lernenden. In einer ersten Arbeitsphase reflektieren die Lehrpersonen in Kleingruppen, wie leicht es ihnen fällt, Feedback einzuholen und welche Herausforderungen sie dabei sehen. Zusammenfassend wird festgehalten, dass es für das Feedbacknehmen wichtig ist, neugierig zu bleiben und Zweifel zu überwinden. In einer zweiten Informationsphase wird die SWOT-Analyse (Learned et al., 1965) als Methode der professionellen Analyse von Schülerfeedback vorgestellt und anschließend in einer Arbeitsphase in den Gruppen an einem fiktiven Schülerfeedback selbst angewandt. Nachdem die Lehrpersonen ihre Ergebnisse vorgestellt haben, wird das Erarbeitete noch einmal kurz zusammengefasst und das Kollegium in den zweiten Workshop entlassen.

Workshop »Feedback geben« (Lehrperson-Schüler-Feedback)

Dieser Workshop verfolgt das Ziel, die drei Perspektiven und die vier Ebenen des Feedbackgebens zu differenzieren sowie ein vollständiges Feedback zu einem Unterrichtsbeispiel zu erlernen.

Zum Einstieg werden Relevanz und Aspekte erfolgreichen Feedbacks thematisiert. Entscheidend dabei ist, wie bereits erwähnt wurde, die Qualität des Feedbacks. Aus diesem Grund wird in einer Informationsphase auf die Ebenen und die Perspektiven von Feedback eingegangen (▶ Abb. 2.6).

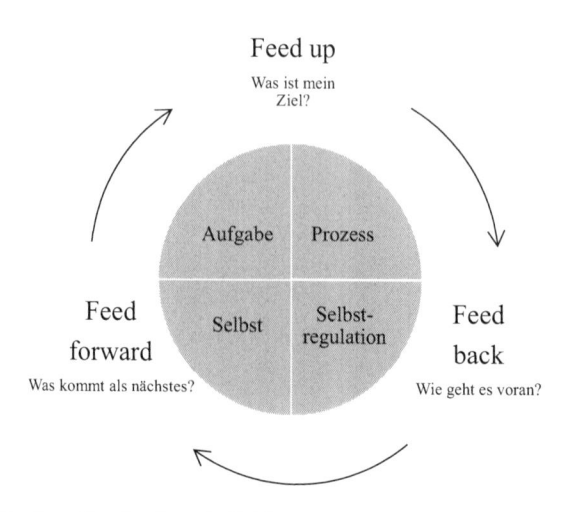

Abb. 2.6: Vollständiges Feedback nach Hattie

Um das eigene Feedbackverhalten zu reflektieren, werden die teilnehmenden Lehrpersonen gefragt, auf welcher Ebene Feedback für sie am hilfreichsten wäre und auf welcher Ebene sie am häufigsten Feedback geben. Die meisten würden gerne ein Feedback auf der Ebene der Selbstregulation erhalten, das meiste Feedback wird aber auf der Ebene der Aufgabe gegeben. Um den Lehrpersonen ein Werkzeug an die Hand zu geben, mit dem sie an einem vollständigen Feedback arbeiten können, wird die Feedback-Matrix nach Hattie und Zierer (2018, S. 153) eingeführt. In einer anschließenden Arbeitsphase sollen die Lehrpersonen vorgegebene Leitfragen der Feedback-Matrix zuordnen, um sie als mögliches Hilfsmittel kennenzulernen und zu begreifen. Anschließend haben die Lehrpersonen die Möglichkeit, mit Hilfe der Feedback-Matrix für Situationen aus ihrem eigenen Unterricht je ein Beispiel für vollständiges Feedback zu formulieren und sich mit einer Kollegin oder einem Kollegen aus dem gleichen Fachbereich über die Ergebnisse sowie Chancen und Grenzen der Matrix auszutauschen. Zum Schluss werden die Inhalte des Workshops noch einmal zusammengefasst und das Kollegium in den anderen Workshop entlassen.

Verarbeiten: Nachdem das gesamte Kollegium beide Workshops besucht hat, wird in Form eines auflockernden Rätsels der Wissensstand der Lehrpersonen abgefragt und damit gleichzeitig eine Möglichkeit aufgezeigt, wie Schüler-Lehrperson-Feedback auf der leistungsbezogenen Ebene eingeholt werden kann. Dabei wird ersichtlich, inwieweit es den Referentinnen gelungen ist, die Inhalte zu vermitteln.

Auswerten: In der Schlussreflexion erfolgt eine Zusammenfassung des Tages und die Vorstellung der Ergebnisse der Projektevaluation. Die Gegenüberstellung der Mittelwerte zum vorliegenden Mindframe aus der Lehrpersonen- und Schülerinnen- und Schülerbefragung und die bestehende Diskrepanz sollen als Grundlage für die Formulierung der nächsten Schritte dienen. Die Überlegung »*Das werde ich zukünftig stärker beachten.*« lässt Potenziale hinsichtlich der Feedbackkultur des Kollegiums deutlich werden. Daran anschließend werden die im Portfolio stehenden Wiederholungs- und Planungsaufgaben erläutert, die helfen können, den Mindframe »Ich gebe und fordere Rückmeldung.« in die Unterrichtspraxis zu übertragen. Ein Schlussfeedback in Form eines Spinnennetzes sowie ein Ausblick, was in den nächsten Fortbildungen Thema sein wird, runden den Fortbildungstag ab.

2.5 Ergebnisse aus der Praxis

Um die Effektivität des Projektes zu prüfen, wurden empirische Erhebungen mittels Fragebögen durchgeführt. Hierzu gab es einen Pre-Test im November 2016 und eine Follow-Up-Erhebung im November 2017. Die Lehrpersonen (Pre-Test: N= 102; Follow-Up: N= 37) schätzten ihre Haltungen und Kompetenzen selbst ein und wurden von den Lernenden der achten bis elften Klasse (Pre-Test: N= 423; Follow-

Up: N= 381) und den Schulleitungen (Pre-Test: N= 11; Follow-Up: N= 16) fremdeingeschätzt. Der Lehrinnen- und Lehrerfragebogen bietet neben der Erhebung der zehn Mindframes die Möglichkeit, auch die Ausprägungen der Haltungen nach dem K3W-Modell aufzuzeigen.

In der folgenden Auswertung des Mindframe »Ich gebe und fordere Rückmeldung.« werden die Mittelwerte des Schülerfragebogens und des Schulleitungsfragebogens den Ergebnissen der Lehrpersonenerhebung gegenübergestellt und verglichen. Die Fragebögen wurden so formuliert, dass die gewonnenen Ergebnisse verglichen werden können (▶ Tab. 2.3).

Tab. 2.3: Beispielitems

Mindframe 8 »Ich gebe und fordere Rückmeldung.«		α
Lehrperson	Ich weiß ganz genau, dass ich meinen Schülerinnen und Schülern differenziertes Feedback geben muss.	.90
Schulleitung	Die Lehrpersonen an meiner Schule wissen ganz genau, dass sie ihren Schülerinnen und Schülern differenziertes Feedback geben müssen.	.80
Lernende	An meiner Schule geben mir die Lehrpersonen regelmäßig Rückmeldung über meine Stärken und Schwächen.	.93

Betrachtet man die Selbsteinschätzung der Lehrpersonen, zeigt sich, dass die Lehrpersonen ihr Können, Feedback zu geben und zu nehmen, im Gegensatz zum Wissen, Wollen und Werten am niedrigsten einschätzen, wie die Auswertung der Daten nach dem K3W-Modell zeigt (▶ Abb. 2.7).

Mindframe 8 „Ich gebe und fordere Rückmeldung"

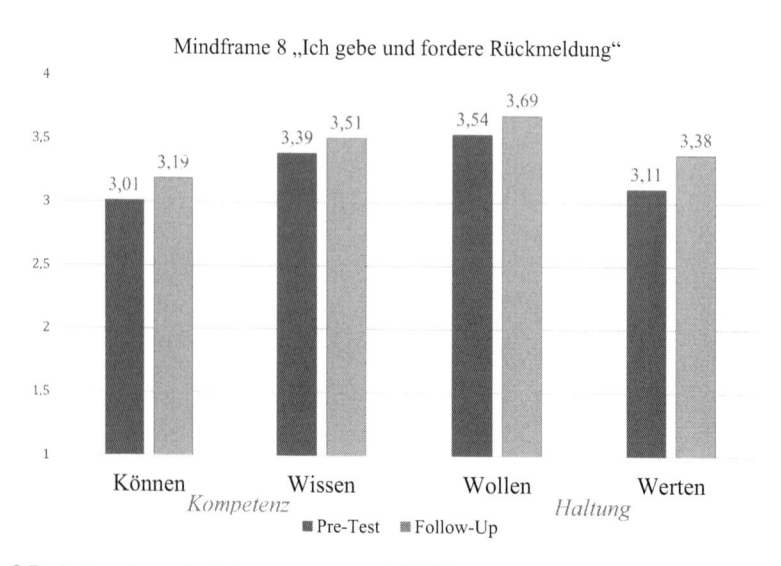

	Pre-Test	Follow-Up
Können (Kompetenz)	3,01	3,19
Wissen	3,39	3,51
Wollen (Haltung)	3,54	3,69
Werten	3,11	3,38

Abb. 2.7: Auswertung der Lehrpersonen nach K3W

Die Lehrpersonen schätzen ihre Kompetenz und Haltung zum Thema »Feedback« über die beiden Messzeitpunkte hoch signifikant ein ($p < 0.05$). Eine Erklärung dafür liefert der Netzgedanke der Mindframes, denn Feedback wurde bereits in anderen Fortbildungen thematisiert, wenngleich nicht so intensiv und ausführlich. Die Fortbildung »Ich gebe und fordere Rückmeldung.« wirkt mit einem Effekt von $d=.47$ gut auf den Unterricht der Lehrpersonen ein. Die Lehrpersonen schätzen sowohl ihr Wissen als auch ihr Wollen zum Feedbacknehmen und -geben zum Zeitpunkt der Follow-Up-Erhebung signifikant höher ein, was auch die nachfolgende Abbildung 2.12 zeigt. Die Fortbildung wirkt sich mit einer Effektstärke von $d=.34$ kaum auf das Wissen der Lehrpersonen aus, auf das Wollen hingegen wirkt sie mit einem Effekt von $d=.44$ gut.

Tab. 2.4: Mittelwerte, Standardabweichungen und Effekte der Lehrpersonenbefragung

	Pre-Test (N = 102) MW	SD	Follow-Up (N = 73) MW	SD	d
Können	3,01	,67	3,19	,54	.29
Wissen	3,54	,46	3,69**	,42	.34
Kompetenz	3,28	,47	3,49**	,41	.47
Wollen	3,11	,64	3,38**	,57	.44
Werten	3,39	,59	3,51	,61	.20
Haltung	3,25	,53	3,44**	,55	.35
Gesamt	3,26	,45	3,47**	,44	.47

*$p < 0.05$ **$p < 0.005$

Nun zur Fremdeinschätzung durch die Lernenden und die Schulleitungen: Die Schulleitungen schätzen die Lehrpersonen bezüglich des Feedbackgebens und -nehmens signifikant ($p<0.05$) niedriger ein, als diese sich selbst.

Die Auswertung nach dem K3W-Modell zu beiden Messzeitpunkten zeigt, dass die Schulleitungen die Kompetenz und Haltung der Lehrpersonen aus dem Kollegium geringer einschätzen. Die Unterschiede sind hierbei hoch signifikant ($p<.002$). Abbildung 2.13 verdeutlicht zudem, dass die Bewertungen der Schulleitungen nahezu parallel zu denen der Lehrpersonen verlaufen, wenngleich letztere durchgehend positiver ausfallen.

Die Fremdeinschätzung durch die Lernenden zeigt Ähnliches (▶ Abb. 2.9). Die Berechnung eines Wilcoxon-Tests zeigt, dass die Lernenden die Lehrpersonen vom ersten Messzeitpunkt zum zweiten Messzeitpunkt hoch signifikant geringer einschätzen ($p=0.003$). Die Unterschiede der Selbst- und Fremdeinschätzung über beide Messzeitpunkte sind zudem hoch signifikant ($p<0.002$). Dies lässt sich unter anderem auch damit erklären, dass Fremdeinschätzungen und Selbsteinschätzungen nicht immer übereinstimmen, was verschiedene Studien belegen. In Bezug auf eine

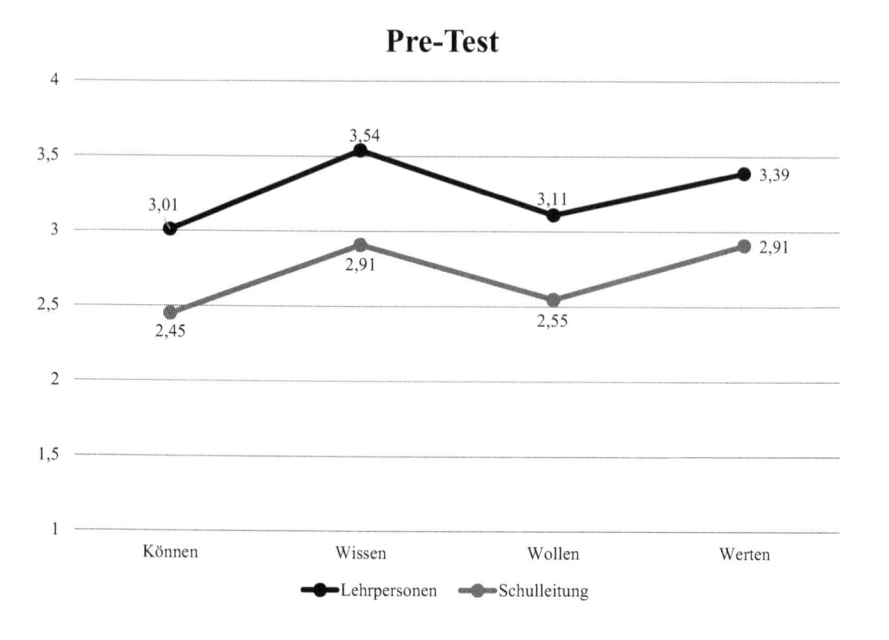

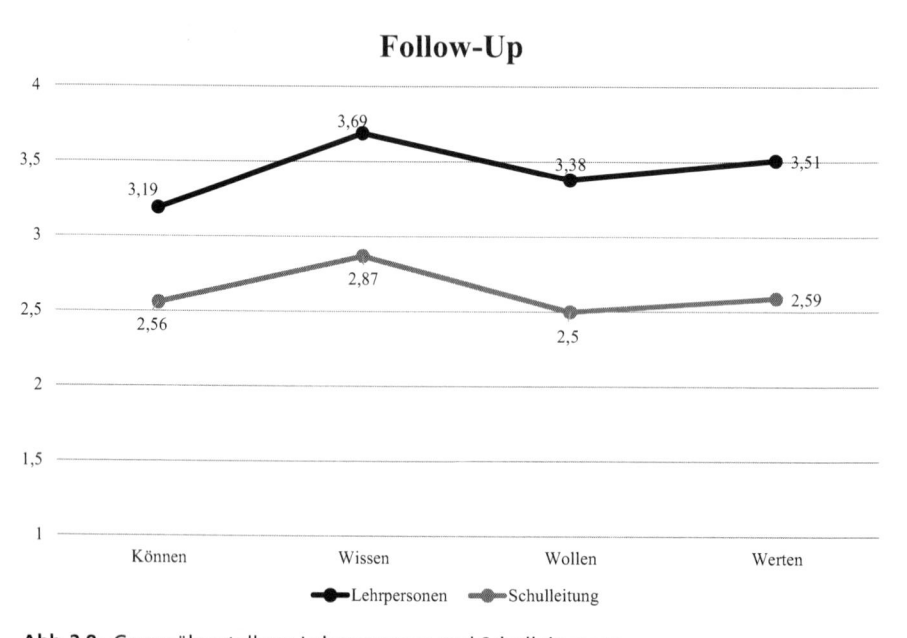

I Feedback – Terminologie, Konzept und Bedeutung für die Praxis

Pre-Test

	Können	Wissen	Wollen	Werten
Lehrpersonen	3,01	3,54	3,11	3,39
Schulleitung	2,45	2,91	2,55	2,91

Follow-Up

	Können	Wissen	Wollen	Werten
Lehrpersonen	3,19	3,69	3,38	3,51
Schulleitung	2,56	2,87	2,5	2,59

Abb. 2.8: Gegenüberstellung Lehrpersonen und Schulleitungen

2 Ich gebe und fordere Rückmeldung. – Feedback in der Unterrichtspraxis

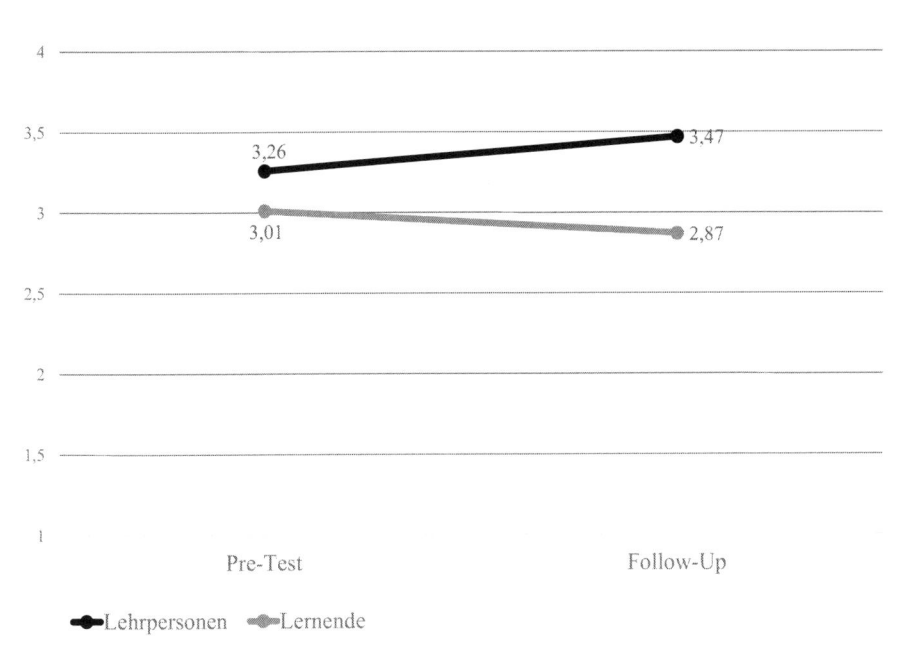

Abb. 2.9: Gegenüberstellung Lehrpersonen und Lernende

	Pre-Test (N = 102)		Follow-Up (N = 73)	
	MW	SD	MW	SD
Lehrperson	3,26	,45	3,47	,44
Lernende	3,01**	,55	2,87**	,67

*$p<.05$, **$p<.005$

verzerrte Selbsteinschätzung kann die Scholastik-Studie von Helmke (2013) genannt werden. Darin konnte festgestellt werden, dass Lehrpersonen ihre Redezeit im Unterricht geringer einschätzen als sie tatsächlich ist. Das liegt daran, dass bestimmte Informationen für andere sichtbar sind, für die Person selbst aber nicht. Luft und Ingham bezeichnen dies als »blinden Fleck« (Luft & Ingham, 1955 zit. n. Wisniewski & Zierer, 2017, S. 53).

Generell zeigen sich im Projekt »Schulen zum Leben« in Mecklenburg-Vorpommern bereits Veränderungen, jedoch ist die Langzeitwirkung momentan noch unklar. Zwei weitere Erhebungen, eine davon am Ende der Fortbildungsreihe und eine ein halbes Jahr nach Abschluss des Projekts, sollen weitere Erkenntnisse über die Effektivität und Nachhaltigkeit der Fortbildungen bringen.

2.6 Ausblick

Die beschriebene Forschungsgrundlage sowie das Feedback-Modell nach Hattie und die darauf aufbauende Fortbildung zum Thema »Ich gebe und fordere Rückmeldung.« zeigen die Komplexität des Themas Feedback auf. Insgesamt zeichnet sich erfolgreiches Feedback durch eine Zielorientierung, einen hohen Informationsgehalt und eine Vollständigkeit aus. Wichtig ist auch, dass Feedback als unendlicher Dialog zwischen Lehrpersonen und Lernenden zu verstehen ist. Die Feedbackmatrix stellt eine Möglichkeit dar, wie vollständiges Feedback übersichtlich und greifbar gemacht werden kann. Dadurch kann Schülerinnen und Schülern – abhängig von ihrem Leistungsstand – Feedback gegeben werden, welches sich positiv auf deren Lernerfolg auswirken kann. Denn wie bereits erwähnt: Entscheidend für ein erfolgreiches Feedback ist die Qualität, nicht die Quantität. Und diese zeigt sich vor allem daran, wie viel gegebenes Feedback bei den Lernenden ankommt.

Was lässt sich für die Unterrichtspraxis mitnehmen? Beginnen Sie damit, Ihre Haltung zu reflektieren und Ihren Unterricht zu hinterfragen. Arbeiten Sie sich kleinschrittig vor und entwickeln Sie Ihre bestehende Feedbackkultur weiter. Folgende Fragen können Ihnen hierbei behilflich sein (▶ Tab. 2.5).

Um es auf den Punkt zu bringen: Erfolgreiches Feedback ist mit Sicherheit nichts Leichtes, aber etwas sehr Wirksames.

Tab. 2.5: Fragen zu den Feedback-Ebenen nach Hattie & Zierer (2018, S. 157)

Aufgabe	• Entspricht die Antwort des Schülers den Erfolgskriterien? • Ist die Antwort richtig oder falsch? • Wie lässt sich die Antwort ausführlicher formulieren? • Was an der Antwort ist richtig und was ist falsch? • Was fehlt, damit die Antwort umfassend ist?
Prozess	• Welche Strategien wurden im Lernprozess eingesetzt? • Was ist im Lernprozess gut gelaufen und was kann verbessert werden? • Wo sind Stärken und wo die Schwächen im Lernprozess zu sehen? • Welche weiteren Informationen enthält die Bearbeitung der Aufgabe im Hinblick auf den Lernprozess?
Selbstregulation	• Welche Ziele kann der Schüler als erreicht benennen? • Welche Begründungen liefert der Schüler, eine Aufgabe richtig oder falsch gelöst zu haben? • Wie erklärt der Schüler seinen Erfolg? • Welches sind die nächsten Ziele und die nächsten Aufgaben? • Wie kann ein Schüler seinen Lernprozess selbst steuern und überwachen?

Literatur

Deci, E. L. & Ryan, R. M. (1985). *Intrinsic motivation and self-determination in human behavior.* New York, Plenum.
Hattie, J. (2009). *Visible Learning. A synthesis of over 800 meta-analyses relating to achivement.* London & New York: Routledge.
Hattie, J. & Masters, D. (2011). *The evaluation of a student feedback survey.* Auckland: Cognition.
Hattie, J. (2013). *Lernen sichtbar machen. Überarbeitete deutschsprachige Ausgabe von »Visible Learning« besorgt von W. Beywl & K. Zierer.* Baltmannsweiler: Schneider.
Hattie, J. (2014). *Lernen sichtbar machen für Lehrpersonen.* Überarbeitete Deutschsprachige Ausgabe on »Visible Learning for Teachers« (1. Aufl.). Baltmannsweiler: Schneider.
Hattie, J. & Timperley, H. (2016). Die Wirkung von Feedback. In: K. Zierer (Hrsg.) (2016), *Jahrbuch für Allgemeine Didaktik 2016: Thementeil: Allgemeine Didaktik und Hochschule* (S. 204–239). Baltmannsweiler: Schneider.
Hattie J. & Zierer, K. (2016). Gib und fordere Rückmeldung! *PÄDAGOGIK*, Heft 11, 42–47. Weinheim: Beltz Juventa.
Hattie, J. & Zierer, K. (2017). *10 Mindframes for Visible Learning. Teaching for Success.* New York: Routledge.
Hattie, J. & Zierer, K. (2018). *Kenne deinen Einfluss! »Visible Learning« für die Unterrichtspraxis.* Baltmannsweiler: Schneider.
Kessels, U., Warner, L. M., Holle, J. & Hannover, B. (2008). Threat to identity through positive feedback about academic performance. *Zeitschrift für Entwicklungspsychologie und Pädagogische Psychologie*, 40(1), 22–31.
Kluger, A. N. & DeNisi, A. (1996). The effects of feedback interventions on performance: A historical review, a meta-analysis, and a preliminary feedback intervention theory. *Psychological Bulletin*, 119(2), 254–284.
Kulhavy, R. W. (1977). Feedback in written instruction. *Review of Educational Research*, 47, 211–232.
Learned, E. P., Christensen, C. R., Andrews, K. E. & Guth W. D. (1965). *Business Policy: Text and Cases.* Irwin: Homewood.
Luft, J. & Ingham, H. (1955). *The Johari window, a graphic model of interpersonal awareness.* Proceedings of the western training laboratory in group development, Los Angeles: UCLA.
Städeli, C. (2010). Die fünf Säulen der guten Unterrichtsvorbereitung: das AVIVA-Modell für den kompetenzorientierten Unterricht. *Folio: Die Zeitschrift des BCH/FPS für Lehrkräfte in der Berufsbildung*, 6, 20–23.
Sweller, J. (1990). Cognitive processes and instruction procedures. *Australian Journal of Education.* 34(2), 125–130.
Wisniewski, B. & Zierer, K. (2017). *Visible Feedback. Ein Leitfaden für erfolgreiches Unterrichtsfeedback.* Baltmannsweiler: Schneider.
Wisniewski, B., Lachner, C., Weckend, D., Zierer, K. & Helmke, A. (2019). Wie kann Feedback der Lernenden die Unterrichtsqualität verbessern? *journal für lehrerInnenbildung*, 1/19, in Druck.
Zierer, K., Busse, V., Otterspeer L. & Wernke, S. (2015). Feedback in der Schule – Forschungsergebnisse. In: C. Buhren (Hrsg.), *Handbuch Feedback in der Schule.* Weinheim: Beltz, 31–50.
Zierer, K. (2015). Nicht nur Wissen und Können, sondern auch und vor allem Wollen und Werten. Das K3W-Modell im Zentrum pädagogischer Expertise. *Pädagogische Rundschau*, 69(1), 91–98.
Zierer, K., Lachner, C., Weckend, D. & Bloch, R. (2017). Sind pädagogische Haltungen änderbar? *Pädagogische Führung – Zeitschrift für Schulleitung und Schulberatung*, 28(4), 131–134.

3 Feedback und Lob – Perspektiven auf den Umgang mit Lob und Kritik im Grundschulunterricht

Frederike Bartels, Vanessa Pieper & Julius Busch

3.1 Einleitung

»Jan. Das hast Du super gemacht! Klasse!«, »Aras: Weiter so! Du bist wirklich ein toller Maler.« – Kinder mögen es, gelobt zu werden (Burnett & Mandel, 2010). Ein Lob erzeugt bei ihnen positive Gefühle, lässt sie zuversichtlich wirken und erfüllt sie sichtlich mit Stolz (Stipek, Reccia & McClintic, 1992). Erwartungsgemäß sind Erwachsene daher überzeugt davon, dass positive, bestätigende Rückmeldungen auf Kinder eine motivierende (Haimovitz & Dweck, 2017) und insbesondere selbstwertsteigernde (Brummelman, Crocker & Bushman, 2016; Dev, 1997) Wirkung haben. Diese Annahme stützt auch eine Studie von Mueller und Dweck (1998): Sie baten in ihrer Untersuchung Eltern um eine Einschätzung zu lobenden Worten und ihren Auswirkungen auf Kinder. Etwa 80 % der befragten Eltern waren sich sicher, dass es für das Selbstwertgefühl ihrer Kinder wichtig ist, sie für ihre Fähigkeiten zu loben. Sie waren der Ansicht, dass die Anerkennung von Fähigkeiten das Selbstwertgefühl der Kinder steigert. Andere Untersuchungen kommen zu ähnlichen Ergebnissen. Brummelman et al. (2017) fanden beispielsweise heraus, dass Erwachsene versuchen, durch den möglichst freigiebigen Einsatz von Lob das Selbstwertgefühl von Kindern zu erhöhen, insbesondere derjenigen, die unter einem (vermeintlich) geringen Selbstwertgefühl leiden.

Auch im schulischen Kontext wird Lob als pädagogisch wirkungsvolles Mittel betrachtet (vgl. Skipper & Douglas, 2012). Es existieren einige schulische Interventionsprogramme, die zum Ziel haben, durch Lob etwa das Sozialverhalten der Kinder günstig zu beeinflussen (z. B. »Positive Behavioral Interventions and Supports«; Sugai & Horner, 2009). Verglichen mit der Häufigkeit, mit der andere Formen von Rückmeldungen im Unterricht beobachtet werden konnten, scheint Lob zumindest im Grundschulunterricht auch die dominierende Form der Rückmeldung zu sein (z. B. Bartels, 2015; Burnett & Mandel, 2010). Die Frequenz, mit der Lob gerade im Grundschulunterricht auftritt, resultiert nicht zuletzt aus dem Umstand, dass zumindest in Deutschland und auch in anderen westlichen Gesellschaften (vgl. hierzu kulturvergleichend Wang, Wiley & Chiu, 2008) Lehrkräfte explizit dazu ermuntert werden, die Schülerinnen und Schüler zu loben. So schreibt etwa das nordrheinwestfälische Schulministerium (2018) auf den Seiten zur Standardsicherung im Englischunterricht der Grundschule:

> »Für Kinder, die am Anfang ihrer Lernkarriere/Schullaufbahn stehen, ist es besonders wichtig, positive und ermunternde Rückmeldungen zu ihren entwickelten Fähigkeiten und

Fertigkeiten zu bekommen. Nur so lassen sich Motivation und Leistungsbereitschaft auf die Dauer erhalten« (Nordrhein-Westfälisches Schulministerium, 2018).

Diese Formulierungen suggerieren eine grundsätzlich motivierende Wirkung positiver Rückmeldungen. Doch eine Reihe empirischer Untersuchungen belegt, dass nicht jedes Lob uneingeschränkt positive Folgen hat. Bestimmte Arten von Lob können unter bestimmten Umständen und Voraussetzungen Lernende demotivieren. Dieses Phänomen des zum Teil widersprüchlich wirkenden Effekts von Lob wird von Brummelman et al. (2016, S. 111) auch als »Lob Paradox« (engl. »praise paradox«) bezeichnet.

Der folgende Beitrag zielt unter anderem darauf ab, dieses Phänomen intensiver zu beleuchten. Es wird aufgezeigt, wie Lob – und Kritik als Gegenpol dazu – aus der Perspektive der Schülerinnen und Schüler wahrgenommen wird und welche Prozesse auf Seiten der Schülerinnen und Schüler ausgelöst werden können. Einführend wird Lob im Kontext der Feedbackforschung terminologisch verortet sowie eine Abgrenzung von Feedback vorgenommen. Zudem werden die Effekte von Lob thematisiert. Im Anschluss daran werden die Schülerinnen- und Schülerperspektiven auf Lob und Kritik betrachtet und Geschlechterdifferenzen thematisiert. Den Abschluss des Kapitels bildet die Betrachtung von Konsequenzen aus den Forschungserkenntnissen für die pädagogische Arbeit mit Kindern im Grundschulalter. Die Auseinandersetzung mit Fragen, wie, ob und wofür Schülerinnen und Schüler im Unterricht gelobt werden möchten und was es bewirkt, kann Lehrkräften Hinweise für einen wirkungsvollen Umgang mit Lob im Unterrichtsalltag geben.

3.2 Feedback und Lob – eine terminologische Verortung

Feedback erweist sich im Unterricht als ein wirkmächtiges Steuerungsinstrument. Laut Hattie zählt es zu einem der fünf einflussreichsten Faktoren für die Leistungen von Schülerinnen und Schülern (Hattie, 2009). Rückmeldungen können Lernenden helfen, Lernprozesse besser zu verstehen und Lernerträge zu verbessern (Kopp & Mandl, 2014, S. 151). Sie sind eine Möglichkeit, Ist- und Soll-Zustand miteinander zu vergleichen und dadurch eventuelle Diskrepanzen aufzudecken und zu beseitigen (Krenn, Würth & Hergovich, 2013, S. 79). Diverse Studien zeigen auch die immer wieder erkennbar enge und signifikante Relation zwischen Rückmeldungen, Schülerleistungen, Aspekten des Motivationssets sowie der Entwicklung leistungsnaher Persönlichkeitsmerkmale (Mory, 1996, 2004). Rückmeldungen können aber nicht pauschal als entwicklungsfördernd betrachtet werden. Bestimmte Formen von Rückmeldungen können auch entwicklungshemmend wirken, zum Teil erzielen sie auch gar keinen Effekt (Hattie & Timperley, 2007; Kluger & DeNisi, 1996, 1998; Shute, 2008).

3.2.1 Formen und Effekte von Feedback

Laut Kluger und DeNisi (1996) sind die Effekte von Feedback unter anderem abhängig von der Ebene, auf die sich die Rückmeldung bezieht. In Bezug auf die Vermittlungsebene wird in aktuellen Modellen der Feedback-Forschung davon ausgegangen, dass Rückmeldungen Bezüge zu vier unterschiedlichen Ebenen aufweisen können: zu *Aufgaben, Prozessen,* zur *Selbstregulation* und dem *Selbst* (Hattie & Timperley, 2007). Die ersten drei Ebenen werden in dem Feedback-Modell ergänzt durch drei Perspektiven (Vergangenheit, Gegenwart, Zukunft), die beim Feedback eingenommen werden können. Rückmeldungen auf den Ebenen der Aufgabe, des Prozesses und der Selbstregulation wird in der Regel eine hohe lernrelevante Wirksamkeit bescheinigt, da sie dem Empfänger (konkrete) Informationen bzgl. des Lernprozesses liefern können (ebd., S. 86). Nehmen wir zum Beispiel an, dass ein Schüler der ersten Klasse beim Zehnerübergang Schwierigkeiten hat. Dann ist es für ihn lernrelevant, wenn er von seiner Lehrkraft an Rechenstrategien erinnert wird. Der Schüler erhält dadurch einerseits die Möglichkeit, seine Schwierigkeiten auf seine (mangelnde) Strategienutzung zurückzuführen. Andererseits erhält er Informationen darüber, wie er Einfluss auf bessere Rechenergebnisse nehmen kann. Weitaus weniger wirkungsvoll und bisweilen sogar als lernschädigend wird Feedback auf der Selbstebene betrachtet (z. B. Hattie & Timperley, 2007; Kalis, Vannest & Parker, 2007; Kluger & DeNisi, 1996, 1998). Es handelt sich hierbei in der Regel um beurteilende Lehrkraftkommentare (z. B.: »Sehr gute Idee!«, »Toll gemacht!« oder »Du kannst wirklich schön malen.«). Diese Äußerungen beziehen sich ausschließlich auf den Kompetenzstand des Lernenden. Forscher gehen daher davon aus, dass Rückmeldungen auf dieser Ebene für die Entwicklung kaum relevant sind. Diese Annahme ist allerdings nicht unumstritten. Insbesondere für Kinder im Vor- und Grundschulalter sind beispielsweise anerkennende Äußerungen zu entwickelten Fähigkeiten (z. B. »Du kannst wirklich gut singen!«) eine wichtige Quelle zur Einschätzung eigener Stärken und Schwächen (Bartels, 2016; Burnett, 2003; Craven, Marsh & Debus, 1991; Freedman-Doan et al., 2000). In ihrer Studie untersuchten Freedman-Doan et al. (2000) beispielsweise auf Basis eines Datensatzes von N=865 Grundschulkindern Zusammenhänge zwischen fähigkeitsorientierten Rückmeldungen und den Selbsteinschätzungen eigener Fähigkeiten. 46 % der befragten Kinder gaben an, dass fähigkeitsbezogene Rückmeldungen wie, »Du kannst Mathe gut!« ausschlaggebend dafür seien, wie sie ihre Fähigkeiten innerhalb des Klassengefüges einschätzten. Zu einem ähnlichen Ergebnis kamen Chen, Thompson, Kromrey und Chang (2011) in ihrer Grundschulstudie. Sie stellten fest, dass Lernende, deren Verhalten von Lehrkräften oft positiv kommentiert wurde, positiv mit einem hohen Zutrauen in die eigenen Fähigkeiten korrelierte. Einem hohen Fähigkeitsselbstkonzept wiederum, das heißt der Wahrnehmung und Beurteilung der Höhe bzw. Ausprägung eigener Fähigkeiten (im Überblick Hellmich & Günther, 2011), wird gerade in schulischen Kontexten eine bedeutsame Rolle im Zusammenhang mit der Lern- und Leistungsentwicklung zugeschrieben. Kinder, die sich selber hohe Fähigkeiten in einem bestimmten Bereich attestieren, trauen sich auch mehr zu und es wird von einem bedeutsamen Effekt auf die Leistungsentwicklung ausgegangen.

Allerdings gibt es in dem Zusammenhang auch Hinweise aus (überwiegend) angloamerikanischen experimentellen und im Längsschnittdesign angelegten Studien, dass sich fähigkeitsbezogene Rückmeldungen nicht nur positiv auf das Selbstbild von Kindern auswirken können. Es besteht durchaus Anlass zu der Vermutung, dass bereits im Grundschulalter Rückmeldungen, die sich auf Fähigkeiten oder Eigenschaften beziehen, Einfluss darauf nehmen, wie Kinder über die Beschaffenheit von Fähigkeiten denken, das heißt, ob sie der Ansicht sind, dass (bestimmte) Fähigkeiten etwas naturgemäß Stabiles sind (statische Fähigkeitstheorie) oder die Überzeugung entwickeln, dass (bestimmte) Fähigkeiten grundsätzlich veränderbar sind (dynamische Fähigkeitstheorie) (Dweck, 2008; Dweck & Molden, 2005).

Aus diesem Anlass und aufgrund der Tatsache, dass sich beurteilende Kommentare von Lehrkräften im Unterricht besonders häufig beobachten lassen (z. B. Skipper & Douglas, 2012), erscheint die Auseinandersetzung mit der Frage nach den Effekten von (be-)urteilenden Kommentaren auf das Verhalten, die Motivation sowie die Entwicklung von Lernenden als zwingend notwendig. Mit Blick auf die gegenwärtige Forschungslage zeigt sich, dass diese Fragestellungen zumeist unter der Begrifflichkeit »Lob und Kritik« behandelt werden.

3.2.2 Lob und Kritik

Bei einem Lob handelt es sich in erster Linie um den Ausdruck von Bewunderung. Kanouse, Gumpert und Canavan-Gumpert (1981, S. 98) beschreiben Lob als »positive evaluations made by a person of another's products, performances, or attributes, where the evaluator presumes the validity of the standards on which the evaluation is based«. Charakteristisch für Lob sind demzufolge vier Merkmale:

- *Erstens* wird durch Lob Anerkennung gegenüber einer anderen Person ausgedrückt. Zumeist erfolgt ein Lob verbal (Brophy, 1981), es kann aber auch schriftlich gegeben werden (Hyland & Hyland, 2001).
- *Zweitens* kann sich Lob auf verschiedene Aspekte beziehen. Dazu zählt etwa das Verhalten einer Person (z. B. »Du hast dich wirklich toll verhalten.«), die Nutzung vorhandener Ressourcen (z. B. »Du hast einen super Weg gefunden, das zu lösen!«), Anstrengungen (z. B. »Du hast dich so toll angestrengt.«) sowie Fähigkeiten (z. B. »Du bist wirklich gut im Malen!«) oder auch erbrachten Leistungen (Bartels, 2015, S. 37). Lob zählt daher auch nicht zu den ermutigenden, zukunftsgerichteten Rückmeldungen, (Henderlong & Lepper, 2002) oder neutralen Rückmeldungen, wie »Ok!« (Brophy, 1981).
- *Drittens* findet die Anerkennung in Form eines Lobes immer nach einer erbrachten Leistung statt.
- *Viertens* unterliegt die Anerkennung der subjektiven Beurteilung des Lobenden. Die Würdigung einer Sache, Leistung, des Verhaltens oder bestimmter Eigenschaften ist oft Ausdruck einer persönlichen Wertung der vorgefundenen Situation.

Alle genannten Aspekte treffen auch auf kritische Äußerungen zu, es handelt sich dabei allerdings um die negative Kommentierung von Verhalten, Leistungen, sozialem Verhalten oder der Person.

Ähnlich wie im Feedback-Modell wird auch bei Lob und Kritik von verschiedenen Differenzierungsebenen ausgegangen. Es wird grob unterschieden zwischen *personenbezogene/m/r Lob/Kritik (engl. generic praise/criticism)* und *prozessorientierte/m/r Lob/Kritik (engl. non-generic praise/criticism)* (Bartels, 2015, S. 38; Cimpian, 2010; Cimpian et al., 2007; Henderlong & Lepper, 2002). Unter personenbezogene/m/r Lob/Kritik werden positive bzw. negative Kommentierungen verstanden, die sich auf personenbezogene Attribute, wie Fähigkeiten (z. B. »Du bist gut in Mathe!«), Intelligenz (z. B. »Wow! Du bist wirklich clever!«) oder auch soziale Eigenschaften beziehen (z. B. »Du bist ein braves Kind!«, »Du bist ein böser Junge!«). Auch Rückmeldungen, die keinen spezifischen Beurteilungsgegenstand aufweisen, aber die Selbst-Ebene einer anderen Person betreffen, wie »Gut gemacht!« oder »Super!«, werden als personenbezogenes Lob interpretiert. Sie werden subsumiert unter der Bezeichnung »Generelles Lob« (vgl. Bartels, 2015).

Prozessorientierte/s Kritik/Lob weist inhaltlich eine enge Nähe zu der genannten Prozessebene im Feedback-Modell von Hattie und Timperley (2007) auf. Im Unterschied zu der von einer Bewertungskomponente losgelösten Rückmeldung zu Arbeitsprozessen, wird bei Kritik oder Lob die beurteilende Komponente wirksam. Kommentare wie »Du hast Dich wirklich angestrengt!« (Zentall & Morris, 2010) oder »Du hast einen klasse Weg gefunden, die Aufgabe zu lösen!« würdigen und werten zugleich die Anstrengung. Wenngleich die sprachlichen Unterschiede zwischen den personen- und prozessorientierten Kommentaren nur gering scheinen, sind die Unterschiede in der Wirkung zum Teil erheblich (z. B. Haimovitz & Henderlong Corpus, 2011; Henderlong Corpus & Lepper, 2007). Insbesondere die langfristigen Folgen für die Entwicklung bestimmter Persönlichkeitseigenschaften sind nicht zu unterschätzen. Nachfolgend werden diese Effekte detailliert betrachtet.

3.2.3 Effekte von Lob und Kritik

Die obige Definition von Kanouse et al. (1981) lässt vermuten, dass es sich bei Lob um einen unidirektional wirkenden Prozess handelt. Mittlerweile sind sich aber viele Forschende einig, dass von einem komplexen Wirkungsgefüge auszugehen ist (Bartels, 2015; Henderlong & Lepper, 2002; Mory, 2004). Aus dynamisch-transaktionaler Perspektive wird Lob als Rückmeldung interpretiert, die durch verschiedene Variablen, wie Informations- und Verarbeitungsprozesse auf Seiten des Rezipienten, dem Kontext als auch der Quelle des Lobes beeinflusst und determiniert wird (vgl. Brophy, 1981). Interindividuelle Wahrnehmungs- und Interpretationsprozesse, so daher die Annahme, übernehmen eine wichtige Mittlerrolle bei der Rezeption und Verarbeitung von Lob und Kritik. Einschlägige Studien lassen dabei die Vermutung zu, dass dabei nicht zuletzt auch gesellschaftliche (z. B. Wang, Wiley & Chiu, 2008), alters- (z. B. Duijvenvoorde, Zanolie, Rombouts, Raijmaker & Crone, 2008) und geschlechtsbezogene Präferenzen intermittierend als Moderatorvariablen (Henderlong Corpus & Lepper, 2007) fungieren. Darüber hinaus spielen hinsichtlich der Effektivität eines Lobes auch Beziehungsmuster zwischen Feedbackgeber und -empfänger eine Rolle. Henderlong und Lepper (2002) etwa gehen davon aus, dass die Wirkung eines Lobes auch davon abhängig ist, ob der Feedbackgeber als vertrauenswürdig eingeschätzt wird. Bartels (2015, S. 144) ist der Ansicht: »Je stärker das Vertrauen in den Feedbackgeber ist, umso glaubwürdiger dürfte ein Lob für den Feedbackempfänger erscheinen.« Neben personalen werden auch die situativen Bedingungen für die Interpretation und den Effekt eines Lobes als bedeutsam eingeschätzt (Narciss, 2014, S. 75; Kopp & Mandl, 2014, S. 159 f.). Je wichtiger der Kontext für die Person ist, in der sie das Lob erhält, umso bedeutsamer wird die Wirkung ausfallen, die es auslöst. Erhebliche Zweifel daran, dass Lob folglich den von der Lehrkraft intendierten Effekt erzielt, wurde daher bereits von Hofer (1985, S. 418) in den 1980er Jahren geäußert:

> »Was ein Erzieher anstrebt, ist dem Kind in vielen Fällen unbekannt. Und was von Erziehern als Maßnahmen an den Tag gelegt werden, sind für Kinder Verhaltensweisen, die sie meist erst interpretieren müssen. Ein Kind kann erzieherische Maßnahmen in verschiedener Weise auffassen und konterkarieren. Lob kann als Aufforderung aufgefaßt [sic] werden, so weiter zu machen, aber auch als Hinweis, nun genug gearbeitet zu haben. Es kann als schlichte Informationsrückmeldung gesehen werden, als spontane Gefühlsäußerung des anderen oder aber als Beeinflussungsversuch, der die eigene Freiheit einschränkt. Die Überlegung ist zwingend, daß [sic] die Effektivität einer Erziehungsmaßnahme u. a. davon abhängt, wie sie aufgefasst wird« (Manfred Hofer, 1985).

Wie Schülerinnen und Schüler Lob und Kritik ihrer Lehrkräfte wahrnehmen und welche Auswirkungen das auf ihr Verhalten und ihre Entwicklung hat, ist noch nicht umfassend erforscht. Es wird allerdings vermutet, dass bestimmte Formen von Lob und Kritik dafür verantwortlich gemacht werden können, wie Kinder über ihre eigenen Entwicklungsmöglichkeiten, ihre Fähigkeiten, Stärken und Schwächen denken (Dweck & Molden, 2005).

In einigen jüngeren Forschungsarbeiten, die sich mit Einflüssen des Elternhauses auf die Entwicklung selbstbezogener Überzeugungen befassen, konnten beispielsweise Belege dafür gefunden werden, dass Kinder, die über einen langen Zeitraum hinweg öfter von ihren Eltern prozessorientiert gelobt werden (z. B. »Du hast wirklich hart gearbeitet!«) zu einem späteren Zeitpunkt über ein dynamisch-orientiertes, motivationales Überzeugungssystem verfügen. Unter anderem machten Gunderson et al. (2013) deutlich, dass Kinder, die von ihren Eltern häufig anerkennende Kommentare für ihre Bemühungen erhalten hatten, die Überzeugung entwickelt hatten, dass sie selber Einfluss auf das Wachstum ihrer Fähigkeiten nehmen können. Sie betrachteten herausfordernde Aufgaben als positives Moment, das die Möglichkeit zur persönlichen Weiterentwicklung in sich birgt. Weiterhin führten sie Misserfolge oder Rückschläge nicht auf mangelnde Fähigkeiten zurück. Auch andere Untersuchungen verdeutlichen die enge Verbindung zwischen selbstbezogenen Überzeugungen, motivationalen Orientierungen und Leistungsentwicklungen. In der Grundschulstudie von Bartels (2015) beispielsweise, in der Zusammenhänge zwischen anstrengungsbezogenen Rückmeldungen von Lehrkräften und Überzeugungen von Kindern über die Wandelbarkeit ihrer mathematischen Fähigkeiten untersucht wurden, zeigten sich – wenn auch schwache – signifikant positive Korrelationen. Demnach glauben Grundschulkinder, deren Anstrengungen im Fach Mathematik honoriert werden, an die positive Veränderbarkeit ihrer mathematischen Fähigkeiten. Sie sind davon überzeugt, dass sie durch Anstrengung besser werden können, trauen sich auch die Bewältigung von herausfordernden Aufgaben zu und sind hoch intrinsisch motiviert. Auch andere Untersuchungen bestätigen den motivationsförderlichen Effekt anstrengungsbezogenen Lobs. Kinder, die nach erfolgreicher Erledigung einer Aufgabe prozessorientiert gelobt werden, sind auch in nachfolgenden Testsituationen zu einer größeren Anstrengung bereit und erleben Fehler nicht als Niederlage (Cimpian et al., 2007; Zentall & Morris, 2010).

Die Effekte von personenbezogenem bzw. fähigkeitsbezogenem Lob sind hingegen nicht ganz eindeutig, zum Teil auch widersprüchlich. Einerseits deuten zahlreiche Befunde darauf hin, dass sich fähigkeitsbezogenes Lob positiv auf das Fähigkeitsselbstkonzept von Lernenden auswirkt. Filip (1979) betont beispielsweise den positiven Effekt, den positive verbale Fähigkeitszuschreibungen auf die Genese von Fähigkeitsselbstkonzepten haben. Auch Burnett (2003), Chen et al. (2011) und Bartels (2016) konnten diese Wirkung durch Untersuchungen belegen. Allerdings besteht Grund zu der Vermutung, dass Anerkennung kurzfristig zwar wirkungsvoll ist, langfristig allerdings können lobende Äußerungen, welche die Fähigkeiten oder bestimmte Eigenschaften von Kindern besonders betonen, ihr Selbstwertgefühl (Kamins & Dweck, 1999), ihren Umgang mit Rückschlägen und die Anstrengungsbereitschaft ungünstig beeinflussen. Cimpian et al. (2007) gelang es etwa in einem Experiment mit vierjährigen Kindern zu zeigen, dass die Kinder, deren erfolgreiche Fertigstellung eines Bildes mit anerkennenden Äußerungen wie »You are a good drawer.« (»Du bist ein guter Maler.«) bedacht wurden, sich nach einem nachfolgend induzierten Misserfolg in Selbstzweifeln verfingen, ihre Fähigkeiten in Frage stellten und keine Lust hatten, an ihren Bildern weiterzuarbeiten. Auch in anderen Studien konnten Belege dafür gesammelt werden, dass sich personenorientiertes Lob ungünstig auf die Motivation und den Umgang mit Herausforderungen und Niederlagen auswirkt (Cimpian et al., 2007; Henderlong Corpus & Lepper, 2007). Wenngleich die Effekte lobender Äußerungen von Lehrkräften auf die Entwicklung von Überzeugungen über die Beschaffenheit von Eigenschaften nur marginal erforscht sind, lässt sich die Vermutung aufstellen, dass sich die Effekte anerkennender eigenschaftsbezogener Lehrkraftkommentare kurzfristig günstig auswirken können, da sie eine hohe Fähigkeitszuschreibung ermöglichen. Diese schwächen die negativen Effekte einer Unveränderbarkeitstheorie auch im Grundschulalter noch ab (Bartels, 2015; Schloz & Dresel, 2011). Langfristig betrachtet kann es allerdings die Entfaltung von Potenzialen verhindern. Es steht zu vermuten, dass durch die Anerkennung von Fähigkeiten im Zusammenhang mit Lernerfolg die Aufmerksamkeit auf Fähigkeiten gelenkt wird. Je häufiger dieser Zusammenhang präsent ist, umso wahrscheinlicher ist es, dass Kinder dadurch die Überzeugung entwickeln, dass eine Fähigkeit etwas ist, über das man verfügt oder nicht, und dass eine hohe Ausprägung bedeutsam ist, um erfolgreich zu sein. Sie fangen an darüber nachzudenken, ob sie gut bzw. klug sind oder nicht, ob sie etwas gut können oder nicht. Dadurch, dass sich die Aufmerksamkeit eher auf die Fähigkeit als auf (nicht) geleistete Anstrengung oder (falsche)

Strategienutzung richtet, wird eher die Fähigkeit als die Anstrengung als relevant für die Erreichung von Zielen eingeschätzt. So entwickelt und festigt sich im Laufe der Zeit ein Netzwerk von Überzeugungen, so genannten impliziten Theorien, über die Notwendigkeit von Fähigkeiten und Anstrengungen im Zusammenhang mit Erfolgen und Misserfolgen, in dem Fähigkeiten besonders wichtig für Erfolge eingeschätzt werden, wohingegen Anstrengung als Indiz nicht ausreichender Fähigkeiten gewertet wird. Kinder, welche die Überzeugung entwickeln, dass Begabungen und Fähigkeiten naturgemäß festgelegt sind, lassen dadurch viele Lerngelegenheiten ungenutzt.

Eine weitere Unterform von personenbezogenem Lob ist generelles Lob. Dieses wird grundsätzlich der Selbst-Ebene zugeschrieben, weil es sich auf die Person als Ganzes bezieht. Zu dieser Form von Lob, zu der Äußerungen wie »Klasse!« oder »Sehr schön!« zählen, lässt sich zunächst konstatieren, dass es, gemessen an der Häufigkeit von Rückmeldungen im Unterricht, die am häufigsten auftretende Art beurteilender Lehrkraftkommentare im Unterricht ist. Allerdings wird dieser Kategorie von Äußerungen aus empirischer Sicht kein nennenswerter Effekt attestiert. Es bleibt daher zunächst festzuhalten, dass die öffentliche Anerkennung von akademisch und sozial erwünschtem Verhalten förderlich für das Lernklima ist, es sich aber weder signifikant auf die Motivation noch auf die Einschätzung eigener Fähigkeit auswirkt (vgl. Bartels, 2015, S. 145; Shute, 2008, S. 157).

3.3 Schülerinnen- und Schülerperspektiven auf Lob und Kritik – Entwicklungen im Verlauf der Grundschulzeit

Bisherige Forschungsarbeiten verdeutlichen, dass Schülerinnen und Schüler in der Regel gerne gelobt werden (Burnett, 2001). Schülerinnen- und Schüleraussagen manifestieren, dass Lernende Stolz empfinden, wenn sie gelobt werden (Burnett & Mandel, 2010). Sie betrachten anerkennende Äußerungen in der Regel auch als motivierend und sind der Ansicht, dass Lob höhere Anstrengungen rechtfertigt. Die Art des Lobes, welches Kinder erhalten möchten, und die jeweilige Form (öffentlich vs. privat) ist jedoch stark abhängig vom Alter der Schülerinnen und Schüler. Die wechselnden Perspektiven sind dabei in erster Linie das Resultat eines komplexen Zusammenspiels zwischen kognitiven Reifungsprozessen und exogenen Faktoren, wie der Lernumwelt.

3.3.1 Entwicklungsverläufe im Anfangsunterricht

Je jünger die Kinder sind, umso mehr ist ihr Denken geprägt von den Kategorien »gutes« vs. »schlechtes« Kind (Kamins & Dweck, 1999). Bereits ab dem Alter von etwa drei Jahren haben Kinder Annahmen darüber entwickelt, was ein »gutes« bzw. »schlechtes« Kind kennzeichnet, und im Alter von vier bis fünf Jahren haben die meisten Kinder grundlegende moralische Regeln verinnerlicht (Nunner-Winkler, 1993). In einer Untersuchung von Smiley und Dweck (1994) beispielsweise, in denen vier- und fünfjährige Kinder Puzzles unterschiedlicher Schwierigkeitsgrade machen sollten, zeigte sich, dass einige Kinder beim Scheitern an schwierigen Puzzles mit Bestrafungen seitens der Eltern rechneten (»He's punished because he can't do them and he didn't finish«; Dweck, 2000, S. 100). Die Forschenden interpretierten diese Aussagen der Kinder als Hinweis darauf, dass die Kinder bereits ein theorieähnliches System über »gutes« vs. »schlechtes« Verhalten entwickelt haben und dass das Scheitern an einer Aufgabe in ihren Augen bedeutete, ein »schlechtes« Kind zu sein. Bis zur Mitte der Grundschulzeit, so die Annahme, wird die sogenannte »theory of goodness and badness« auch weiterhin primär als Referenzrahmen zur Erklärung und Interpretation von Ereignissen genutzt. Die Herausbildung dieser Überzeugungen wird dabei in engen Zusammenhang mit lobenden und kritischen Äußerungen von wichtigen Bezugspersonen gebracht (Montada, 2008, S. 582). Die Regeln dafür, was gut und was schlecht ist, wird für die Kinder von Autoritäten definiert. Sie sind der sozial-moralische Kompass. Jedes soziale System verfügt dabei über ganz eigene Regeln, Gebote und Erwartungen (ebd., S. 580). Der Ursprung der Erwartungshaltung von Erwachsenen wiederum lässt sich dabei als Ausdruck übergeordneter gesellschaftlicher und kultureller Überzeugungen ausmachen (Wang, Wiley & Chiu, 2008). Mit Eintritt in die Schule setzen neben den Eltern auch die Lehrkraft in diesem System die Maßstäbe zur Orientierung für »richtiges« und »falsches« Verhalten. Sie formulieren Regeln, haben Erwartungen und machen Vorgaben. Untersuchungen zeigen dabei, dass Lehrkräfte, welche die Leistungsergebnisse von Kindern übermäßig stark würdigen, bereits bei Kindern des ersten und zweiten Schuljahres einen Einfluss auf die motivationale Orientierung, die Entwicklung von Haltungen und Selbstbildern von Kindern haben (Hamre & Pianta, 2001; Park et al., 2016; Pianta, Steinberg & Rollins, 1995). Park et al. (2016) fanden zum Beispiel heraus, dass in den Klassen von Lehrkräften, die in ihrer Unterrichtspraxis stärker die Leistungsergebnisse als die (Entwicklungs-)Prozesse betonten, die Grundschülerinnen und -schüler eher der Ansicht waren, dass Fähigkeiten stabil und unveränderbar sind. Rückmeldungen wird dabei eine Art Mittlerrolle zugeschrieben. Es wird vermutet, dass in den Rückmeldungen Botschaften darüber enthalten sind, was erwartet wird. Wird den messbaren Leistungen im Unterrichtsalltag mehr Beachtung geschenkt und Anerkennung zuteil als den Fortschritten, dann wird das Bild vermittelt, dass das Ergebnis des Arbeitsprozesses mehr zählt als Entwicklungsfortschritte. Nehmen wir einmal an, die Schülerin der Klasse 2a, nennen wir sie Luisa, hat enorme Fortschritte beim Lesen gemacht. Beim Lesetraining liest sie einem Lesepaten aus der Klasse 1a einen eingeübten Text vor. Die Lehrerin geht vorbei, bleibt kurz stehen und hört ihr beim Lesen zu. Luisa liest den Text recht sicher und flüssig. Als sie fertig ist, sagt die Lehrerin daher: »Toll, Luisa. Das hast Du schon richtig, richtig gut gemacht. Klasse. Weiter so.« Luisa ist sichtlich stolz. Sie wird rot und fühlt sich erst mal richtig motiviert. Am nächsten Tag liest sie erneut einer Lesepatin vor. Die Lehrerin geht an den Kindern vorbei, bleibt kurz stehen und kommentiert das Lesen von Luisa knapp mit »Mmmh« und geht weiter. Luisa ist irritiert. War sie heute nicht so gut wie gestern? Warum sagt die Lehrerin heute nichts? Sie ist verunsichert und denkt: »Vielleicht kann ich doch nicht so gut lesen.« Die Gedanken von Luisa sind nachvollziehbar. Hat ihr die Lehrerin am Tag davor durch ihre Äußerungen nicht unmissverständlich signalisiert, dass ihre Leistung bewunderungswürdig war? Luisa muss nun glauben, dass ihre Leistung nicht gut war, da sie nicht honoriert wurde. Sie ist verunsichert und zweifelt an ihren Lesefähigkeiten. Die Lust, dem Paten weiter vorzulesen, schwindet. Dieses Beispiel zeigt, dass Lob eben nicht zwangsläufig zu dem intendierten Effekt führen muss. Angenommen, die Lehrerin wollte die Schülerin bestärken, bewirkte sie damit allerdings das Gegenteil. In Luisas Fall führte die Rückmeldung der Lehrerin dazu, dass sie sich in Selbstzweifeln erging und ihre Motivation nachließ. Aus entwicklungspsychologischer Sicht ist davon auszugehen, dass Luisa diese Selbstzweifel noch nicht zwangsläufig auf andere Situationen, in denen ihre Lesefähigkeiten auf dem Prüfstand stehen, übertragen wird. Allerdings lässt sich konstatieren, dass die Effekte einer einzelnen Rückmeldung bereits zu einer verringerten Motivation führen können. Und je häufiger Kinder den Zusammenhang herstellen zwischen Erfolg und Fähigkeit, umso eher entwickeln sie bereits im Verlauf der Grundschulzeit die Überzeugung, dass eine hohe Ausprägung von Fähigkeiten verantwortlich ist für ihre Erfolge. Langfristig hat Lob für entwickelte Fähigkeiten dann den beschriebenen negativen Effekt. Wie bereits angedeutet, ist die Wirkung von Lob und auch Kritik allerdings nicht nur abhängig vom Alter, sondern auch von anderen Faktoren. Jede Schülerin und jeder Schüler reagiert anders auf Rückmeldungen, auch aufgrund bisheriger Erfahrungen, die er oder sie in diesem Bereich gewonnen hat. Der Zusammenhang zwischen Leistung und Fähigkeit wird dabei hergestellt über die Wahrnehmung von Fremdurteilen, welcher wiederum durch die persönliche Rezeption Einfluss auf die Selbstbeurteilung nimmt (Wigfield & Eccles, 2002). Allerdings ist die Befundlage zu Wirkungen von Lob und Kritik auf Selbstbeurteilungen und möglichen Mittlervariablen noch nicht umfassend.

Doch was wünschen sich eigentlich Schülerinnen und Schüler im Anfangsunterricht selbst? Wirft man darauf einen Blick, dann zeigt sich, dass Kinder des ersten und zweiten Schuljahres gerne gelobt werden und dabei die Präferenz zeigen, für gutes Sozialverhalten Anerkennung zu erhalten (Burnett & Mandel, 2010). Sie freuen sich über positive Lehrkraftäußerungen für die Einhaltung von vereinbarten Regeln, gute Mitarbeit und für das »nett sein zu anderen«. Auch greifbares Lob, wie der Erhalt eines Stickers oder Stempeldrucke, wird von den befragten Kindern wertgeschätzt. Dies liegt unter anderem daran, dass Kindern in diesem Alter die Fremdbewertung und insbesondere die soziale Anerkennung von der Lehrkraft besonders bedeutsam ist (Bartels, 2016; Pekrun, 1991). Wie der Fall von Luisa zeigt, ist es daher besonders wichtig, die Häufigkeit und die Form der Anerkennung sorgfältig zu wählen, da vermieden werden sollte, dass Kinder Lernhandlungen nur deshalb gerne ausführen, weil sie ein Lob von der Lehrkraft erhalten möchten. Eine ausgeglichene Balance zwischen extrinsischen Anreizen und intrinsisch motiviertem Verhalten ist bedeutsam für das dauerhafte Aufrechterhalten einer hohen Lernbereitschaft.

3.3.2 Entwicklungsverläufe am Ende der Grundschulzeit

Mit zunehmendem Alter und in Abhängigkeit kognitiver Reifungsprozesse verändern sich sowohl wahrnehmungsspezifische Möglichkeiten der Rezeption und

Verarbeitung von Informationen als auch die Wünsche und damit auch die Perspektiven von Kindern auf Lob und Kritik. Die Studie von Bartels (2015) verdeutlicht, dass Kinder bis zum Ende der Grundschulzeit zwar noch nicht in der Lage sind, bewusst zwischen fähigkeitsbezogenem und anstrengungsbezogenem Lob von Lehrkräften zu differenzieren, allerdings haben die beiden differierenden Arten von Rückmeldungen bereits Konsequenzen für die Selbsteinschätzungen eigener Fähigkeiten. Für die Entwicklung der Heranwachsenden macht es daher trotzdem einen Unterschied, ob sie für gute Fähigkeiten oder für hohe Anstrengungen gelobt werden. Kritische Kommentare hingegen werden von Kindern dieser Altersgruppe auch unabhängig von der Bezugsebene (Fähigkeit vs. Anstrengung) ausschließlich negativ interpretiert (Bartels, 2015). Dies hängt unter anderem auch damit zusammen, dass sie offenbar noch nicht in der Lage sind, Kritik positiv umzudeuten. Bemerkungen zum Arbeitsprozess wie »Das ist nicht gut genug« oder »Mach das bitte noch einmal«, werden ausschließlich negativ aufgefasst. Eine Erklärung dafür könnte laut einer Gruppe niederländischer Wissenschaftler in den altersspezifischen Möglichkeiten der Informationsverarbeitung liegen. Mittels funktionaler Magnetresonanztomografie konnte festgestellt werden, dass Kinder erst ab dem Alter von etwa elf Jahren auf negatives Feedback positiv reagieren und Informationen aus prozessorientierter Kritik bei nachfolgenden Testaufgaben nutzen (Duijvenvoorde et al., 2008). Die Interpretation und Nutzung von Rückmeldungen hängt somit auch stark vom kognitiven Entwicklungsstand ab. Je älter die Kinder sind, umso differenzierter wird ihr Blick auf erstrebenswerte Beurteilungen durch Andere. So werden etwa ab dem dritten Schuljahr anerkennende Rückmeldungen zum Arbeitsverhalten zunehmend bedeutsamer. Die befragten Grundschulkinder in der Studie von Burnett und Mandel (2010) gaben an, gerne für die Erledigung von Arbeitsaufträgen, eine positive Arbeitseinstellung und hohe Anstrengungsbereitschaft gelobt zu werden. Allerdings machen die meisten Studien deutlich, dass diese Form des spezifischen Lobens im Unterrichtsalltag reell seltener auftritt. Am häufigsten werden Kinder, sowohl der eigenen Empfindung nach (Bartels, 2015) als auch durch Unterrichtsbeobachtungen messbar, öfter unspezifisch gelobt (z. B. Burnett & Mandel, 2010; Floress et al., 2017). Burnett und Mandel (2010) stellten beispielsweise fest, dass 71 % bis 93 % der Lehrkräfteäußerungen im Unterricht der Ebene allgemeinen Lobes zugeordnet werden konnten. Konkreteres Lob, das sich auf die Fähigkeiten und/oder Anstrengungen der Kinder bezog, wurde in weniger als zehn Prozent der Unterrichtszeit verwendet. Die Konnotation von Lehrkräftekommentaren betreffend, war in der Untersuchung auch festzustellen, dass 89 % der beobachteten Rückmeldungen positiv und nur 11 % der Rückmeldungen negativ ausfielen. Diese Befunde sind weitgehend deckungsgleich mit den Erkenntnissen aus anderen Studien (Bartels, 2015; Harrop & Swinson, 2000).

Differenziertere Betrachtungen zeigen allerdings, dass der allgemeine Eindruck nicht darüber hinwegtäuschen kann, dass es bei klassenspezifischen Subgruppen zu Wahrnehmungsunterschieden und auch objektiven Unterschieden gemessen an der Häufigkeit, mit der Lernende mit lobenden und kritischen Äußerungen im Unterricht bedacht werden, kommen kann. Unterschiede lassen sich etwa bezogen auf Differenzmerkmale wie Geschlecht und soziales Verhalten beobachten. Lernende mit auffälligem Sozialveralten erhalten beispielsweise deutlich häufiger negative

Rückmeldungen und weniger Lob von ihren Lehrkräften als angepasste Schülerinnen und Schüler (z. B. Shores et al., 1993; Wehby, Symons & Shores, 1995). Und auch in Bezug auf das Geschlecht zeigen sich deutliche Unterschiede in den Beurteilungstendenzen. Diese werden im nachfolgenden Kapitel detaillierter betrachtet.

3.3.3 Geschlechterdifferente Wahrnehmungen

Studien zeigen, dass Mädchen und Jungen Feedback im Allgemeinen und Lob und Kritik im Besonderen von Lehrkräften unterschiedlich wahrnehmen und bewerten. Diese geschlechtsspezifischen Unterschiede in der Wahrnehmung von Beurteilungstendenzen können insbesondere in mathematisch-naturwissenschaftlichen Bereichen beobachtet werden. Bartels (2016) beispielsweise konnte Belege dafür finden, dass sich Jungen und Mädchen im Mathematikunterricht der Grundschule unterschiedlich stark gelobt und kritisiert fühlen. Unter den befragten Dritt- und Viertklässlern gaben die Jungen signifikant häufiger an, kritisiert und getadelt zu werden als die befragten Mädchen. Zugleich konnte aber auch festgestellt werden, dass Jungen ihrer Ansicht nach mehr Anerkennung im Mathematikunterricht erhalten. Sie berichteten, öfter für gute mathematische Fähigkeiten als für ihre Anstrengungen gelobt zu werden. Ausschließlich generelles Lob wie »Klasse!«, »Sehr schön!«, also das Lob mit der geringsten Aussagekraft für Lernende, erhalten Mädchen nach eigenen Angaben öfter als Jungen.

Für dieses Phänomen der unterschiedlichen Rezeption von Feedback bzw. Lob und Kritik gibt es verschiedene Erklärungsansätze. Zum einen wird argumentiert, dass Mädchen sich tatsächlich im Unterricht anders verhalten als Jungen und deshalb unterschiedliche Rückmeldungen erhalten. In vielen Studien konnte beobachtet werden, dass Jungen die Klassenprozesse eher dominieren als Mädchen und daher die Aufmerksamkeit der Lehrkräfte stärker auf sich ziehen (z. B. Drudy & Chatain, 2002; Frasch & Wagner, 1982). Rudasill (2011) fand in ihrer Untersuchung beispielsweise heraus, dass das Geschlecht der Schülerinnen und Schüler ein Prädiktor für die Anzahl an ausgelösten Interaktionssituationen zwischen Lehrkraft und Schülerin oder Schüler ist. Jungen lösen durch ihr Verhalten eher eine Interaktion zwischen Lehrkraft und Schüler aus als Mädchen zwischen Lehrkraft und Schülerin. Nicht erwartungskonformes Sozialverhalten wird in diesem Zusammenhang besonders häufig bei Jungen beobachtet und initiiert negative Rückmeldungen auf Lehrkraftseite (Denn et al., 2015). Auch Jungen und Mädchen selbst beurteilen ihr Verhalten im Unterricht verschieden. Laut Samuelson und Samuelson (2016) sind Jungen der Ansicht, sich mehr im Mathematikunterricht zu beteiligen als Mädchen. Sie erhalten daher nicht nur objektiv, sondern auch gefühlt mehr negative und positive Aufmerksamkeit im Unterricht, in Form von zustimmenden und missbilligenden Rückmeldungen (Swinson & Harrop, 2009).

Zum anderen wird vermutet, dass die unterschiedliche Behandlung Ausdruck von unterschiedlichen Erwartungen an Jungen und Mädchen ist und dass sich diese unterschiedliche Erwartungshaltung in der Ungleichbehandlung niederschlägt. Trautwein und Baeriswyl (2007) konnten beispielsweise Belege dafür finden, dass Jungen von Mathematiklehrkräften als kognitiv leistungsfähiger wahrgenommen werden als Mädchen. Auch Robinson-Cimpian et al. (2014) fanden heraus, dass Lehrkräfte die Mathematikkompetenz von Jungen höher einschätzen als Mädchen. Mädchen werden im Durchschnitt nur als mathematisch kompetent wahrgenommen, wenn sie ebenso leistungsstark sind wie die Jungen, wenn sie härter arbeiten, sich besser benehmen und lernbegieriger sind. Weiterhin fanden sich Belege dafür, dass die Unterschätzung der mathematischen Fähigkeiten von Mädchen in den ersten Schuljahren einen wesentlichen Anteil an der Entwicklung der Leistungslücke in Mathematik zwischen Jungen und Mädchen mit ähnlichem Benehmen und Verhalten ausmacht. Viele Forscher sind daher der Ansicht, dass sich über die unterschiedlichen Erwartungshaltungen von Lehrkräften, die sich in stereotypisierenden Äußerungen niederschlagen, auch Unterschiede in den Selbstbeurteilungen von Mädchen und Jungen erklären lassen (Horstkemper, 1992; Parker, van Zanden & Parker, 2018). Konsequenzen für den Umgang mit Lob und Kritik im Unterrichtsalltag werden im Folgenden diskutiert.

3.4 Pädagogische Konsequenzen

Gerade Kinder im Grundschulalter arbeiten nicht zuletzt auch deshalb gerne im Unterricht mit, weil ihnen die soziale Anerkennung durch die Lehrkraft wichtig ist. Sie wollen der Lehrkraft gefallen. Lob ist daher unbestritten ein unentbehrliches und bedeutsames pädagogisches Instrument, um das Bedürfnis nach Ankerkennung zu erfüllen. Die Effekte erstrecken sich dabei neben der Individualebene auch auf Klassenebene. Die Auswirkungen einer wertschätzenden Kommunikationskultur auf ein positives Lernklima, und dazu zählen auch aufmunternde, bestärkende Rückmeldungen, sind hinreichend bekannt (z. B. Simonsen, Fairbanks, Briesch, Myers & Sugai, 2008). Die Frage lautet also weniger, ob Kinder im Unterricht gelobt werden sollten, sondern eher wofür (1), wie viel (2) und zu welchem Zeitpunkt (3).

Die Frage nach dem *wofür* (1) ist nach bisherigen Erkenntnissen eindeutig zu beantworten. Schülerinnen und Schüler sollen lernen, dass es weniger auf bestehende Fähigkeiten, denn auf Entwicklungen ankommt. Lob sollte daher weniger ergebnisorientiert, denn prozessorientiert sein. Doch da es im Unterrichtsalltag unvermeidlich zu simultanen Lehrkraftäußerungen kommt, die sowohl auf die Fähigkeiten als auch auf Prozesse abzielen, wie »Klasse, Du bist schon richtig gut darin. Wenn Du noch weiter übst, wirst Du noch besser.«, spielt neben der Frage nach dem wofür, die Frage nach dem *wie viel* (2) des Lobes eine gewichtige Rolle. Diese Frage lässt sich auch datengestützt beantworten. Schon ein singuläres Ereignis kann zu einer Motivationsminderung führen. Doch gerade in der Grundschule, in der sich wesentliche Konzepte und Überzeugungen konstituieren, ist die Intensität entscheidend, mit der über einen längeren Zeitraum in der Unterrichtspraxis Leistungen, Fähigkeiten oder Entwicklungsmöglichkeiten betont werden. Die stärkere Betonung von Leistungsfähigkeit (z. B. »Du bist ein guter Leser.«) im

Vergleich zur Betonung von Entwicklung(smöglichkeiten) (z. B. »Du bist fleißig.«) ist die Grundlage für die Entwicklung von zwei unterschiedlichen Perspektiven auf die Beschaffenheit von Persönlichkeitseigenschaften (veränderbar vs. unveränderbar). Um Kindern zur Entfaltung ihrer Potenziale zu verhelfen, ist es bedeutsam, dass sie von der Wachstumsmöglichkeit ihrer Fähigkeiten ausgehen. Diese Perspektive begünstigt Schülerinnen und Schüler in der Entwicklung einer lernförderlichen und Resilienz begünstigenden Selbstkompetenz. Zu welchem *Zeitpunkt* (3) im Unterricht gelobt werden sollte, damit Lernen stattfinden kann, beantwortet John Hattie folgendermaßen (2014, S. 138):

> »In der Tat erachten Lernende Lob als wichtig für ihren Erfolg in der Schule. Tatsächlich hängen Vorhandensein von Lob und Lern-Outcomes zusammen [wenn auch nicht positiv; Anmerkung des Übersetzers]. Die Botschaft, damit Feedback beim Akt des Lernens effektiv sein kann, lautet: Lob verwässert die Mitteilung. Loben Sie die Schülerinnen und Schüler und sorgen Sie dafür, dass sie sich in der Klasse willkommen und als Lernende wohlfühlen. Doch wenn Sie für einen wirklichen Unterschied beim Lernen sorgen wollen, unterlassen Sie Lob beim Feedback über das Lernen« (John Hattie, 2014).

Damit Lernen bezogen auf die Entwicklung fachspezifischer Fähigkeiten stattfinden kann, sollte demzufolge unabhängig von Feedback gelobt werden. Für die Persönlichkeitsentwicklung ist es aber zugleich wichtig, Kinder zu loben. Lob sollte dabei gezielt die Botschaft vermitteln, dass Fähigkeiten grundsätzlich veränderbar sind. Eine Orientierung für Lehrkräfte zur intensiveren Auseinandersetzung mit dem eigenen Umgang mit Lob und Kritik bietet der Fragenkatalog, der Tabelle 3.1 zu entnehmen ist. Die Fragen bieten die Möglichkeit, sowohl das eigene Unterrichtshandeln als auch die eigene Wirkung zu reflektieren. Die *Fragen 1 bis 5* zielen darauf ab, sich das eigene Feedbackverhalten bewusst zu machen und seine eigenen Überzeugungen zu explizieren. Zugleich können sie Grundlage einer systematischen Reflexion mit Hilfe kollegialer Supervision sein. Die Merkhilfe erleichtert eine Zuordnung des eigenen Feedbackverhaltens. Um zu eruieren, was Lob und Kritik bei den Schülerinnen und Schülern auslösen, können Gespräche mit den Schülerinnen und Schülern über das eigene Feedbackverhalten helfen. Die Fragen *6 bis 9* können auch hier als Grundlage genutzt werden, um ins Gespräch zu kommen, bzw. können als Orientierung dienen, um eine kollegiale Supervision durchzuführen.

Tab. 3.1: Fragen zum Umgang mit Lob und Kritik

	Fragen zum Umgang mit Lob und Kritik	Merkhilfe/Anmerkungen
1	Wie lobe/kritisiere ich meine Schülerinnen und Schüler in der Regel?	Öffentlich (vor der ganzen Klasse) oder privat (im Einzelgespräch)
2	Wofür lobe ich die Schülerinnen und Schüler?	Anstrengungen, Strategienutzung, Generell, Leistung, Fähigkeiten
3	In welchen Situationen lobe ich Schülerinnen und Schüler?	Wenn sie Schwierigkeiten beim Lösen von komplexen Problemstellungen haben/wenn sie gescheitert sind, wenn sie sich anstrengen etc.

Tab. 3.1: Fragen zum Umgang mit Lob und Kritik – Fortsetzung

	Fragen zum Umgang mit Lob und Kritik	Merkhilfe/Anmerkungen
4	Vermische ich Lob und Feedback?	z. B.: »Super gut. Das ist eine tolle Arbeit.«
5	Was ist mir im Unterricht wichtig?	Ergebnisse, Entwicklungen
6	Warum lobe ich Schülerinnen und Schüler?	z. B. um ihnen ein positives Gefühl zu vermitteln, um sie zu motivieren, aus Gewohnheit etc.
7	Was löst Lob/Kritik bei einer Schülerin/einem Schüler aus?	z. B. Freude, Stolz, Unsicherheit, Selbstzweifel, Motivation
8	Lobe/Kritisiere ich meine Schülerinnen und Schüler sehr oft?	Jeden zweiten Satz schließe ich gefühlt mit »Klasse.«, »Super«, »Toll«.
9	Gibt es Schülerinnen und Schüler bzw. Schülerinnen- und Schülergruppen, die ich seltener lobe als andere?	z. B. Schülerinnen und Schüler mit Verhaltensauffälligkeiten/Mädchen und Jungen/sozial kompetente/akademisch leistungsstarke
10	Lobe und kritisiere ich Mädchen und Jungen (fachspezifisch) unterschiedlich?	Mädchen in Deutsch für Leistungen vs. Jungen in Mathe mehr für Leistungen

Abschließend lässt sich resümieren, dass es sich bei den Wirkungen von Lob und Kritik um ein komplexes Determinationsgefüge handelt. Wenngleich es also keine einfache »Wenn-Dann-Lösung« in der Praxis geben kann, lässt sich festhalten, dass Lob seine vollständig positive Wirkung erst entfalten kann, wenn sowohl personale als auch situative Faktoren berücksichtigt werden und das Einholen von Schülerinnen- und Schülermeinungen zum eigenen Feedbackverhalten einen integralen Bestandteil des Unterrichts darstellt.

Literatur

Bartels, F. (2015). *Implizite Fähigkeitstheorien im Grundschulalter. Bedingungen und Auswirkungen auf die Lernmotivation, das Bewältigungsverhalten und die Leistung.* Bad Heilbrunn: Julius Klinkhardt.
Bartels, F. (2016). Geschlechtsunterschiede in der Wahrnehmung von Rückmeldungen im Mathematikunterricht der Grundschule – Konsequenzen für das Fähigkeitsselbstkonzept von Mädchen und Jungen. In J. Halberstadt, L. Hilmers, T. Kubes & S. Weingraber (Hrsg.), *(Un)typisch Gender Studies – neue interdisziplinäre Forschungsfragen* (S. 192–212). Opladen: Budrich UniPress Ltd.
Brophy, J. (1981). Teacher praise. A functional analysis. *Review of Educational Research, 51* (1), 5–32.

Brummelman, E., Crocker, J. & Bushman, B. J. (2016). The Praise Paradox. When and Why Praise Backfires in Children with Low Self-Esteem. *Child Development Perspectives, 10* (2), 111–115.
Burnett, P. C. (2001). Elementary students' preferences for teacher praise. *The Journal of Classroom Interaction, 36* (1), 16–23.
Burnett, P. C. (2003). The Impact of Teacher Feedback on Student Self-talk and Self-concept in Reading and Mathematics. *The Journal of Classroom Interaction, 38* (1), 11–16.
Burnett, P. C. & Mandel, V. (2010). Praise and Feedback in the Primary Classroom. Teachers' and Students' Perspectives. *Australian Journal of Educational & Developmental Psychology, 10*, 145–154.
Chen, Y.-H., Thompson, M. S., Kromrey, J. D. & Chang, G. H. (2011). Relations of Student Perceptions of Teacher Oral Feedback with Teacher Expectancies and Student Self-Concept. *The Journal of Experimental Education, 79* (4), 452–477.
Cimpian, A. (2010). The impact of generic language about ability on children's achievement motivation. *Developmental Psychology, 46* (5), 1333–1340.
Cimpian, A., Arce, H.-M. C., Markman, E. M. & Dweck, C. S. (2007). Subtle linguistic cues affect children's motivation. *Psychological science, 18* (4), 314–316.
Craven, R. G., Marsh, H. W. & Debus, R. L. (1991). Effects of internally focused feedback and attributional feedback on enhancement of academic self-concept. *Journal of Educational Psychology, 83* (1), 17–27.
Denn, A.-K., Lotz, M., Theurer, C. & Lipowsky, F. (2015). »Prima, Lisa. Richtig« und »Psst, Max. Hör auf zu stören!« Eine quantitative Studie zu Unterschieden im Feedbackverhalten von Lehrkräften gegenüber Mädchen und Jungen im Mathematikunterricht des zweiten Schuljahres. *GENDER – Zeitschrift für Geschlecht, Kultur und Gesellschaft, 7* (1), 29–47.
Dev, P. C. (1997). Intrinsic motivation and academic achievement. What does their relationship imply for the classroom teacher? *Remedial and Special Education, 18* (1), 12–19.
Drudy, S. & Chathain, M. U. (2002). Gender Effects in Classroom Interaction. Data Collection, Self-Analysis and Reflection. *Evaluation & Research in Education, 16* (1), 34–50.
Duijvenvoorde, van Anna C. K., Zanolie, K., Rombouts, S. A. R. B., Raijmakers, M. E. J. & Crone, E. A. (2008). Evaluating the negative or valuing the positive? Neural mechanisms supporting feedback-based learning across development. *The Journal of Neuroscience, 28* (38), 9495–9503.
Dweck, C. (2000). *Self-theories. Their role in motivation, personality, and development.* Lillington, NC: Edwards Brothers.
Dweck, C. S. (2008). Can Personality Be Changed? The Role of Beliefs in Personality and Change. *Current Directions in Psychological Science, 17* (6), 391–394.
Dweck, C. S. & Molden, D. C. (2005). Self-Theories: Their Impact on Competence Motivation and Acquisition. Handbook of Competence and Motivation. In A. J. Elliot (Ed.), *Handbook of competence and motivation* (pp. 122–140). New York: Guilford Press.
Filipp, S.-H. (1979). Entwurf eines heuristischen Bezugsrahmens für Selbstkonzept-Forschung: Menschliche Informationsverarbeitung und naive Handlungstheorie. In S.-H. Filipp (Hrsg.), *Selbstkonzept-Forschung: Probleme, Befunde, Perspektiven* (S. 129–152). Stuttgart: Klett-Cotta.
Frasch, H. & Wagner, A. C. (1982). Auf Jungen achtet man einfach mehr. In J. Brehmer (Hrsg.), *Sexismus in der Schule* (S. 260–276). Weinheim: Beltz.
Floress, M. T., Berlinghof, J. R., Rader, R. A., Riedesel, E. K. (2017). Preschool Teachers' use of praise in general, at risk, and special education classrooms. *Psychology in the Schools, 54* (5), 519–531.
Freedman-Doan, C., Wigfield, A., Eccles, J. S., Blumenfeld, P., Arbreton, A. & Harold, R. D. (2000). What Am I Best At? Grade and Gender Differences in Children's Beliefs About Ability Improvement. *Journal of Applied Developmental Psychology, 21* (4), 379–402.
Gunderson, E. A., Ramirez, G., Levine, S. C. & Beilock, S. L. (2011). The Role of Parents and Teachers in the Development of Gender-Related Math Attitudes. *Sex Roles, 66* (3–4), 153–166.

Haimovitz, K. & Dweck, C. S. (2017). The Origins of Children's Growth and Fixed Mindsets. New Research and a New Proposal. *Child Development, 88* (6), 1849–1859.

Haimovitz, K. & Henderlong Corpus, J. (2011). Effects of person versus process praise on student motivation. Stability and change in emerging adulthood. *Educational Psychology, 31* (5), 595–609.

Hamre, B. K. & Pianta, R. C. (2001). Early teacher–child relationships and the trajectory of children's school outcomes through eighth grade. *Child Development, 72* (2), 625–638.

Harrop, A. & Swinson, J. (2000). Natural rates of approval and disapproval in British infant, junior and secondary classrooms. *The British Journal of Educational Psychology, 70* (4), 473–483.

Hattie, J. (2009). *Visible learning. A synthesis of over 800 meta-analyses relating to achievement.* Oxford, UK: Routledge.

Hattie, J. (2014). *Lernen sichtbar machen für Lehrpersonen.* Baltmannsweiler: Schneider Verlag Hohengehren.

Hattie, J. & Timperley, H. (2007). The power of feedback. *Review of Educational Research, 77* (1), 81–112.

Hellmich, F. & Günther, F. (2011). Entwicklung von Selbstkonzepten bei Kindern im Grundschulalter – ein Überblick. In F. Hellmich (Hrsg.), *Selbstkonzepte im Grundschulalter. Modelle, empirische Ergebnisse, pädagogische Konsequenzen* (S. 19–46). Stuttgart: Kohlhammer.

Henderlong, J. & Lepper, M. R. (2002). The effects of praise on children's intrinsic motivation. A review and synthesis. *Psychological Bulletin, 128* (5), 774–795.

Henderlong Corpus, J. & Lepper, M. R. (2007). The Effects of Person Versus Performance Praise on Children's Motivation. Gender and age as moderating factors. *Educational Psychology, 27* (4), 487–508.

Hofer, M. (1985). Zu den Wirkungen von Lob und Tadel. *Bildung und Erziehung, 38* (4), 415–427.

Horstkemper, M. (1992). Neue Mädchen - neue Jungen? Schule, Geschlecht und Selbstvertrauen. In E. Glumpler (Hrsg.), *Mädchenbildung, Frauenbildung. Beiträge der Frauenforschung für die LehrerInnenbildung* (S. 178–187). Bad Heilbrunn: Klinkhardt.

Hyland, F. & Hyland, K. (2001). Sugaring the pill. Praise and criticism in written feedback. *Journal of second language writing, 10* (3), 185–212.

Kalis, T. M., Vannest, K. J. & Parker, R. (2007). Praise counts. Using self-monitoring to increase effective teaching practices. *Preventing School Failure: Alternative Education for Children and Youth, 51* (3), 20–27.

Kamins, M. L. & Dweck, C. S. (1999). Person versus process praise and criticism. Implications for contingent self-worth and coping. *Developmental Psychology, 35* (3), 835–847.

Kanouse, D. E., Gumpert, P. & Canavan-Gumpert, D. (1981). The semantics of praise. *New directions in attribution research, 3,* 97–115.

Kluger, A. N. & DeNisi, A. (1996). The effects of feedback interventions on performance. A historical review, a meta-analysis, and a preliminary feedback intervention theory. *Psychological Bulletin, 119* (2), 254–284.

Kluger, A. N. & DeNisi, A. (1998). Feedback interventions. Toward the understanding of a double-edged sword. *Current Directions in Psychological Science, 7* (3), 67–72.

Kopp, B. & Mandl, H. (2014). Aspekte der Feedbacknachricht. In H. Ditton & A. Müller (Hrsg.), *Feedback und Rückmeldungen. Theoretische Grundlagen, empirische Befunde, praktische Anwendungsfelder* (S. 151–162). Münster: Waxmann Verlag.

Krenn, B., Würth, S. & Hergovich, A. (2013). The Impact of Feedback on Goal Setting and Task Performance. *Swiss Journal of Psychology, 72* (2), 79–89.

Montada, L. (2008). Moralische Entwicklung und Sozialisation. In R. Oerter & L. Montada (Hrsg.), *Entwicklungspsychologie* (Grundlagen Psychologie, 6., vollst. überarb. Aufl., S. 572–606). Weinheim: Beltz.

Mory, E. H. (1996). Feedback research. In D. H. Jonassen (Hrsg.), *Handbook of research for educational communications and technology* (S. 919–956). New York: Simon & Schuster Macmillan.

Mory, E. H. (2004). Feedback research revisited. *Handbook of research on educational communications and technology, 2*, 745–783.

Mueller, C. M. & Dweck, C. S. (1998). Praise for intelligence can undermine children's motivation and performance. *Journal of Personality and Social Psychology, 75* (1), 33–52.

Narciss, S. (2014). Modelle zu den Bedingungen und Wirkungen von Feedback in Lehr-Lernsituationen. In H. Ditton & A. Müller (Hrsg.), *Feedback und Rückmeldungen. Theoretische Grundlagen, empirische Befunde, praktische Anwendungsfelder* (S. 43–82). Münster: Waxmann.

Nordrhein-Westfälische Schulministerium (2018). *Leistung erkennen, fördern und bewerten - Kompetenzorientierte Leistungsbewertung im EGS*. Verfügbar unter: https://www.schulentwicklung.nrw.de/cms/angebote/egs/leistung-erkennen-foerdern-u.-bewerten/leistungsbegriff-und-rechtsrahmen/index.html. [Januar 2019]

Nunner-Winkler, G. (1993). Die Entwicklung moralischer Motivation. In W. Edelstein, G. Nunner-Winkler & G. Noam (Hrsg.), *Moral und Person* (S. 278–303). Berlin: Suhrkamp.

Park, D., Gunderson, E. A., Tsukayama, E., Levine, S. C. & Beilock, S. L. (2016). Young children's motivational frameworks and math achievement. Relation to teacher-reported instructional practices, but not teacher theory of intelligence. *Journal of Educational Psychology, 108* (3), 300–313.

Parker, P. D., van Zanden, B. & Parker, R. B. (2018). Girls get smart, boys get smug. Historical changes in gender differences in math, literacy, and academic social comparison and achievement. *Learning and Instruction, 54*, 125–137.

Pekrun, R. (1991). Prüfungsangst und Schulleistung. Eine Längsschnittanalyse. *Zeitschrift für Pädagogische Psychologie, 5* (2), 99–109.

Pianta, R. C., Steinberg, M. S. & Rollins, K. B. (1995). The first two years of school. Teacher-child relationships and deflections in children's classroom adjustment. *Development and Psychopathology, 7* (2), 295–312.

Robinson-Cimpian, J. P., Lubienski, S. T., Ganley, C. M. & Copur-Gencturk, Y. (2014). Teachers' perceptions of students' mathematics proficiency may exacerbate early gender gaps in achievement. *Developmental Psychology, 50* (4), 1262–1281.

Rudasill, K. M. (2011). Child temperament, teacher–child interactions, and teacher–child relationships. A longitudinal investigation from first to third grade. *Early Childhood Research Quarterly, 26* (2), 147–156.

Samuelson, M. & Samuelson, J. (2016). Gender differences in boys' and girls' perception of teaching and learning mathematics. *Open Review of Educational Research 3* (1), S. 18–34.

Schloz, C. & Dresel, M. (2011). Implizite Fähigkeitstheorien und Fähigkeitsselbstkonzepte im Grundschulalter. Ein Überblick und Ergebnisse einer Studie im Fach Deutsch. In F. Hellmich (Hrsg.), *Selbstkonzepte im Grundschulalter. Modelle, empirische Ergebnisse, pädagogische Konsequenzen* (S. 81–99). Stuttgart: Kohlhammer.

Shores, R. E., Gunter, P. L. & Jack, S. L. (1993). Classroom Management Strategies. Are They Setting Events for Coercion? *Behavioral Disorders, 18* (2), 92–102.

Shute, V. J. (2008). Focus on formative feedback. *Review of Educational Research, 78* (1), 153–189.

Simonsen, B., Fairbanks, S., Briesch, A., Myers, D. & Sugai, G. (2008). Evidence-based practices in classroom management. Considerations for research to practice. *Education and Treatment of Children*, 351–380.

Skipper, Y. & Douglas, K. (2012). Is no praise good praise? Effects of positive feedback on children's and university students' responses to subsequent failures. *The British Journal of Educational Psychology, 82* (2), 327–339.

Smiley, P. A. & Dweck, C. S. (1994). Individual Differences in Achievement Goals among Young Children. *Child Development, 65* (6), 1723–1743.

Stipek, D., Recchia, S. & McClintic, S. (1992). Self-evaluation in young children. *Monographs of the Society for Research in Child Development 51* (1), 1–84.

Sugai, G. & Horner, R. H. (2009). Responsiveness-to-intervention and school-wide positive behavior supports. Integration of multi-tiered system approaches. *Exceptionality, 17* (4), 223–237.

Swinson, J. & Harrop, A. (2009). Teacher talk directed to boys and girls and its relationship to their behaviour. *Educational Studies, 35* (5), 515–524.

Trautwein, U. & Baeriswyl, F. (2007). Wenn leistungsstarke Klassenkameraden ein Nachteil sind. Referenzgruppeneffekte bei Übertrittsentscheidungen. *Zeitschrift für Pädagogische Psychologie, 21* (2), 119–133.

Wang, Y. Z., Wiley, A. R. & Chiu, C.-y. (2008). Independence-supportive praise versus interdependence-promoting praise. *International Journal of Behavioral Development, 32* (1), 13–20.

Wehby, J. H., Symons, F. J. & Shores, R. E. (1995). A Descriptive Analysis of Aggressive Behavior in Classrooms for Children with Emotional and Behavioral Disorders. *Behavioral Disorders, 20* (2), 87–105.

Wigfield, A. & Eccles, J. S. (2002). The development of competence beliefs, expectancies for success, and achievement values from childhood through adolescence. In A. Wigfield & J. S. Eccles (Eds.), *The development of achievement motivation* (pp. 92–120): New York: Academic Press.

Zentall, S. R. & Morris, B. J. (2010). »Good job, you're so smart«. The effects of inconsistency of praise type on young children's motivation. *Journal of Experimental Child Psychology, 107* (2), 155–163.

4 Lob als effektives Classroom Management in der Sekundarstufe – wissenschaftliche Befunde und praktische Hinweise

Sarah Fefer & Marie-Christine Vierbuchen

Classroom Management als das Zusammenwirken von proaktiven und reaktiven Strategien während des Unterrichts und in der Interaktion von Lehrkräften mit Schülerinnen und Schülern kann anhand vieler Stellschrauben an die jeweilige Klasse und die Persönlichkeit der Lehrkraft angepasst werden. Eine dieser Stellschrauben kann Feedback in seinen vielen Varianten sein, was einige der Kriterien des Classroom Managements von Evertson und Emmer (2009) betrifft, z. B. die *Planung und Unterrichtung von Regeln und unterrichtlichen Verfahrensweisen*, die *Festlegung von Konsequenzen*, wo Feedback und Lob verstärkend für die Umsetzung angemessenen Verhaltens wirken können. Weitere proaktive Kriterien sind die *Schaffung eines positiven (Lern-)Klimas* oder auch die *angemessene Vorbereitung des Unterrichts* (Hennemann & Hillenbrand, 2010), bei beiden spielt Lehrkraftkommunikation und damit auch Feedback eine bedeutsame Rolle und kann bereits von vornherein mitgedacht werden. Dies hat auch Auswirkungen auf das Kriterium der *unterrichtlichen Klarheit*, um nur einige der elf Kriterien zu nennen.

Harbour et al. (2015) identifizierten das Feedback von Lehrkräften als eine der wichtigsten Methoden im Unterricht, um das Engagement der Schülerinnen und Schüler und ihre akademischen Leistungen zu verbessern. Zudem ist positives Feedback von Lehrkräften ein wesentlicher Bestandteil empirisch begründeter mehrstufiger Systeme wie z. B. »Positive Behavioral Interventions and Supports« (PBIS; Sugai & Horner, 2009), der positives Verhalten in Schule und Unterricht wirksam unterstützt. In umfassenden Lehrerausbildungsprogrammen wie z. B. dem »Teacher Child Interaction Training« aus den USA (Fernandez et al., 2015) ist die Steigerung positiver Rückmeldungen oft eine spezifische Zielsetzung. Positives Feedback über das Verhalten und die akademische Entwicklung von Schülerinnen und Schülern kann als präventive Strategie dienen, um positives Verhalten im ganzen Klassenzimmer zu fördern (Simonsen et al., 2008), und als spezifische Strategie, um auf Schülerinnen und Schüler mit sozial-emotional auffälligem Verhalten zu reagieren und sie zu unterstützen (Sutherland et al., 2000). Unter positivem Feedback oder Lob wird eine mündliche oder schriftliche Bestätigung verstanden, die auf wünschenswertem und positivem Verhalten basiert (Gable et al., 2009; Jenkins et al., 2015; Simonsen et al., 2008). Lob ist eine wirksame Präventions- und Interventionsstrategie, die keine übermäßige Vorbereitung oder Anstrengung erfordert (Gable et al., 2009). Aus all diesen Gründen könnte Lob mehr Beachtung im Unterrichtsalltag finden. Dieses Kapitel konzentriert sich auf das Lob durch Lehrkräfte in der Sekundarstufe, da es häufig als wesentliches Element eines effektiven Classroom Managements einbezogen wird (Harbour et al., 2015) und teilweise bereits als evidenzbasierte Unterrichtspraxis bezeichnet wird (Simonsen et al., 2008). Damit setzt sich das Kapitel für einen Aspekt ein, der einen wichtigen Beitrag im Bereich Classroom Management und Feedback leisten kann, aber eben nur ein Puzzleteil im Gesamtkonzept von gelingendem Unterricht und guter Schule darstellt.

Von einem häufigen Einsatz von Lob profitieren auch die Lehrkräfte: Diejenigen, die die Schülerinnen und Schüler häufiger loben, berichteten oft über höhere Gefühle der Selbstwirksamkeit, während ein ungünstiges Verhältnis von positiven zu negativen Interaktionen mit höheren Werten emotionaler Erschöpfung verbunden war (Reinke et al., 2013). Untersuchungen zeigten, dass Lehrkräfte Lob im Unterricht trainieren und dann erfolgreicher einsetzen konnten (z. B. Simonsen et al., 2010). Dieses gezielte Training von Lob zahlt sich aus, denn wenn zu Beginn des Schuljahrs positive Schüler-Lehrkraft-Interaktionen zu beobachten sind, so können positivere Ergebnisse der Schülerinnen und Schüler in Grundschulklassen erwartet werden, das bestätigen Reinke et al. (2016). Lehrkräfte wird das nicht überraschen, es bestätigt jedoch eindrucksvoll, wie bedeutsam diese Komponenten im Unterrichtsalltag sind und weist darauf hin, dass Lob eine regelmäßige Unterrichtspraxis in Sekundarstufen sein sollte, die für Lehrkräfte und Schülerinnen und Schüler gleichermaßen von Vorteil ist.

Dieses Kapitel beschreibt ein dreistufiges Modell der Unterstützung und wie Lob innerhalb dieses Modells als proaktive Classroom Management-Strategie und individualisierte Intervention für Schülerinnen und Schüler mit herausforderndem Verhalten eingesetzt werden kann. Hierbei wird vor allem die Sekundarstufe fokussiert, da positives Lehrkraft-Feedback bei älteren Schülerinnen und Schülern besonders wichtig sein kann. Es wird ein Überblick über aktuelle Forschungsergebnisse und von der Erstautorin selbst erhobene Daten über die Häufigkeit und die Art des Lobes gegeben, das in Klassen der Sekundarstufe effektiv sein kann. Sind Studien einbezogen, die nicht die Sekundarstufe betreffen, so wird dies explizit benannt. Am Ende des Kapitels wird auch auf Trainings- und Unterstützungsstrategien im Zusammenhang mit der Verwendung von Lob durch Lehrkräfte eingegangen. Dabei wird erstens deutlich, dass dieses Thema in Sekundarstufen besondere Relevanz besitzt und zweitens, dass es sowohl in der Praxis als auch in der Forschung stark vernachlässigt wird.

4.1 Die Logik eines mehrstufigen Systems

Angesichts der bekannten Vorteile von positivem Lehrkraft-Feedback und Lob ist klar, dass dies eine universelle Praxis sein sollte, die in allen Klassen und für alle Schülerinnen und Schüler umgesetzt wird (Simonsen et al., 2008). Mehrstufige Rahmenkonzepte für die Organisation von Unterstützung, wie das Response to Intervention oder PBIS, bieten Leitlinien für die effektive und effiziente Umsetzung von Präventions- und Interventionsmaßnahmen. PBIS hat sich als vielversprechender Ansatz für Schulstrukturen erwiesen, die das Problemverhalten positiv, präventiv und evidenzbasiert angehen (Sugai & Horner, 2009). Lob und Anerkennung als Reaktion auf angemessenes Verhalten der Schülerinnen und Schüler ist ein zentrales Merkmal von PBIS (Reinke et al., 2013).

Typischerweise wird die Unterstützung an drei Stufen ausgerichtet (▶ Abb. 4.1), um der Heterogenität der Klassen gerecht werden zu können. Stufe 1, die primäre Stufe, umfasst universelle, präventive Unterstützung, die auf die Bedürfnisse aller Schülerinnen und Schüler ausgerichtet ist. Daten zum Verhalten und zum Lernprozess werden gesammelt, ausgewertet und rückgemeldet, und wenn gemeinsam gesetzte realistische Ziele nicht erreicht werden, können gezielte und/oder individualisierte Interventionen im Rahmen von Stufe 2 bzw. 3 durchgeführt werden (Sugai & Horner, 2009). Diese mehrstufige Logik legt nahe, dass die Mehrheit der Schülerinnen und Schüler einer Schule (ca. 80 %) auf positive Unterrichtspraktiken wie transparente und spezifische Verhaltenserwartungen und eine hohe Frequenz von Lob reagiert. Diese Unterrichtspraktiken finden sich auch im proaktiven Classroom Management (Harbour et al., 2015; Hennemann & Hillenbrand, 2010). Das bedeutet, dass die anderen 20 % der Schülerinnen und Schüler einer Schule darauf aufbauend mehr explizites und häufiges Feedback benötigen (je nach Intensität Stufe 2 oder 3). Schülerinnen und Schüler mit starken Schwierigkeiten im akademischen Bereich oder der sozial-emotionalen Entwicklung benötigen noch gezielteres oder individuelleres Lob von ihren Lehrkräften, um das erwartete angemessene Verhalten zu verstärken (Stufe 3).

Myers et al. (2011) konnten ebenso wie Reinke et al. (2016) zeigen, dass das Verhalten der Schülerinnen und Schüler mit dem Lob der Lehrkräfte während des Unterrichts zusammenhängt. Erste Ergebnisse deuten auf eine wechselseitige Beziehung zwischen Konflikten mit der Lehrkraft und externalisierendem Verhalten bei Jugendlichen hin (Skalicka et al., 2015). Klassen mit schwierigeren Verhaltensweisen erhalten mehr positive und negative Aufmerksamkeit als Klassen mit positivem Verhalten (Russell & Lin, 1977). Pas et al. (2015) bestätigen diese Ergebnisse: Anerkennung und Kritik finden häufiger in Klassen mit höherem Unterstützungsbedarf im Verhalten statt als in Klassen, in denen die Regeln konsequenter befolgt werden. Sekundarstufenschülerinnen und -schüler, die als schwer zu unterrichten wahrgenommen werden, erhalten mehr positives Feedback über ihre akademische Arbeit und mehr negative Aufmerksamkeit für ihr Verhalten im Vergleich zu ihren Altersgenossen (Swinson & Knight, 2007).

Dies sind wichtige Erkenntnisse, um die Wirkung von Lob und Anerkennung und deren täglichen Einsatz in der Praxis zusammenzubringen und aus dem Alltag heraus im Unterricht geschickt mit Lob arbeiten zu können. Aber die Forschungslage ist nicht absolut eindeutig: Fry (1983) stellt dar, dass Schülerinnen und Schüler mit schwierigerem Verhalten weniger Aufmerksamkeit von ihren Lehrkräften erhielten. Als Konklusion des Forschungsstands lässt sich resümieren, dass Lehrkräfte von Schülerinnen und Schüler mit herausforderndem Verhalten unbedingt proaktive Unterrichtsstrategien wie Lob (Pas et al., 2015) einsetzen sollten. Diese Erkenntnisse gelten unabhängig vom jeweiligen Fach. Darüber hinaus ist Lob oft eine wesentliche Handlungsstrategie für einzelne Schülerinnen und Schüler mit ADHS (DuPaul et al., 2011) und ein expliziter Schritt innerhalb evidenzbasierter Instruktionen für Schülerinnen und Schüler mit Autismus-Spektrum-Störungen

Stufe 3: intensives und individuelles Lob für spezifisches Zielverhalten

Stufe 2: gezieltes Lob für Schülerinnen und Schüler mit leichten Schwierigkeiten im Verhalten; sollte häufiger und spezifischer sein

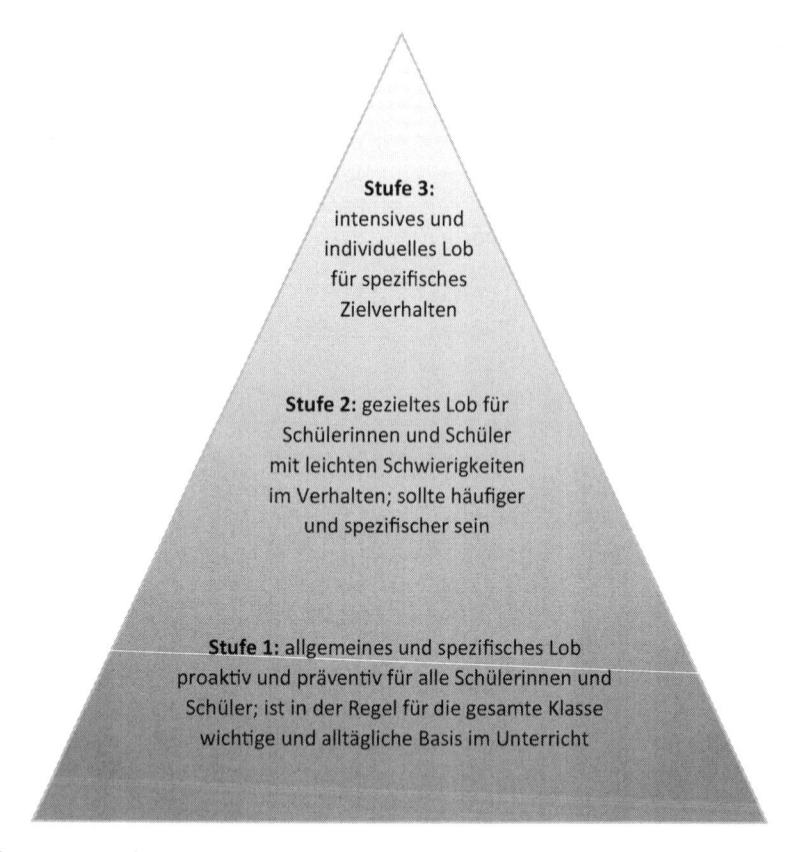

Stufe 1: allgemeines und spezifisches Lob proaktiv und präventiv für alle Schülerinnen und Schüler; ist in der Regel für die gesamte Klasse wichtige und alltägliche Basis im Unterricht

Abb. 4.1: Dreistufiges System mit verschiedener Intensität und Zielstellung von Lob

(McKenney & Bristol, 2015). Offensichtlich ist das Loben von Schülerinnen und Schülern mit herausforderndem Verhalten für Lehrkräfte jedoch aufwändiger und schwer durchzuhalten, da die positive Aufmerksamkeit der Lehrkräfte über den von Fry (1983) untersuchten Zeitraum von vier Monaten abnahm und die negative Aufmerksamkeit stieg (Swinson & Knight, 2007).

Lob kann am effektivsten wirken, wenn es mit anderen Aspekten des Classroom Managements und der Verhaltensunterstützung kombiniert wird, wie z. B. dem expliziten Unterrichten von Erwartungen, dem Schaffen breiterer Handlungsmöglichkeiten oder der Bereitstellung zusätzlicher Formen der Verstärkung (Simonsen et al., 2008). Eine Methode, die diese Aspekte gut vereinen kann, ist das KlasseTeamSpiel, welches die Umsetzung des KlasseKinderSpiels für die Sekundarstufe darstellt (Hillenbrand & Pütz, 2008; Vierbuchen, 2014). Dieses Spiel ist ein unterrichtsimmanentes Gruppenkontingenzverfahren mit positivem Wettkampfcharakter, welches auf konkreten Regeln für den Unterricht basiert und die Einhaltung der Regeln positiv verstärkt. Hier lassen sich in der Sekundarstufe einige Modifikationen gegenüber der geläufigeren Umsetzung in der Primarstufe vornehmen (Vierbuchen, im Druck).

Es gibt Hinweise darauf, dass einige Schülerinnen und Schüler stärker von Lob profitieren als andere. Die Studie von Song et al. (2014) zeigte, dass der Zusammenhang zwischen Lehrkraftbeziehung und positiven Schülerergebnissen am stärksten für die Schülerinnen und Schüler war, denen es an sozialer Unterstützung außerhalb der Schule mangelte. Sie profitierten also am meisten von einer guten Beziehung zur Lehrkraft. Roorda et al. (2011) stellen in ihrer Meta-Analyse einen Zusammenhang zwischen positiver Lehrkraft-Schüler-Beziehungen und höherer Klassenleistungen und größerem Engagement aller Schülerinnen und Schüler fest. Diese Korrelation ist noch höher bei Schülerinnen und Schülern mit niedrigem sozioökonomischen Status (ebd.), was bedeutet, dass für diese Gruppe die Lehrkraft-Schüler-Beziehung noch bedeutsamer ist.

Zusammenfassend begründen diese Ergebnisse den Einsatz von spezifischem Lob auf Verhaltensebene innerhalb eines mehrstufigen Modells, so dass Schülerinnen und Schüler, die ein höheres Entwicklungsrisiko aufweisen, gezielter durch Lob unterstützt werden können.

Myers und Kollegen transferieren diese mehrstufige Logik in die Lehrerbildung, um sicherzustellen, dass alle Lehrkräfte diese Strategie häufig anwenden. Diese Studie zeigt, dass einige Lehrkräfte eine intensivere Unterstützung benötigen, um Lob verstärkt und gezielt einzusetzen (Myers et al., 2011). Lehrkräfte, die ihr Lobverhalten im Unterricht nicht alleine erhöhen konnten, erhielten mehr Unterstützung und Feedback, wobei ein höherer Grad an Unterstützung zu einem häufigeren Lob der Lehrkräfte für die Schülerinnen und Schüler und einem besseren Verhalten der Klasse führte. In Verbindung mit den vorher genannten Studien wird deutlich, dass Lob auf das Verhalten und die Beziehung eine starke Auswirkung hat. Mit Hilfe eines datenbasierten Entscheidungsprozesses (z. B. anhand von Lernverlaufsdiagnostik oder Verhaltensscreenings), der für die effektive Implementierung mehrstufiger Systeme von zentraler Bedeutung ist, kann die Zuweisung zusätzlicher Zeit und Ressourcen gesteuert werden, um sicherzustellen, dass die Unterstützung auf eine hilfreiche Weise erfolgt, die die Effizienz und Effektivität des schulischen Systems erhöht (Sugai & Horner, 2009).

4.2 Bedeutung des Lobes in der Sekundarstufe

Es gibt mehr Forschung über den Einsatz von Lob in Grundschulen als in weiterführenden Schulen (Jenkins et al., 2015). Die umfassendste Studie des Lobes über die Klassenstufen hinweg deutet darauf hin, dass die Häufigkeit des Lobes in den Klassen mit zunehmendem Alter der Schülerinnen und Schüler abnimmt (White, 1975). Sekundarstufenschülerinnen und -schüler erhalten im Allgemeinen wenig positives Feedback von den Lehrkräften, wobei der Großteil des Feedbacks eher auf akademische Kompetenzen als auf das Verhalten ausgerichtet ist (ebd.). Darüber hinaus ist der Übergang von der Grundschule zur weiterführenden Schule mit erhöhten akademischen Anforderungen, einer Wahrnehmung ungünstigeren Unterrichtsklimas durch die Schülerinnen und Schüler (Nelson & DeBacker, 2008) und mehr bestrafenden Maßnahmen verbunden (Fenning et al., 2012). In der Sekundarstufe können positive Überzeugungen der Schülerinnen und Schüler darüber, wie sehr die Lehrkräfte ihre Bemühungen um Erfolg unterstützen, die Wahrscheinlichkeit eines Schulabbruchs um 50 % reduzieren (Song et al., 2014). Leider deuten Forschungsergebnisse aber gleichzeitig darauf hin, dass Klassen der Sekundarstufe häufig nicht durch positive Schüler-Lehrkraft-Beziehungen gekennzeichnet sind. Es hat sich gezeigt, dass der Übergang von der Grundschule in die Sekundarstufe I eine stärkere Kontrolle und Disziplin der Lehrkraft und eine geringere Konzentration auf die Beziehung nach sich zieht (Eccles et al., 1993). Unabhängig davon, ob dies das Resultat ungünstigerer schulischer Bedingungen im Übergang oder ein Merkmal der Pubertät ist, können verstärkte Anstrengungen zur Stärkung der Beziehung zwischen Lehrkräften und Schülerinnen und Schülern in der Sekundarstufe eine besonders wichtige und oft übersehene Strategie zur Förderung positiver Entwicklungen sein. Das Lob der Lehrkraft kann ein wichtiger Weg zur Verbesserung der Beziehungen, der Verbindlichkeit und des Gesamterfolgs von Schülerinnen und Schülern in Sekundarstufen sein.

Die Wahrnehmung von Jugendlichen durch Erwachsene kann auch eine Rolle bei Lob in der Sekundarstufe spielen. Viele Erwachsene interpretieren die Pubertät als eine Zeit, in der die Jugendlichen nicht mehr auf Erwachsene hören und der Bezug zu Gleichaltrigen steigt. Song et al. (2014) zeigen jedoch, dass mit zunehmendem Alter der Jugendlichen die Verbindung zu erwachsenen sozialen Rollenvorbildern außerhalb der Familie zunimmt – die Beziehungen zu Lehrkräften und anderem Schulpersonal können im Zuge des Übergangs von der Grundschule zur Sekundarstufe wichtiger werden. Eine Untersuchung der Erstautorin zeigt auch, dass Schülerinnen und Schüler (Klassenstufen 5 bis 12 in US-Schulen) die Einschätzungen ihrer Lehrkräfte über ihre akademische Entwicklung und ihr schulisches Verhalten höher bewerten als die Einschätzungen ihres Freundeskreises, der Eltern und ihre eigenen Einschätzungen und Ziele in Bezug auf ihre Leistung (Fefer et al., 2016). Smetana und Bitz (1996) untersuchten die Wahrnehmung erwachsener Autorität bei Schülerinnen und Schülern in der fünften bis elften Klasse. Sie stellten fest, dass die Jugendlichen mit zunehmendem Alter eher glauben, dass Erwachsene keine Autorität über einige ihrer Entscheidungen haben sollten, darunter persönliche (z. B. wer mit ihnen zusammensitzt oder wie sie ihr Essensgeld ausgeben), aufsichtsrechtliche (z. B. Rauchen oder Junk Food) oder kontextbezogene Regeln (z. B. Noten geben, den Unterricht ohne zu fragen verlassen); die Jugendlichen sehen jedoch weiterhin Lehrkräfte und Schulleitungen als Autorität über moralische (z. B. Stehlen oder Kämpfen) und allgemein übliche (z. B. Verhalten in der Klasse oder Antworten der Lehrkraft gegenüber) Regeln. Zusammenfassend deuten diese Ergebnisse darauf hin, dass Jugendliche die Meinung von Lehrkräften schätzen, was die Wahrscheinlichkeit erhöht, dass Lob als Verstärker wirkt und positives Verhalten fördert.

4.3 Menge des Lobes

Trotz der dokumentierten Vorteile des Lobes und der Tatsache, dass dies eine forschungsbasierte Praxis ist, die häufig in mehrstufigen Systemen wie PBIS verwendet wird, zeigt die vorhandene Forschung, dass Sekundarstufenlehrkräfte nicht regelmäßig Lob in ihren Klassenzimmern verwenden (Jenkins et al., 2015; Reinke et al., 2013; White, 1975). Rückgemeldete Anerkennung erfolgte seltener als verbale Ablehnung über alle Klassenstufen hinweg, wobei die Frequenz der Anerkennungsrückmeldung mit steigender Klassenstufe immer weiter abnahm (Brophy, 1981; White, 1975). Andere Studien deuten darauf hin, dass Lehrkräfte mehr Anerkennung rückmelden, wobei der Schwerpunkt stärker auf akademischem Lernen als auf sozialem Verhalten liegt (Merrett & Wheldall, 1987; Wheldall et al., 1989). Wheldall et al. (1989) beobachteten in 130 Klassen der Sekundarstufe, dass für soziales Verhalten Ablehnung häufiger auftrat als Anerkennung, während in Bezug auf akademisches Lernen Anerkennung häufiger als Ablehnung war. Ein Review arbeitete heraus, dass Lehrkräfte der Sekundarstufe eine besonders niedrige Häufigkeit mit einem Durchschnitt von einem Lob alle 50 Minuten zeigen und bestätigte, dass Lehrkräfte eher Aussagen verwenden, die auf akademisches Lernen bezogen sind (Beaman & Wheldall, 2000).

Harrop und Swinson (2000) verglichen die Menge der rückgemeldeten Anerkennung (d. h. positives Feedback oder Lob von Lehrkräften) und Ablehnung (z. B. Zurechtweisen, Tadeln) in verschiedenen Schulstufen und fanden in allen Klassen höhere Häufigkeiten von Anerkennung als Ablehnung, wobei die Häufigkeit der Ablehnung mit zunehmendem Alter der Schülerinnen und Schüler sank. Die Ergebnisse der Sekundarstufenlehrkräfte deuten darauf hin, dass die akademischen Entwicklungen stärker in den Mittelpunkt des Interesses gerückt sind und die Rückmeldungen zum Sozialverhalten aus dem Blick geraten. Bemerkenswert ist, dass eine Erklärung oder Begründung nach positivem Feedback (Anerkennung) im Vergleich zur Ablehnung weniger verbreitet war. Es zeigt sich, dass Lehrkräfte aller Klassenstufen eher eine Erklärung geben, wenn sie das Verhalten der Schülerinnen und Schüler korrigieren oder missbilligen, als wenn sie den Schülerinnen und Schülern ein positives Feedback geben. Ebenfalls scheinen Zustimmung und Missbilligung eher an Einzelpersonen als an Schülergruppen gerichtet zu werden (Harrop & Swinson, 2000). Insgesamt scheinen Lehrkräfte in ihren Klassenzimmern kaum spezifisches Verhaltenslob zu verwenden.

Sabey et al. (2018) raten Lehrkräften zu mehr positiven als negativen Interaktionen in ihrem Klassenzimmer, empfehlen aber nicht, ein genaues Verhältnis von positiven zu negativen Interaktionen durchzusetzen. Sie überprüfen eine allgemeine Empfehlung des Verhältnisses von fünf positiven zu einer negativen Interaktion und zeigen, dass es nur begrenzte empirische Beweise für diese spezifischen Zahlen gibt.

Die Erstautorin und ihr Forschungsteam fragten in einer Untersuchung Schülerinnen und Schüler der fünften bis zwölften Klassen nach ihrer Einschätzung (auf einer Likert-Skala von 0=nie bis 4=immer), wie oft sie gelobt werden *sollten* und wie oft sie tatsächlich gelobt *werden* für ihre akademische Arbeit

(Fefer et al., 2016) und für ihr Verhalten in der Schule (Fefer & Johnston, in Vorbereitung). Die Jugendlichen berichteten, dass sie etwas mehr als »manchmal« (M=2,06) für ihre akademische Arbeit und ihr schulisches Verhalten (M=2,37) gelobt werden *sollten*. Die Einschätzung des tatsächlich erhaltenen Lobes war niedriger (M=1,48 für akademische Arbeit; 1,60 für schulisches Verhalten), wobei ältere Jugendliche deutlich weniger Lob berichteten als Jugendliche der fünften bis achten Klassen. Jugendliche scheinen demnach die Auffassung zu vertreten, dass sie mehr Lob erhalten sollten als sie es tatsächlich wahrnehmen, und dass sie mehr Lob für ihr Verhalten als für ihre akademische Arbeit erhalten sollten. 27 % der Jugendlichen in dieser Stichprobe gaben an, dass sie nie in der Schule gelobt werden. Es ist mehr Forschung notwendig, um die Faktoren und deren Interaktion in Schule besser zu verstehen, z. B. die Variabilität in der Häufigkeit und die Wahrnehmung des Lobes. Das wird durch die teilweise inkonsistenten Studienergebnisse klar. Deutlich wird jedoch, dass in der Sekundarstufe scheinbar eher wenig gelobt wird und wie viele Chancen sich in Lob und der Veränderung des Lobes sowie der Anerkennung durch eine Lehrkraft für die Klasse und für die einzelnen Jugendlichen bieten.

Im Rahmen eines mehrstufigen Modells, wie das oben dargestellte, sollte den Jugendlichen, die ein höheres Risiko für negative akademische und soziale Entwicklungen aufweisen, mehr Lob ausgesprochen werden. Jenkins et al. (2015) stellten heraus, dass die Häufigkeit des Lobes in Förderschulen noch geringer als in allgemeinen Schulen ausfällt. Auch hier zeigt sich demnach ein enormes Entwicklungspotenzial.

4.4 Art des Lobes

Trotz umfangreicher Untersuchungen über den positiven Einfluss von Lob im Unterricht existiert kein Konsens über die Art, wie Lob von Lehrkräften in Sekundarstufen gegeben werden sollte. In ihrem Review über Lob und Möglichkeiten proaktiver Strategien des Classroom Managements zur Verhinderung von Schulversagen geben Partin et al. (2010) Richtlinien für effektives Lob, welche hier von den Autorinnen erweitert wurden. Lob sollte:

1. von positivem Verhalten der Schülerinnen und Schüler abhängig und mit Verhaltensweisen und -regeln verbunden sein, die von den Lehrkräften angestrebt und bestenfalls gemeinsam abgesprochen wurden,
2. konkrete mündliche und/oder schriftliche Informationen über den Erfolg der akademischen oder verhaltensbezogenen Leistungen der Schülerinnen und Schüler liefern,
3. Möglichkeiten für positive Interaktionen bieten,
4. auf Basis individueller Fähigkeiten und Bedürfnisse der Schülerinnen und Schüler differenziert (spezifisch) sein und

5. kontinuierlich überprüft werden, um festzustellen, ob Lob tatsächlich als Verstärkung dient und das spezifische Zielverhalten der Schülerinnen und Schüler erhöht.

Verhaltensspezifisches Lob wird oft als effektiver als allgemeines Lob eingeschätzt; die empirische Studienlage ist jedoch noch begrenzt (Jenkins et al., 2015). Verbales, individuelles, kontingentes und verhaltensspezifisches Lob steht im Mittelpunkt der aktuellen Lobforschung (Floress et al., 2017). Das Konzept des verhaltensspezifischen Lobes basiert auf behavioralen Theorien, die davon ausgehen, dass sich Verhalten eher verbessert, wenn Lehrkräfte explizite Verstärkung für das als adäquat eingestufte Verhalten bieten (Brophy, 1981). Diese Logik ist zu einer konsequenten Empfehlung in einschlägiger Literatur und Unterrichtspraxis geworden. Viele Interventionsstudien konzentrieren sich explizit auf das Training der Nutzung von verhaltensspezifischem Lob durch Lehrkräfte (z. B. Sutherland et al., 2000) und die Verbesserung des Verhältnisses von positiven zu negativen Lehrkraft-Schüler-Interaktionen (Rathel et al., 2014). Einige Studien zeigen auch, dass der Einsatz von verhaltensspezifischem Lob in der Sekundarstufe zu mehr Engagement und weniger herausforderndem Verhalten führt (Blaze et al., 2014). Die Umsetzung von erhaltensspezifischem Lob ist also ein Ziel der Lehrkräfteausbildung und wird oft als evidenzbasierter Unterrichtsansatz angesehen (Simonsen et al., 2008; Floress et al., 2017).

Ein aktuelles Review fordert jedoch rigorosere Untersuchungen, um Lob definitiv als evidenzbasierte Intervention zur Verbesserung des Verhaltens auf Schüler- und Klassenebene zu identifizieren (Moore et al., 2018). Royer et al. (2018) kommen zu dem Schluss, dass verhaltensspezifisches Lob eine potenziell evidenzbasierte Praxis gemäß der Richtlinien des Council for Exceptional Children (US-amerikanische Berufsvereinigung für Pädagogik, die Standards für Forschung und Praxis im Bereich der Sonderpädagogik setzt) ist.

Einige Autoren vermuten, dass das Alter und andere individuelle Eigenschaften der Jugendlichen die Wahrnehmung von Lob beeinflussen. Lehrkräfte von Schülerinnen und Schülern mit emotionalen und Verhaltensstörungen in der Sekundarstufe berichten Unterschiede, wie die Jugendlichen auf Lob reagieren, und dass einige das Lob nicht genießen (Hawkins & Heflin, 2010). Natürlich sollte das Lob so ausgesprochen werden, dass es für die Schülerinnen und Schüler tatsächlich angenehm ist. Lob, das leise von Lehrkräften ausgesprochen wurde, erhöhte die Aufmerksamkeit und die Beteiligung um mehr als 20 % (Houghton et al., 1990). Blaze et al. (2014) verglichen die Wirksamkeit verschiedener Arten von Lob im Unterricht systematisch. Sie stellten öffentliches (lautes) und privates (leises) Lob gegenüber: Beide erhöhten das engagierte Verhalten und senkten das störende Verhalten im Klassenzimmer (ebd.). Die Lehrkräfte erhielten in dieser Studie alle zwei Minuten eine Aufforderung, die sie daran erinnerte, die Schülerinnen und Schüler während der gesamten Interventionsphase zu loben. Jugendliche zeigten positiveres Verhalten, wenn im Klassenzimmer häufig Lob ausgesprochen wurde, unabhängig von der spezifischen Struktur des Lobes.

Eine andere Studie untersuchte das Lob der Lehrkräfte in sechsten und siebten Klassen in den Vereinigten Staaten über zwei aufeinanderfolgende Jahre (Nelson et al., 2009). Lehrkräfte wurden geschult, wie man anhand von Notizen effektiv lobt. Während der Studie wurde 14.527 Mal Lob erfasst und 2.143 Überweisungen ins Schulleitungsbüro (Disziplinvorfälle) registriert. Es gab eine signifikante negative Korrelation zwischen der Gesamtzahl an Lob und der Anzahl der Disziplinvorfälle (je mehr Lob, desto weniger Disziplinvorfälle). Wurden den Lehrkräften Anreize in Form von Incentives versprochen, wenn sie mehr Lob-Notizen schreiben, so stieg die Anzahl des Lobes (von 0,88 auf 5,91 Notizen pro Tag auf 100 Jugendliche). Es existieren bisher scheinbar keine Studien, die verbales und schriftliches Lob direkt miteinander vergleichen, noch weniger ist über gestische oder körperliche Anerkennung bekannt (Floress et al., 2017). Lob hat sich jedoch insgesamt als effektive Unterrichtsstrategie in Sekundarstufen erwiesen, sei es in Form einer Notiz, eines stillen Kommentars oder einer öffentlichen Anerkennung.

Fefer et al. (2016) fragten 764 Schülerinnen und Schüler der fünften bis zwölften Klassenstufen nach ihren Vorlieben für verschiedene Arten von Lob und Belohnungen für ihre Leistung, um die Akzeptanz durch Schülerinnen und Schüler zu verstehen. Leises Lob von Lehrkräften war die bevorzugte Art des Lobes, obwohl alle Formen des Lehrkräftelobes in allen Klassenstufen hoch eingeschätzt wurden (z. B. lautes Lob, öffentliche Bekanntgabe von Punkten für eine Klassenprämie). Als die Jugendlichen gebeten wurden, ihre Präferenzen für die Reaktion der Lehrkräfte, wenn sie ihr Bestes geben (z. B. eine Frage richtig beantworten, eine Aufgabe erfüllen), zu benennen, wählten sie »leises Lob, damit nur ich es hören kann« und »leise Punktevergabe, Tickets oder Wertmarken, um sie gegen eine Belohnung einzutauschen«, als die bevorzugte Vorgehensweise. Verbales Lob von einer Lehrkraft (leise oder laut) wird von der Mehrheit der Jugendlichen bevorzugt (58,3 %). Werden jedoch spezifische Belohnungen wie Snacks und Freizeit in die Auswertung integriert, werden diese dem Lob der Lehrkraft etwas vorgezogen. Es sind noch viele Fragen über die Verwendung von Lob bei Jugendlichen offen. Die Einbeziehung der Präferenz der Schülerinnen und Schüler kann ein wichtiger Schritt sein, um sicherzustellen, dass die spezifische Art des Lobes als angenehm eingeschätzt wird und so Verhaltensänderungen vor allem für Jugendliche mit Entwicklungsrisiken unterstützen kann.

4.5 Erfolgreiches Lob – Training für Lehrkräfte

Ein aktuelles Review ergab 24 international veröffentlichte Studien zum Training erfolgreichen Lobes, wobei der Trend zu Studien in diesem Bereich seit 2006 zunimmt (Floress et al., 2017). Alle Trainingsstudien zu Lob mit positiven (15 Studien) oder neutralen (6 Studien) Ergebnissen verwendeten eine Kombination aus zwei oder mehr Methoden zur Erhöhung des Lobes: didaktisches Training kombiniert mit Feedback, Zielsetzungen über die Anzahl des zu gebenden Lobes, externe Aufforderungen oder Selbstkontrolle (ebd.). Dieses Review unterstreicht die Bedeutung der Unterstützung von Lehrkräften bei der Verwendung von Lob als einfach zu implementierende Strategie zur Steigerung des angemessenen Verhaltens im Unterricht. Im Folgenden werden Studien vorgestellt, die sich auf die Steigerung der Verwendung von Lob durch Lehrkräfte in der Sekundarstufe konzentrieren. Zudem werden Ideen für praxistaugliche Strategien vorgestellt.

Kalis et al. (2007) demonstrierten den Einsatz von Selbstkontrollstrategien, um das Lob einer Lehrkraft in ihrem ersten Arbeitsjahr für Schülerinnen und Schüler mit emotionalen und Verhaltensstörungen zu erhöhen. Die Novizen konnten die Effekte aufrechterhalten, nachdem die externen Aufforderungen zum Lob und die Selbstkontrolle zurückgenommen wurden. Lehrkraftberichte schätzten die Intervention als effektiv für die Lehrkraft und die Jugendlichen ein. Die Selbstkontrolle des Lobes erfolgte in einem zehnminütigen Intervall und wurde mit einem Handzähler aufgezeichnet. Es wurden starke Effekte für den Einsatz sowohl allgemeinen als auch spezifischen Lobes als Ergebnis der Selbstkontrollstrategie festgestellt. Diese Studie legt nahe, dass Lehrkräfte einfache Zählmethoden, wie einen Handzähler, verwenden können, um ihr Lobverhalten zu überwachen und zu erhöhen. Andere einfache Methoden zur Erinnerung an das Geben von Lob können das Übertragen von Gummibändern von einem Handgelenk auf das andere (Ziel: alle Gummibänder müssen am Ende der Stunde oder des Schultages am anderen Handgelenk sein) oder das Übertragen von Münzen oder Büroklammern von einer Tasche in die andere oder von einer Stelle auf dem Pult auf eine andere Stelle sein. Eine eher unspezifische Methode könnte eine Signalkarte sein, die auf dem Pult liegt und die Lehrkraft ständig an Lob erinnert. Hierauf können sogar Namen der Schülerinnen oder Schüler stehen, die besonders durch Lob unterstützt werden sollen.

Simonsen et al. (2010) wählten drei spezifische effektive Strategien des Classroom Managements aus (die Lehrkräfte nutzten konkrete Aufforderungen, erhöhten die Antwortchancen und die Häufigkeit des Lobes), schulten Lehrkräfte in der Umsetzung während des Unterrichts und gaben ihnen spezifisches individuelles Feedback. Lehrkräfte konnten diese Fähigkeiten nach der Schulung gezielt einsetzen. In dieser Studie wählte jede Lehrkraft eine eigene Selbstmanagementstrategie, um die Wahrscheinlichkeit des Einsatzes von Lob zu erhöhen, z. B. das Schreiben einer Aufforderung (ein Lob!) auf die Tafel als Erinnerung. Studien wie diese machen deutlich: Ein direktes Training alleine reicht nicht aus, um das Lehrkrafthandeln zu ändern. Das Hinzufügen von Feedback zur Umsetzung nach dem Training ist wirksam, um den Einsatz dieser spezifischen Classroom Management-Strategien zu verbessern. Dies deutet darauf hin, dass Lehrkräfte möglicherweise Unterstützung von anderen Professionellen im Schulkontext benötigen, um auch nach der direkten Fort- und Weiterbildung verstärkt auf spezifische Unterrichtspraktiken zurückgreifen zu können.

Hawkins und Heflin (2011) zeigten, dass Videocoaching (Analyse der eigenen Handlung beim Einsatz von Lob im Unterricht und anschließendes Feedback) dazu beitragen kann, das verhaltensspezifische Lob der Lehrkräfte in der Sekundarstufe, die mit Jugendlichen mit emotionalen und Verhaltensstörungen arbeiten, zu steigern. Zwei der drei Teilnehmenden an dieser multiplen Baseline-Studie zeigten jedoch keine Aufrechterhaltung der Effekte, nachdem die Interventionsunterstützung minimiert wurde. Auch in diesem Bereich wird mehr Forschung über die spezifische Art und das Niveau der Unterstützung benötigt, die den Lehrkräften zur

Verfügung gestellt werden sollte, um den Gebrauch von spezifischem Lob im Unterricht aufzubauen und aufrechtzuerhalten.

Die Wirkung von Lehrkräftecoaching anhand von Feedback wurde auch außerhalb von Förderschulen untersucht. Duchaine et al. (2011) untersuchten Methoden zur Steigerung des Lobes in drei inklusiven Mathematikklassen. Während die Ergebnisse positive Auswirkungen von Coaching und Feedback auf die Verwendung von Lob in den Klassen der Sekundarstufe zeigten, waren die Ergebnisse in Bezug auf die Auswirkungen auf das Verhalten der Schülerinnen und Schüler nicht eindeutig. Duchaine et al. (ebd.) hoben hervor, dass zukünftige Studien sich auf inklusive Kontexte konzentrieren sollten und darauf, wie man systematisch die Aufmerksamkeit und das störende Verhalten messen kann. Die beteiligten Lehrkräfte bewerteten die Kombination von Coaching und Feedback (schriftlich und mündlich) als akzeptabel.

Die bereits genannte Studie von Blaze et al. (2014) zeigte auch, dass ein didaktisches Training mit Hilfe von Rollenspielen in Kombination mit physischen Aufforderungen durch ein MotivAider-Gerät (kleines Piepser-ähnliches Gerät, das in bestimmten Intervallen vibriert, um zu einem bestimmten Verhalten aufzufordern) den Einsatz von leisem und lautem verhaltensspezifischem Lob, welches vom akademischen Engagement der Schüler abhängt, erfolgreich erhöhte. Der Einsatz eines MotivAiders oder von Apps über ein Handy kann ein weiterer vielversprechender Ansatz für Lehrkräfte sein, um Lob erfolgreich im Unterricht einzusetzen.

Eine Schritt-für-Schritt-Anleitung zur Verbesserung des Lobverhaltens, die Lehrkräfte für den individuellen Einsatz in der eigenen Klasse und an die eigene Lehrkraftpersönlichkeit anpassen sollten, könnte folgende Schritte vorsehen:

Tab. 4.1: Mögliches Schritt-für-Schritt-Vorgehen zur Steigerung des Lobverhaltens im eigenen Unterricht

1.	Wie sieht die aktuelle Situation von Lob in der Klasse aus?	Beobachten Sie sich selbst! In welchen Situationen, wann genau loben Sie? Wen und wie?
2.	Was soll konkret verbessert werden?	Zielformulierung: In welchem Bereich soll eine erste Verbesserung Ihres Lobverhaltens deutlich werden? SMARTE Ziele sind gute Ziele: Spezifisch (konkret), messbar (überprüfbar), attraktiv (warum wichtig, akzeptabel), realistisch (erreichbar), terminiert (in absehbarer Zeit erfüllbar)! Planen Sie die Umsetzung des Lobes: Seien Sie so spezifisch wie möglich (also kein allgemeines Lob zur Person, sondern ganz konkret zur akademischen Leistung oder zum Verhalten).
3.	Bei Bedarf: Wie binde ich den Schüler/die Schülerin (oder die gesamte Klasse) ein?	Besonders mit Schülerinnen und Schülern, die intensive individuelle Unterstützung auf Stufe drei benötigen, machen zusätzliche Gespräche Sinn, in dem gemeinsam positives Verhalten, Lernziele und hilfreiches Lob besprochen werden können. Ist Lob vor der gesamten Klasse gewünscht oder lieber unauffällig per Notiz oder im Vorbeigehen?

Tab. 4.1: Mögliches Schritt-für-Schritt-Vorgehen zur Steigerung des Lobverhaltens im eigenen Unterricht – Fortsetzung

		Alternativ oder zusätzlich kann die gesamte Klasse in die Weiterentwicklung eingebunden und nach Feedback-Bedürfnissen und Präferenzen befragt werden. Dazu können Klassengespräche oder ein kleiner Fragebogen nach einer einführenden Erklärung unterstützend sein.
4.	Wie werde ich mich daran erinnern, während des Unterrichts angemessen Lob einzusetzen?	Geben Sie sich Signale, bauen Sie Erinnerungsstützen ein, um die Wahrscheinlichkeit des Umsetzens der formulierten Ziele zu erhöhen (z. B. Signalkarten auf dem Pult, Erinnerung durch Apps/Handy).
5.	Wie funktioniert die konkrete Umsetzung während des Unterrichts?	Überprüfen Sie die Umsetzung der formulierten Lobziele im eigenen Unterricht (selbstständig beobachten oder während Co-Teaching-Situationen von der anderen Lehrkraft oder von der Klasse rückmelden lassen).
6.	a. Muss ich Anpassungen vornehmen?	Überprüfen Sie Ihre Zielsetzung (zu viel, zu wenig, zu unkonkret …?). Bauen Sie stärkere Erinnerungen während des Unterrichts ein. Passen Sie die Art und Weise des Lobes an oder konzentrieren Sie sich vorerst auf andere Schülerinnen und Schüler.
	b. Läuft es gut und ich kann mir nächstschwierigere Ziele setzen?	Planen Sie langfristiger und mehr Lob. Nehmen Sie zusätzlich weitere Schülerinnen und Schüler in den Blick.
	c. Habe ich alles erreicht? Muss mich nur in der Erhaltung des unterstützenden Lobverhaltens verstärken?	Finden Sie dezente Mittel, um sich immer wieder zu überprüfen, ob Ihr Lobverhalten noch unterstützend ist, oder ob Sie wieder weniger loben.

Der verstärkte Einsatz von Lob lässt sich also üben, wenn er auch ständiges Engagement und Selbstüberwachung der Lehrkraft erfordert. Dabei kann auch das Einholen von Rückmeldungen der Schülerinnen und Schüler zur Wahrnehmung und Häufigkeit des Feedbacks hilfreich wirken.

4.6 Schlussfolgerungen

Lob durch die Lehrkraft ist eine wichtige und effektive Unterrichtsstrategie für Schülerinnen und Schüler der Sekundarstufe. Kinder, Jugendliche und junge Erwachsene zeigen eine positive Verhaltensreaktion auf Lob von Lehrkräften, berichten von einer Vorliebe für Lob zu ihrer akademischen Leistung und ihrem Verhalten in Unterricht und Schule und melden zurück, dass ihnen die Einschätzungen von Lehrkräften wichtig sind. Schülerinnen und Schüler der Sekundarstufe können explizit in die Planungen zum Lob einbezogen werden. Hier bieten sich gute Möglichkeiten entweder die komplette Klasse oder zumindest einige Schülerinnen und Schüler nach ihren Vorlieben und Wünschen zu fragen, um auch hierdurch Wertschätzung und Akzeptanz zu vermitteln und das Lob besser an die Bedarfe anpassen zu können. Lob, das spezifisch und von angemessenem Verhalten im schulischen Kontext abhängig ist, führt nachweislich zu verbesserten akademischen und verhaltensbezogenen Entwicklungen für alle Schülerinnen und Schüler, wobei die Schülerinnen und Schüler, die außerhalb des schulischen Kontextes weniger soziale Unterstützung erhalten, mehr direktes und individuelles Lob benötigen als andere.

Lob als einfache, effiziente und effektive Strategie sollte daher zur Unterstützung aller Schülerinnen und Schüler in den Schulen bewusst, systematisch und regelmäßig eingesetzt werden. Der Einsatz von Lob und die Umsetzung effektiver Unterrichtsmethoden im Rahmen von gelingendem Classroom Management sollten fester Bestandteil eines präventionsorientierten mehrstufigen Unterstützungssystems sein, da dies zu einem effizienteren und effektiveren Ressourceneinsatz in der Schule führen kann.

Literatur

Beaman, R. & Wheldall, K. (2000). Teachers' use of approval and disapproval in the classroom. *Educational Psychology, 20*, 431–446.

Blaze, J. T., Olmi, D. J., Mercer, S. H., Dufrene, B. A. & Tingstom, D. H. (2014). Loud versus quiet praise: A direct behavioral comparison in secondary classrooms. *Journal of School Psychology, 52*, 349–360.

Brophy, J. (1981). Teacher praise: A functional analysis. *Review of Educational Research, 51*, 5–32.

Burnett, P. C. & Mandel, V. (2010). Praise and feedback in the primary classroom: Teachers' and students' perspectives. *Australian Journal of Educational & Developmental Psychology, 10*, 145–154. Verfügbar unter: http://www.newcastle.edu.au/_data/assets/pdf_file/0013/100309/V10_burnett_mandel.pdf (Zugriff am 23.07.2018)

Duchaine, E. L., Jolivette, K. & Fredrick, L. D. (2011). The effect of teacher coaching with performance feedback on behavior-specific praise in inclusion classrooms. *Education and Treatment of Children, 34*(2), 209–227.

DuPaul, G. J., Weyandt, L. L. & Janusis, G. M. (2011). ADHD in the classroom: Effective intervention strategies. *Theory into Practice, 50*(1), 35–42.

Eccles, J. S., Midgley, C., Wigfield, A., Buchanan, C. M., Reuman, D., Flanagan, C. & Mac Iver, D. (1993). Development during adolescence: The impact of stage-environment fit on young adolescents' experiences in schools and in families. *American Psychologist, 48*(2), 90.

Evertson, C. M. & Emmer, E. T. (2009). *Classroom Management for Elementary Teachers.* Upper Saddle River, NJ: Pearson.

Fefer, S., DeMagistris, J. & Shuttleton, C. (2016). Assessing adolescent praise and reward preferences for academic behavior. *Translational Issues in Psychological Science, 2*(2), 153–162.

Fefer, S. & Johnston, A. (in Vorbereitung). *Assessing adolescent praise and reward preferences for their in school behavior.*

Fenning, P. A., Pulaski, S., Gomez, M., Morello, M., Maciel, L., Maroney, E. & Wilson, R. (2012). Call to action: A critical need for designing alternatives to suspension and expulsion. *Journal of School Violence, 11*(2), 105–117.

Fernandez, M. A., Gold, D. C., Hirsch, E. & Miller, S. P. (2015). From the clinics to the classrooms: a review of teacher-child interaction training in primary, secondary, and tertiary prevention settings. *Cognitive and Behavioral Practice, 22*(2), 217–229.

Floress, M. T., Beschta, S. L., Meyer, K. L. & Reinke, W. M. (2017). Praise research trends and future directions: Characteristics and teacher training. *Behavioral Disorders, 43*(1), 227–243.

Fry, P. S. (1983). Process measures of problem and non-problem children's classroom behaviour: The influence of teacher behaviour variables. *British Journal of Educational Psychology, 53*(1), 79–88.

Gable, R. A., Hester, P. H., Rock, M. L. & Hughes, K. G. (2009). Back to basics: Rules, praise, ignoring, and reprimands revisited. *Intervention in School and Clinic, 44*(4), 195–205.

Gilchrist, E. P. (1916). The extent to which praise and reproof affect a pupil's work. *School Society, 4*, 872–874.

Harbour, K. E., Evanovich, L. L., Sweigart, C. A. & Hughes, L. E. (2015). A brief review of effective teaching practices that maximize student engagement. *Preventing School Failure: Alternative Education for Children and Youth, 59*(1), 5–13.

Harrop, A. & Swinson, J. (2000). Natural rates of approval and disapproval in British infant, junior and secondary classrooms. *British Journal of Educational Psychology, 70*, 473–483.

Hattie, J. & Timperley, H. (2007). The power of feedback. *Review of Educational Research, 77*, 81–112.

Hawkins, S. M. & Heflin, L. J. (2011). Increasing secondary teachers' behavior-specific praise using a video self-modeling and visual performance feedback intervention. *Journal of Positive Behavior Interventions, 13*(2), 97–108.

Hennemann, T. & Hillenbrand, C. (2010). Klassenführung – Classroom Management. In: B. Hartke, K. Koch & K. Diehl (Hrsg.), *Förderung in der schulischen Eingangsstufe* (255–279). Stuttgart: Kohlhammer.

Hillenbrand, C. & Pütz, K. (2008). *KlasseKinderSpiel. Spielerisch Verhaltensregeln lernen.* Hamburg: Edition Körber-Stiftung.

Houghton, S., Merrett, F. & Wheldall, K. (1988). The attitudes of British secondary school pupils to praise, rewards, punishments and reprimands: A further study. *New Zealand Journal of Educational Studies, 23*, 203–214.

Houghton, S., Wheldall, K., Jukes, R. O. D. & Sharpe, A. (1990). The effects of limited private reprimands and increased private praise on classroom behaviour in four British secondary school classes. *British Journal of Educational Psychology, 60*, 255–265.

Jenkins, L. N., Floress, M. T. & Reinke, W. (2015). Rates and types of teacher praise: A review and future directions. *Psychology in the Schools, 52*, 463–476.

Kalis, T. M., Vannest, K. J. & Parker, R. (2007). Praise counts: Using self-monitoring to increase effective teaching practices. *Preventing School Failure: Alternative Education for Children and Youth, 51*(3), 20–27.

McKenney, E. L. & Bristol, R. M. (2015). Supporting intensive interventions for students with Autism Spectrum Disorder: Performance feedback and discrete trial teaching. *School Psychology Quarterly, 30*(1), 8.

Merrett, F. & Wheldall, K. (1987). Natural rates of teacher approval and disapproval in British primary and middle school classrooms. *British Journal of Educational Psychology, 57*(1), 95–103.

Moore, T. C., Maggin, D. M., Thompson, K. M., Gordon, J. R., Daniels, S. & Lang, L. E. (2018). Evidence Review for Teacher Praise to Improve Students' Classroom Behavior. *Journal of Positive Behavior Interventions*, onlinefirst, o.S.

Myers, D. M., Simonsen, B. & Sugai, G. (2011). Increasing teachers' use of praise with a response-to-intervention approach. *Education and Treatment of Children, 34*(1), 35–59.

Nelson, R. M. & DeBacker, T. K. (2008). Achievement motivation in adolescents: The role of peer climate and best friends. *The Journal of Experimental Education, 76*(2), 170–189.

Nelson, J. A. P., Young, B. J., Young, E. L. & Cox, G. (2009). Using teacher-written praise notes to promote a positive environment in a middle school. *Preventing School Failure: Alternative Education for Children and Youth, 54*(2), 119–125.

Partin, T. C. M., Robertson, R. E., Maggin, D. M., Oliver, R. M. & Wehby, J. H. (2010). Using teacher praise and opportunities to respond to promote appropriate student behavior. *Preventing School Failure: Alternative Education for Children and Youth, 54*(3), 172–178.

Pas, E. T., Cash, A. H., O'Brennan, L., Debnam, K. J. & Bradshaw, C. P. (2015). Profiles of classroom behavior in high schools: Associations with teacher behavior management strategies and classroom composition. *Journal of School Psychology, 53*(2), 137–148.

Rathel, J. M., Drasgow, E., Brown, W. H. & Marshall, K. J. (2014). Increasing induction-level teachers' positive-to-negative communication ratio and use of behavior-specific praise through e-mailed performance feedback and its effect on students' task engagement. *Journal of Positive Behavior Interventions, 16*, 219–233.

Reinke, W. M., Herman, K. C. & Newcomer, L. (2016). The Brief Student–Teacher Classroom Interaction Observation: Using dynamic indicators of behaviors in the classroom to predict outcomes and inform practice. *Assessment for Effective Intervention, 42*(1), 32–42.

Reinke, W. M., Herman, K. C. & Stormont, M. (2013). Classroom-level positive behavior supports in schools implementing SW-PBIS: Identifying areas for enhancement. *Journal of Positive Behavior Interventions, 15*, 39–50.

Roorda, D. L., Koomen, H. M., Spilt, J. L. & Oort, F. J. (2011). The influence of affective teacher–student relationships on students' school engagement and achievement: A meta-analytic approach. *Review of educational research, 81*(4), 493–529.

Royer, D. J., Lane, K. L., Dunlap, K. D. & Ennis, R. P. (2018). A systematic review of teacher-delivered behavior-specific praise on K–12 student performance. *Remedial and Special Education.*

Russell, A. & Lin, L. G. (1977). Teacher attention and classroom behaviour1. *The Exceptional Child, 24*(3), 148–155.

Sabey, C. V., Charlton, C. & Charlton, S. R. (2018). The »Magic« Positive-to-Negative Interaction Ratio: Benefits, Applications, Cautions, and Recommendations. *Journal of Emotional and Behavioral Disorders,* onlinefirst, o. S.

Simonsen, B., Fairbanks, S., Briesch, A., Myers, D. & Sugai, G. (2008). Evidence-based practices in classroom management: Considerations for research to practice. *Education and Treatment of Children, 31*(3), 351–380.

Simonsen, B., Myers, D. & DeLuca, C. (2010). Teaching teachers to use prompts, opportunities to respond, and specific praise. *Teacher Education and Special Education, 33*(4), 300–318.

Skalická, V., Stenseng, F. & Wichstrøm, L. (2015). Reciprocal relations between student–teacher conflict, children's social skills and externalizing behavior: A three-wave longitudinal study from preschool to third grade. *International Journal of Behavioral Development, 39*(5), 413–425.

Smetana, J. G. & Bitz, B. (1996). Adolescents' conceptions of teachers' authority and their relations to rule violations in school. *Child Development, 67*(3), 1153–1172.

Song, J., Bong, M., Lee, K. & Kim, S. I. (2015). Longitudinal investigation into the role of perceived social support in adolescents' academic motivation and achievement. *Journal of Educational Psychology, 107*(3), 821.

Sugai, G. & Horner, R. H. (2009). Responsiveness-to-intervention and school-wide positive behavior supports: Integration of multi-tiered system approaches. *Exceptionality, 17*(4), 223–237.

Sutherland, K. S., Wehby, J. H. & Copeland, S. R. (2000). Effect of varying rates of behavior-specific praise on the on-task behavior of students with EBD. *Journal of Emotional and Behavioral Disorders, 8*, 2–8.

Swinson, J. & Knight, R. (2007). Teacher verbal feedback directed towards secondary pupils with challenging behaviour and its relationship to their behaviour. *Educational Psychology in Practice, 23*(3), 241–255.

Vierbuchen, M.-C. (im Druck). Das KlasseKinderSpiel in der Sekundarstufe: Die Oldenburger Evaluationsstudie zum KlasseTeamSpiel an Förderschulen. In C. Hillenbrand et al. (Hrsg.), *Das KlasseKinderSpiel*. HPA Eigenverlag.

Vierbuchen, M.-C. (2014). Gelingendes Classroom Management mit dem KlasseKinderSpiel. *Grundschule aktuell, 125*, S. 19–22.

Wheldall, K., Houghton, S. & Merrett, F. (1989). Natural rates of teacher approval and disapproval in British secondary school classrooms. *British Journal of Educational Psychology, 59*(1), 38–48.

White, M. A. (1975). Natural rates of teacher approval and disapproval in the classroom. *Journal of Applied Behavior Analysis, 8*, 367–372.

II Feedback – soziale Integration und Inklusion

5 Lehrkraftfeedback und soziale Integration: ein Dreiebenenmodell zum integrationswirksamen Lehrkraftfeedback in Schule und Unterricht

Christian Huber

5.1 Einleitung

Feedback ist sowohl in Alltagssituationen als auch in der Schule ein allgegenwärtiges Phänomen. Dabei ist es keineswegs so, dass nur Lehrkräfte ihren Schülerinnen und Schülern Feedback geben. Vielmehr ist Feedback ein Phänomen, das quer über alle Akteure von Unterricht gegeben wird. Lehrkräfte geben ihren Schülerinnen und Schülern Feedback, aber auch umgekehrt geben Schülerinnen und Schüler ihren Lehrkräften Rückmeldungen, genauso wie sich Kinder und Jugendliche sowie Lehrkräfte untereinander Feedback geben. Besonders häufig untersucht ist bis heute die Wirkung von Feedback auf Lernprozesse (z. B. Hattie, 2012; Hattie & Timperley, 2007; Kluger & DeNisi, 1996). In diesem Beitrag wollen wir von diesem bislang üblichen Blickwinkel abweichen und uns stattdessen auf die Wirkung von Lehrkraftfeedback auf die soziale Akzeptanz von Schülerinnen und Schülern konzentrieren. Im Mittelpunkt steht hier also die Frage, inwieweit Lehrkräfte durch ihr Feedbackverhalten im Unterricht gezielt die soziale Integration ihrer Schülerinnen und Schüler beeinflussen können.

5.2 Ansätze zur Erklärung von sozialen Integrationsprozessen

Der Gedanke, dass Lehrkräfte überhaupt die soziale Integration ihrer Schülerinnen und Schüler beeinflussen können, ist vergleichsweise neu. Bis in die 1980er Jahre verfolgte man in der Forschungsliteratur vor allem die Hypothese, dass soziale Ausgrenzungsprozesse durch Abweichungen von Gruppennormen zustande kommen (Festinger, 1954; Frey, Dauenheimer, Parge & Haisch, 1993). Gelingt es einem Individuum nicht, diese Abweichungen (bzw. den daraus resultierenden Konformitätsdruck) zu minimieren, erfolgt zunehmend ein Ausschluss aus einer sozialen Gruppe (social comparison theory). Andere Ansätze gehen davon aus, dass soziale Ausgrenzung insbesondere eine Folge eines schwachen Sozialverhaltens des ausgegrenzten Individuums ist (social skills deficit model) und somit ausgegrenzte Kinder und Jugendliche eine Förderung ihrer sozialen Kompetenzen benötigen

(Asher, Renshaw & Hymel, 1982). Dieser Ansatz ist insbesondere plausibel, weil unterschiedliche Forschungsgruppen bei ausgegrenzten Schülerinnen und Schülern wiederholt Probleme in der emotional-sozialen Entwicklung feststellten (Krull, Wilbert & Hennemann, 2014; Newcomb, Bukowski & Pattee, 1993; Saile & Boger, 2009). Ein dritter Ansatz zur Erklärung sozialer Ausgrenzungsprozesse beruht wiederum auf der Annahme, dass ausgegrenzte Schülerinnen und Schüler bislang keine oder sehr wenige (positive) Sozialkontakte zur ihren Klassenkameradinnen und -kameraden hatten (intergroup contact theory). Diesem Ansatz folgend müsste die Lehrkraft insbesondere die Kontakte zwischen ausgegrenzten Schulkindern und der aufnehmenden Gruppe optimieren (Allport, 1954; Ewald & Huber, 2017; Pettigrew & Pettigrew, 1998; Pettigrew & Tropp, 2006). Für alle drei Ansätze gibt es zahlreiche empirische Befunde, jedoch kann kein Ansatz für sich genommen das Phänomen der sozialen Ausgrenzung in Schulklassen vollständig erklären (Huber, 2019). In diesem Beitrag wollen wir den Blick auf soziale Integrationsprozesse in der Schule um den Gedanken erweitern, dass soziale Ausgrenzung auch durch Lehrkraftfeedback beeinflusst sein könnte. Diese Annahme basiert auf der sozialen Referenzierungstheorie, die im Wesentlichen von Feinman (1992) geprägt wurde.

5.3 Theoretischer Hintergrund: soziale Referenzierungsprozesse und Austauschtheorie

Unter »sozialer Referenzierung« wird ein Phänomen zusammengefasst, nach dem sich Kinder bei der Bewertung von Verhaltensalternativen in unbekannten Situationen am Verhalten ihrer Eltern orientieren (Feinman, 1992). In mehreren sozialpsychologischen Studien hatte Feinman (ebd.) untersucht, wie sich Babys verhalten, wenn sie beim Krabbeln (scheinbar) an einen Abgrund (z. B. eine Glasplatte) geraten. Die Forschungsgruppe kreierte damit eine unsichere und unbekannte Situation, in denen die Kinder sofort begannen, ihre Eltern anzuschauen. Ermunterte die Mutter beispielsweise ihr Kind zum Weiterkrabbeln durch einen positiven Gesichtsausdruck und ermunternde Gesten, krabbelten die Babys auf die Glasplatte direkt in die Arme ihrer Mutter. Zeigte die Mutter andersherum ängstliche Gesten, stoppten die Kinder mehrheitlich vor der Glasplatte (Feinman, 1985; Walden & Ogan, 1988). Zahlreiche Eltern können von ähnlichen Phänomenen berichten, wenn ihre Kinder beispielsweise beim Radfahren stürzen und die Kinder unsicher sind, ob sie sich verletzt haben oder nicht. Auch hier kann die Reaktion einer gelassenen Mutter oftmals verhindern, dass das eigene Kind anfängt zu weinen, während ein ängstliches oder bestürztes Elternverhalten die Wahrscheinlichkeit zu erhöhen scheint, dass das eigene Kind selbst bestürzt reagiert und weint. In solchen Situationen dienen Eltern ihren Kindern durch ein verbales oder nonverbales Feedback als »soziale Referenzen«, die ihnen Verhaltenssicherheit in unbekannten und neuen Situationen geben. Während zahlreiche Studien soziale Referenzierungsprozesse bei sehr kleinen Kindern untersuchten, ließen sich vergleichbare Phänomene im Rahmen der Bezugsgruppentheorien auch bei erwachsenen Personen bereits Mitte der 1950er Jahre durch zahlreiche experimentelle Studien nachweisen (Asch, 1952; Feinman, 1992; Schachter & Singer, 1962; Sherif, 1958).

Feinman, Roberts, Hsieh, Sawyer und Swanson (1992) benennen für soziale Referenzierungsprozesse drei Komponenten: eine Person die beeinflusst (referee), eine Person die beeinflusst wird (referer) und das Thema der Beeinflussung (referent). Webster und Foschi (1992) entwickelten auf dieser Grundlage die Hypothese, dass soziale Referenzierungsprozesse nicht nur bei sehr kleinen Kindern und erwachsenen Personen eine Rolle spielen könnten, sondern auch in Schule und Unterricht. Die Autoren vermuteten, dass in Unterrichtssituationen die Lehrkraft die zentrale soziale Referenz für ihre Schülerinnen und Schüler darstellt. White und Kistner (1992) sowie White und Jones (2000) stellten als eine der ersten empirischen Forschergruppen die Hypothese auf, dass soziale Referenzierungsprozesse auch bei der Entwicklung von sozialen Hierarchien eine Rolle spielen könnten. Dabei wird davon ausgegangen, dass die Lehrkraft durch ihr Verhalten gegenüber ihren Schülerinnen und Schüler immer auch unwillkürlich Informationen über ihre Einstellung und Haltung gegenüber diesen Kindern preisgibt. Nach McAuliffe, Hubbard und Romano (2009) und White und Kistner (1992) werden solche Haltungen in der Schule in erster Linie über öffentliche Lehrkraftfeedbacks transportiert. So wäre die Lehrkraft in der beeinflussenden Rolle (referee), der Feedbackadressat wäre demnach das »Thema« der Beeinflussung (referent) und die Klassenkameradinnen und Klassenkameraden wären als Beobachtende des Feedbacks die beeinflussten Akteure (referer) in diesem Prozess. Überträgt man also das Prinzip des »social referencing« auf die Entwicklung sozialer Hierarchien in der Schule, wäre der soziale Status eines Schulkindes (referent) immer auch ein Effekt von (schüleradressierten) Verhaltens- und Leistungsrückmeldungen durch die Lehrkraft (referee) (Chang, 2004; McAuliffe et al., 2009a; White & Jones, 2000).

Schülerinnen und Schüler, die von ihrer Lehrkraft ein positives Feedback erhalten, hätten demnach eine höhere Chance auf eine günstige soziale Integration als Kinder, die ein ungünstiges Feedback erhalten. Dieser Effekt müsste umso stärker zutage treten, je unsicherer die Schülerinnen und Schüler sich sind, inwieweit sie mit einem anderen Mitschüler oder einer Mitschülerin in eine soziale Interaktion treten sollen oder nicht.

Die dieser Annahme zugrundeliegenden sozialen Unsicherheiten lassen sich in besonderer Weise durch die Austauschtheorie von John W. Thibaut und Harold H. Kelley beschreiben (Thibaut & Kelley, 1959). In ihrer grundsätzlichen Logik geht die Austauschtheorie davon aus, dass soziale Beziehungen häufiger eingegangen werden, wenn der erwartete Nutzen aus der Interaktion die zu erwartenden Kosten übersteigt (Athenstaedt, Freudenthaler & Mikula, 1993). Interaktionen werden dementsprechend seltener eingegangen, wenn die zu erwartenden Kosten den erwarteten Nutzen übersteigen. Eine sozial unsichere Situation entsteht vor diesem Hintergrund immer dann, wenn Kosten und Nutzen einer Interaktion sich aus Sicht eines Kindes oder Jugendlichen die Waage halten oder schwer einzuschätzen sind. In genau solchen Fällen könnte das Feedback einer Lehrkraft einen entscheidenden Impuls für (oder gegen) die Kontaktaufnahme geben.

5.4 Forschungsstand zur Wirkung von Lehrkraftfeedback auf die soziale Integration

Grundsätzlich gilt die soziale Referenzierungstheorie als empirisch gut gestützt. Betrachtet man aber den Forschungsstand zum Einfluss von Lehrkraftfeedback auf die soziale Integration in der Schule, reduziert sich die Anzahl der aussagekräftigen Befunde.

In einer quasiexperimentellen Feldstudie mit 4650 Jugendlichen (zwischen 13 und 16 Jahren) aus 82 chinesischen Schulklassen zeigte Chang (2003, 2004), dass variierte Verhaltensrückmeldungen der Lehrkraft (annehmend vs. zurückweisend) gegenüber aggressiven Jugendlichen auch einen signifikanten Einfluss auf die soziale Integration dieser Jugendlichen in einer Schulklasse hatten. So wurden aggressive Schülerinnen und Schüler immer besser von ihren Klassenkameradinnen und -kameraden angenommen, wenn die negativen Rückmeldungen eher in einer warmen und verständnisvollen Tonlage gegeben wurden. Waren die Lehrkräfte in ihren negativen Rückmeldungen eher schroff und zurückweisend, war die soziale Integration der aggressiven Jugendlichen schwächer. Von vergleichbaren Effekten verhaltensbezogener Lehrkraftrückmeldungen auf die soziale Ausgrenzung von Schülerinnen und Schülern in den USA berichten auch Hughes et al. (2001), Ladd, Birch und Buhs (1999) sowie McAuliffe et al. (2009). Ein zentraler Kritikpunkt war in der Vergangenheit, dass es sich bei den meisten Studien um Querschnittstudien handelt, die kaum einen Rückschluss über Ursache und Wirkung zulassen. So blieb in den Arbeiten oft unklar, ob Schülerinnen und Schüler ausgegrenzt wurden, weil sie von den Lehrkräften ein negatives Feedback erhielten oder ob sie von den Lehrkräften eben ein negatives Feedback erhielten, weil sie sozial ausgegrenzt waren. Ferner ließen viele dieser Studien alternativ auch den Schluss zu, dass Lehrkräfte und Klasse in ihrem Urteil über einen bestimmten Schüler oder eine bestimmte Schülerin einfach zum gleichen Ergebnis gekommen sein könnten. Fragen nach Ursache und Wirkung lassen insbesondere experimentelle Studien zu. Die Befunde der bislang vorliegenden Experimentalstudien erhärten insgesamt die Hypothese, dass soziale Hierarchien in der Schule tatsächlich eine Folge von positivem und negativem Lehrkraftfeedback sein könnten. So zeigten White und Jones (2000) mit Hilfe einer videobasierten Studie bei 128 Zweitklässlerinnen und Zweitklässlern, dass (variierte) Verhaltensrückmeldungen einer Lehrkraft einen signifikanten Einfluss auf die soziale Akzeptanz der Darstellerkinder im Video hatten. Die Effekte waren bei negativem Lehrkraftfeedback besonders stark und verstärkten sich weiter, wenn das negative Feedback auch in einer herabwürdigenden oder verächtlichen Art und Weise vorgetragen wurde. In einer Studie mit 296 Dritt- und Viertklässlerinnen und -klässlern zeigte Huber (2011) signifikante mittlere bis starke Zusammenhänge zwischen der sozialen Integration von Grundschulkindern und dem Ausmaß, in dem die Lehrkräfte angaben, diese Kinder zu mögen. Diese Zusammenhänge wurden stärker, wenn statt der Lehrkraft eine schülerperzipierte Sympathie in die Auswertung einfloss (Huber, 2011). Somit war ein Schulkind in seiner Klasse umso besser integriert, je mehr andere Kinder in der Klasse dachten, dass dieses Schulkind von der Lehrkraft in besonderer Weise gemocht wird. In einer PC-gestützten Experimentalstudie mit 129 Grundschulkindern untersuchte Huber (2013) den Einfluss von auditiven leistungsbezogenen Lehrkraftrückmeldungen zu einem virtuellen Schulkind im Vergleich zu einer Kontrollvariable. Auch hier ließ sich ein signifikanter Einfluss der über die Lehrkraft vermittelten Leistungsinformationen nachweisen (Huber, 2013). In zwei experimentellen Folgeuntersuchungen variierte der Einfluss des Lehrkraftfeedbacks zwischen d=2.45 (Huber, Gebhardt & Schwab, 2015) und d= 0.769 (Huber, Gerullis, Gebhardt & Schwab, 2018), blieb aber signifikant und auch für Schülerinnen und Schüler mit körperlicher und geistiger Behinderung nachweisbar.

Betrachtet man den Forschungsstand zusammenfassend, lassen sich aus den Befunden drei für Schule und Unterricht bedeutsame Tendenzen ableiten. So scheint (erstens) analog zur theoretischen Erwartung die Valenz des Feedbacks ausschlaggebend für seine Wirkung zu sein. Zumindest in den vorliegenden Studien hatte negatives Feedback einen ungünstigen (schwächenden) Effekt auf die soziale Integration und positives Feedback einen positiven Effekt. Mit Huber et al. (2015), Huber et al. (2018) sowie White und Jones (2000) kommen (zweitens) drei experimentell arbeitende Arbeitsgruppen zu dem Befund, dass negatives Feedback stärker (negativ) wirksam ist als positives Feedback (positiv) wirkt. Eine dritte Tendenz lässt sich insbesondere aus den Arbeiten von White und Jones (2000) sowie Chang (2003) ableiten. So zeigten sich in beiden Studien Hinweise darauf, dass die Valenz des Feedbacks (negativ/positiv) durch eine non- und paraverbale Ebene verstärkt oder abgeschwächt werden konnte. Daraus lässt sich ableiten, dass freundlich vorgetragenes negatives Feedback weniger negativ wirksam sein könnte als unfreundlich und rau vorgetragenes negatives Feedback. Ähnlich könnte es sich mit positivem Feedback verhalten. So könnte auch hier unfreundlich (bzw. kühl) vorgetragenes positives Lehrkraftfeedback einen schwächeren oder sogar paradoxen Effekt auf die soziale Integration des Feedbackadressaten (referent) haben als freundliches (bzw. warmes) positives Feedback. Für alle drei hier abgeleiteten Tendenzen scheint die empirische Evidenz jedoch zurzeit noch nicht ausreichend, so dass weitere Studien zeigen müssen, ob sich diese Tendenzen auch in gezielten Replikationsstudien erhärten.

5.5 Ein Dreiebenenmodell zur integrationswirksamen Wirkung von (Lehrkraft-)Feedback

Hattie und Timperley (2007) arbeiten in einem Review heraus, dass sich die bislang vorliegenden Studien zur Wirkung von Feedback auf abhängige Variablen wie Lernzuwachs, Motivation, Selbstkonzept oder Selbstwirksamkeit konzentrierten. Die Autoren zeigen somit, dass die Entwicklung von Feedback- und Integrationstheorien bislang keine nennenswerten Schnittmengen hatten. Im Folgenden soll daher auf der Grundlage von zwei einflussreichen Feedbacktheorien und den oben skizzierten empirischen Befunden ein Dreiebenenmodell zum integrationswirksamen Feedback im Unterricht abgeleitet werden. Im Dreiebenenmodell wird integrationswirksames Feedback als Aussage einer Referenzperson (referee) über einen Adressaten (referent) verstanden, die durch eine beobachtende Person (referer) subjektiv wahrgenommen und interpretiert wird. Dabei beeinflusst die im Feedback enthaltene Information über den Feedbackadressaten die soziale Akzeptanz des Adressaten durch die Beobachterin oder den Beobachter. Richtung und Ausmaß dieses Einflusses werden im Wesentlichen durch den Fokus (Ebene 1), die Valenz (Ebene 2) und die Temperatur (Ebene 3) des Feedbacks sowie durch die Beziehung zwischen der beobachtenden Person und der Referenzperson beeinflusst. Abbildung 5.1 stellt diese Wirkhypothese zusammenfassend dar (Dreiebenenmodell).

5.5.1 Ebene 1: der Fokus des Feedbacks

John Hattie und Helen Timperly (2007) bezeichnen Feedback als Kommunikationsprozess, der einer lernenden Person die Diskrepanz zwischen einem Lernziel und seinem derzeitigen Lernstand zurückmelden soll (Hattie, 2008; Hattie et al., 2007). Auf dieser Grundlage lassen sich mit dem »Fokus« und der »Valenz« einer Rückmeldung zwei wesentliche Dimensionen von Lehrkraftfeedback ableiten. Dabei diskutieren die Autorinnen und Autoren unter dem Begriff »Fokus« vier verschiedene Zielbereiche eines Lehrkraftfeedbacks: (1) die Güte der Aufgabenlösung, (2) den Prozess der Aufgabenlösung, (3) die Selbstregulation bei der Aufgabenlösung und (4) die Person des Lernenden selbst. Nach Hattie und Timperley (2007) konzentrieren sich die Bereiche 1–3 stark auf die Aufgabe bzw. den Lernprozess und sind oft nicht eindeutig voneinander zu trennen. Auch Kluger und DeNisi (1996) fassen diese drei Bereiche in ihrer »feedback intervention theory« zusammen und definieren aufgabenbezogenes Feedback als Rückmeldung über die Diskrepanz zwischen einem Standard und einer erbrachten Leistung. Dieser Standard kann sich auf verschiedene Vergleichsnormen (z. B. die Leistung einer Bezugsgruppe, ein festgelegtes Kriterium oder eine vergangene Leistung) beziehen (Kluger & DeNisi, 1996).

Der nach Hattie und Timperly (2007) vierte Zielbereich konzentriert sich im Gegensatz dazu auf die Person des Lernenden und hebt sich damit stärker von den übrigen drei Zielbereichen ab. Grundsätzlich lässt sich auf Grundlage beider Feedbackmodelle auf der ersten Ebene zwischen dem Fokus »Aufgabe« (bzw. aufgabenbezogenes Feedback) und dem Fokus »Person« (bzw. personenbezogenes Feedback) unterscheiden. Zum Inhalt der Aufgabe machen Hattie und Timperly (2007) keine konkreten Aussagen. Somit muss es sich auch im Schulkontext nicht zwingend um eine curriculare Aufgabe (z. B. im Lesen, Schreiben oder Rechnen) handeln, sondern könnte auch verhaltensbezogene, künstlerisch-ästhetische oder sport- und bewegungsbezogene Inhalte betreffen.

5.5.2 Ebene 2: die Valenz des Feedbacks

Vom Fokus eines Feedbacks trennen Hattie und Timperley (2007) die Valenz des Feedbacks. Die Valenz entspricht der Ausprägung eines Feedbacks und variiert zwischen den Polen positiv und negativ. Strenggenommen nehmen die Autoren nur für personenbezogenes Feedback eine Feedbackvalenz an. Aufgabenbezogenes Feedback sollte vielmehr valenzfreie Hinweise zur Verbesserung der Aufgabenlösung enthalten. Demnach gehen die Autoren davon aus, dass Feedback immer dann der Kategorie des personenbezogenen Feedbacks zuzurechnen ist, wenn es eine Valenz enthält. Die Aussage »Du hast die Aufgabe toll gelöst« wäre demnach zwar eine Rückmeldung zu einer Aufgabe, enthält aber neben den Informationen über die Person des Feedbackadressaten auch eine Valenz (»toll«) und ist somit strenggenommen dem personenbezogenen Feedback zuzurechnen. Obwohl Hattie und Timperly (2007) betonen, dass (valenzfreies) aufgabenbezogenes Feedback einen signifikant günstigeren Effekt auf die Lernentwicklung hat als personenbezogenes Feedback, gehen die Autoren davon aus, dass im Schulalltag personenbezogenes Feedback überwiegt.

5.5.3 Ebene 3: die (emotionale) Temperatur des Feedbacks

Betrachtet man die wenigen oben diskutierten Forschungsarbeiten zur Wirkung des Feedbacks auf die soziale Integration fallen zwei Arbeiten auf, die neben der Valenz und dem Fokus auch eine dritte Ebene des Feedbacks untersuchten: die Wertschätzung des referees gegenüber dem referent. Wie bereits oben skizziert, stellten die Forschungsgruppen fest, dass sehr kaltes oder herabwürdigendes Feedback mit einer schwächeren sozialen Einbindung einhergeht als warmes oder sachlich vorgetragenes Feedback (Chang, 2003, 2004; White & Jones, 2000). Diese (dritte) Ebene des Feedbacks soll in dem hier entwickelten Dreiebenenmodell als (emotionale) »Temperatur« bezeichnet werden. Analog zu den Überlegungen von Webster und Foschi (1992), McAuliffe et al. (2009), Chang (2003) sowie Ladd, Kochenderfer und Coleman (1997) könnte auch die emotionale Temperatur eines Feedbacks (neben der Valenz) Aufschluss über die Einstellung einer Lehrkraft zu den Adressaten des Feedbacks geben. Parallel zu den Befunden von Chang (2003) lässt sich vermuten, dass sich eine geringe emotionale Temperatur (emotionale Kälte) ungünstig auf die soziale Integration eines Feedbackadressaten auswirkt, eine hohe emotionale Temperatur (emotionale Wärme) entsprechend günstig. Die emotionale Temperatur könnte dabei sowohl durch Anteile der digitalen (verbalen) Kommunikation (herabwürdigende, wenig wertschätzende Sprache) also auch der analogen (bzw. non- und paraverbalen) Kommunikation (z. B. paraverbale Zeichen wie Lautstärke, Stimmlage, Gesten, Mimik) transportiert werden.

5.6 Beziehung zwischen Feedbackgebendem und Beobachtendem

Webster et al. (1992) diskutierten bereits in der 1990er Jahren die Frage, inwieweit der soziale Status des referees die Einflussstärke der Referenz moderieren oder mediieren könnte. So wäre das Feedback einer eher unbeliebten Lehrkraft wahrscheinlich weniger in dem hier dargestellten Sinne wirksam als das Feedback einer sehr beliebten und geachteten Lehrkraft. In diesem Zusammenhang wären sogar paradoxe Effekte denkbar, bei denen das Feedback einer sehr unbeliebten und statusschwachen Lehrkraft konträr zu seiner Valenz wirkt. In einem solchen Modell würde negatives Feedback einer unbeliebten Lehrkraft einen positiven Einfluss auf die soziale Akzeptanz haben, positives Feedback würde dementsprechend eher schädigend wirken. Solche Prozesse sind auch bei Schülerinnen und Schülern in der Pubertät denkbar, wo viele Schüler und Jugendliche gegen die Sichtweisen von Lehrkräften und Eltern rebellieren. Somit könnte die subjektiv durch den Beobachtenden wahrgenommene Beziehung zur Referenzperson die Wirkung des Feedbacks ebenfalls beeinflussen. Je besser die Beziehung durch die beobachtende Person wahrgenommen wird, desto stärker wäre in diesem Modell die vorhergesagte Integrationswirkung.

5.7 Hypothetische (Wechsel-)Wirkung der integrationsrelevanten Ebenen von Lehrkraftfeedback

Neben den vorhergesagten Primärwirkungen von Fokus, Valenz und Temperatur eines Feedbacks sind jedoch auch Wechselwirkungen denkbar. So könnte positives Feedback durch eine warme Feedbacktemperatur stärker positiv (auf die soziale Integration) wirken als positives Feedback mit einer eher kühlen Feedbacktemperatur. Insbesondere White und Jones (2000) zeigten andersherum, dass negatives Feedback durch eine kalte Feedbacktemperatur noch stärker negativ wirken könnte als negatives Feedback mit einer vergleichsweise warmen Feedbacktemperatur.

Betrachtet man den Feedbackfokus vor dem Hintergrund der sozialen Referenzierungstheorie ist zu erwarten, dass personenbezogenes Feedback im Vergleich zu aufgabenbezogenem Feedback für potentielle Mitschülerinnen und Mitschüler eine stärkere soziale Referenz darstellt, da es mehr interaktionsrelevante Informationen über die Person enthält. Hieraus lässt sich für den Bereich der sozialen Integration ableiten, dass der Fokus eines Feedbacks die Valenz des Feedbacks verstärken könnte. Demzufolge würde positives personenbezogenes Feedback stärker positiv auf das soziale Wahlverhalten in einer Klasse wirken als positives lerngegenstandbezogenes Feedback (▶ Abb. 5.1). Auf der anderen Seite würde negatives personenbezogenes Feedback stärker negativ wirken als negatives leistungsbezogenes Feedback.

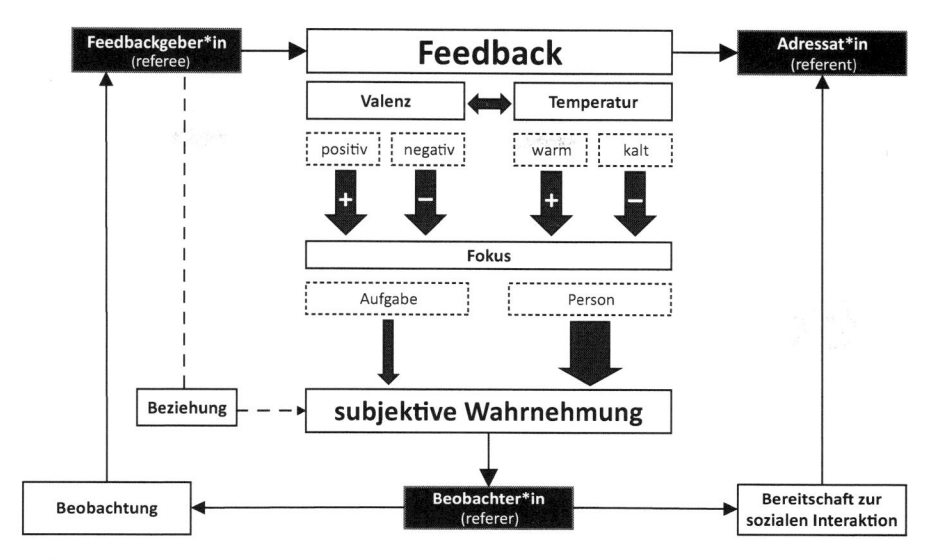

Abb. 5.1: Vorhergesagte Wirkungunsweise des Dreiebenenmodells zum integrationswirksamen Feedback

Die bisherigen Darstellungen lassen zwei Aspekte offen, die sich in der Schulpraxis jedoch als wichtig erweisen könnten. So bleibt einerseits unklar, inwieweit für die hier vorhergesagte Wirkung eine Kongruenz zwischen dem Feedback und der bislang vorherrschenden Wahrnehmung des referers (potentielle Interaktionspartnerin oder Interaktionspartner) über den referent (Feedbackadressatin oder -adressat) erforderlich ist. So wäre bei einer starken Inkongruenz auch ein paradoxer Effekt denkbar. Zum Beispiel könnte das Feedback »Du hast die Aufgabe ganz toll gelöst« für eine Schülerin, die in der subjektiven Wahrnehmung einer potentiellen Interaktionspartnerin keine gute Leistung oder Anstrengung erbracht hat, die Interaktionsbereitschaft eher senken als erhöhen. Andersherum könnte eine entsprechend negative Aussage über eine Schülerin, die in der Wahrnehmung einer potentiellen Interaktionspartnerin eine sehr gute Leistung erbracht hat, die Interaktionsbereitschaft eher erhöhen als abschwächen.

Ein zweiter Aspekt, der bislang nicht systematisch untersucht wurde, bezieht sich auf die Altersgruppe, für die die im Dreiebenenmodell vorhergesagten Effekte angenommen werden können. So bezieht sich ein Großteil der vorliegenden Studien auf den Primarbereich (z. B. Ladd, Birch & Buhs, 1999) und die ersten fünf Schuljahre (McAuliffe, Hubbard & Romano, 2009b; White & Jones, 2000; White & Kistner, 1992). Nur sehr wenige Studien bezogen sich bislang auf den Bereich des Jugendalters (Chang, 2003).

5.8 Ableitungen des Dreiebenenmodells für die schulische Praxis

Aus dem hier skizzierten Dreiebenenmodell lassen sich zahlreiche Hinweise darauf ableiten, wie Lehrkräfte im Schulalltag die soziale Integration ihrer Schülerinnen und Schüler gezielt (günstig) beeinflussen und ungünstige und ungewollte Einflüsse minimieren könnten.

5.8.1 Öffentlichkeit des Lehrkraftfeedbacks

Ein zentraler Aspekt ist die Öffentlichkeit des Feedbacks. So kann Feedback nur einen Effekt auf die soziale Integration haben, wenn es öffentlich in der Klasse gegeben wird und für die Mitschülerinnen und Mitschüler eines Feedbackadressaten wahrnehmbar ist. Vor diesem Hintergrund sollte negatives Feedback nur im öffentlichen Raum gegeben werden, wenn die Lehrkraft sich davon einen besonderen (pädagogischen) Nutzen verspricht. Anderenfalls sollte negatives Feedback, insbesondere bei schwach integrierten Schülerinnen und Schülern, unter »vier Augen« gegeben werden, so dass die integrationsschwächenden Effekte eher gering bleiben.

5.8.2 Valenz des Feedbacks

Einige bislang vorliegenden Studien weisen darauf hin, dass negatives Feedback in der Schule stärker negativ wirksam sein könnte als positives Feedback positiv (Huber et al., 2015; Huber et al., 2018; White & Jones, 2000). Daraus folgt, dass die Balance zwischen öffentlichem negativen und öffentlichem positiven Feedback mindestens ausgewogen sein sollte. Neben den Valenzen »positiv« und »negativ« kann ein Feedback auch valenzfrei sein. Analog zum aufgabenbezogenen Feedback nach Hattie und Timperly (2007) entspräche es in diesem Falle einer Rückmeldung, die konkrete Informationen zur Verbesserung des Verhaltens oder der Leistung enthält und weitgehend auf eine positive oder negative Wertung verzichtet (z. B. »Peter, wenn Du sofort eine Frage stellst, wenn Du etwas nicht verstehst, fällt es Dir sicher leichter, dich bis zum Ende der Stunde zu konzentrieren« statt »Peter, jetzt pass endlich auf! Du machst schon wieder Blödsinn!«). Ein hoher Anteil aufgabenbezogenen Feedbacks hätte dabei gleich zwei Effekte. Einerseits würde es wegen der fehlenden Valenz vermutlich weniger (negativen) Einfluss auf die soziale Integration haben. Andererseits weisen Hattie und Timperly (2007) darauf hin, dass aufgabenbezogenes Feedback die Kompetenzentwicklung stärker befördert als personenbezogenes Feedback. Eine Verbesserung der sozialen Kompetenzen hätte dann wiederum einen günstigen Einfluss auf die soziale Integration (Asher & Coie, 1990; Asher et al., 1982; Huber, 2019; Newcomb, Bukowski & Pattee, 1993).

5.8.3 Bezugsnormorientierung des Feedbacks

Ein Ansatzpunkt, die Valenz des Feedbacks auf ein gezeigtes (Lern-)Verhalten indirekt zu beeinflussen, ist die Variation der Bezugsnormorientierung einer Rückmeldung. Kluger und DeNisi (1996) unterscheiden zwischen einer sozialen, einer kriterialen und einer individuellen Bezugsnorm. Gerade für Schülerinnen und Schüler mit schwachen Schulleistungen oder Verhaltensproblemen birgt dabei eine individuelle Bezugsnorm eine höhere Chance auf ein positives Feedback. Während die Leistungen für diese Schülergruppe zwar häufig hinter den Leistungen der Mitschülerinnen und Mitschüler und hinter den Anforderungen eines geforderten kriterialen Standards zurückbleiben, haben sie (besonders) viel Potential, ihre Leistungen zu verbessern. Kompetenzzuwächse für Schülerinnen und Schüler mit gutem Sozialverhalten und guten Schulleistungen dürften etwa in einem vergleichbaren Niveau liegen. Vor dem Hintergrund dieser Überlegungen müssten Schülerinnen und Schüler mit schwachen Schulleistungen und/oder schwachem Sozialverhalten besser sozial integriert sein, wenn ihre Lehrkräfte einen hohen Anteil an öffentlichem Feedback nach einer individuellen Bezugsnorm geben. Andersherum müsste sich die soziale Integration bei dieser Schülergruppe ungünstiger entwickeln, wenn ihre Lehrkräfte in der Klasse einen hohen Anteil an öffentlichem Feedback nach einer sozialen Bezugsnorm geben. Krawinkel, Sudkamp, Lange und Troster (2017) zeigten indirekt Hinweise auf diesen Effekt für die Gruppe der Kinder und Jugendlichen mit sonderpädagogischem Förderbedarf. So war diese Schülergruppe insbesondere dann besser integriert, wenn die Lehrkraft insgesamt eine hohe individuelle Bezugsnormorientierung hatte.

5.8.4 Classroom Management

Classroom Management soll den Anteil aktiver Lernzeit erhöhen und Unterrichtsstörungen reduzieren (Brooks & Goldstein, 2007; Evertson & Emmer, 2013). Lehrkräfte, die ein schwaches Classroom Management haben, müssten demnach Unterrichtsstörungen im Unterrichtsalltag reaktiv regulieren. Es lässt sich davon ausgehen, dass diese Regulation auch mit öffentlichem und negativem Lehrkraftfeedback einhergeht. Somit stellt ein gutes Classroom Management immer auch einen Schutz vor einem hohen Anteil an negativem Feedback dar. Bezieht man in diese Überlegungen die Tatsache ein, dass Kinder und Jugendliche mit schwachem Sozialverhalten besonders häufig von sozialer Ausgrenzung betroffen sind (Huber, 2008; Krull et al., 2014; Newcomb, Bukowski & Pattee, 1993), geht von einem guten und präventionsorientierten Classroom Management insbesondere ein zweifach protektiver Effekt für diese Schülergruppe aus. Einerseits verbessert Classroom Management das Sozialverhalten und reduziert somit das Ausgrenzungsrisiko dieser Schülergruppe. Andererseits wird durch ein gutes Classroom Management vermutlich auch die (für diese Schülergruppe) erforderliche Anzahl an negativem (Verhaltens-)Feedback reduziert, wodurch sich ein zusätzlich günstiger Effekt auf die soziale Integration ergeben dürfte.

5.8.5 Schulnoten als Feedback

Vor dem Hintergrund des Dreiebenenmodells lassen sich Schulnoten auch als eine Form des Leistungsfeedbacks verstehen. Vergleichen Schulkinder ihre Leistungen untereinander, stellen sie dabei sogar selbst eine soziale Bezugsnorm her. Lehrkräfte verstärken diesen Effekt, wenn sie Klassenarbeiten »öffentlich« (z. B. mit Nennung der Note) zurückmelden oder sogar einen »Klassenspiegel« an die Tafel schreiben. Wie diese Rückmeldung von den Schülerinnen und Schülern subjektiv interpretiert werden könnte zeigte eine Studie von Huber (2011). Die Studie gab Hinweise darauf, dass Schülerinnen und Schüler einen signifikanten Zusammenhang ($r=.398$, $p<.01$) zwischen den Schulleistungen und der Wertschätzung der Lehrkraft sehen. Wendet man diesen Befund auf das Dreiebenenmodell an, spiegeln Schulnoten (aus subjektiver Schülerinnen- und Schülersicht) auch Werthaltungen der Lehrkraft wider, die wiederum als soziale Referenz bei der Aufnahme von sozialen Interaktionen wirken könnten. Diesen Befund spiegeln auch zahlreiche Studien wieder, die für den deutschen Sprachraum seit den 1960er Jahren einen stabilen Zusammenhang zwischen der sozialen Integration und den Schulnoten feststellten (Haeberlin, 1989; Huber & Wilbert, 2012; Petillon, 1978; Rick, 1961; Wocken, 1987). In einer Experimentalstudie zeigten Nicolay und Huber (2018), dass die zurückgemeldeten Schulleistungen dabei die soziale Wahrnehmung von Grundschulkindern (kausal) verändern konnten. Die Befunde legen einen sehr zurückhaltenden und reflektierten Umgang mit Noten in Schule und Unterricht nahe. Schulnoten sollten demnach nicht oder nur in Ausnahmefällen öffentlich gemacht werden. Insbesondere für leistungsschwache Schülerinnen und Schüler sollten vor diesem Hintergrund auch Stärken und positive Leistungsentwicklungen öffentlich betont werden, so dass hier dem (subjektiven) Eindruck einer mangelnden Wertschätzung durch die Lehrkraft aktiv entgegengewirkt werden kann.

5.8.6 Einstellungen der Lehrkraft

Lehrkraftrückmeldungen könnten implizit auch von Haltungen und Einstellungen beeinflusst sein. So konnten Hughes, Cavell und Willson (2001) und Hughes et al. (2016) für die Beschulung von Grundschulkindern Hinweise darauf finden, dass diese Schülerinnen und Schüler besser sozial integriert waren, wenn ihre Lehrkraft eine günstige und positive Einstellung zu den Kindern hatte. Inwieweit das Feedback dieser Lehrkräfte tatsächlich durch ihre Einstellungen beeinflusst war, lassen die genannten Studien offen. Dennoch erscheint es vor dem Hintergrund dieser Befunde sinnvoll, dass sich Lehrkräfte ihre Einstellungen zu Schülerinnen und Schülern bewusstmachen um einer unbewussten Einflussnahme von Einstellungen auf ihr tägliches Feedbackverhalten vorzubeugen. Jordan, Glenn und McGhie-Richmond (2010) sowie McGhie-Richmond, Underwood und Jordan (2007) empfehlen daher, dass Lehrkräfte (insbesondere, wenn sie in inklusiven Settings arbeiten) ihre Einstellungen und Haltungen im Rahmen einer regelmäßigen Supervision reflektieren.

5.9 Fazit

Soziale Integration und Lehrkraftfeedback stehen nicht nur in einem Zusammenhang, sondern könnten auch in einem kausalen Wirkungsgefüge miteinander stehen. Das ist die zentrale Ableitung, die aus den vorangegangenen Überlegungen resultiert. In ihrer Gesamtheit zeichnen die hier diskutierten Befunde ein Bild, bei dem Lehrkraftfeedback eine wichtige Funktion für das Management von sozialen Integrationsprozessen in der Schule haben könnte. Lehrkräfte könnten ihr eigenes Feedbackverhalten demnach gezielt einsetzen, um soziale Integrationsprozesse in ihrer Klasse zu steuern bzw. ungünstigen oder eskalierenden Ausgrenzungsprozessen entgegenzuwirken.

Die Darstellungen machten jedoch auch klar, dass die vorliegenden empirischen Befunde noch nicht ausreichen, um das hier dargestellte Dreiebenenmodell tatsächlich als evidenzbasiert bezeichnen zu können. So waren bislang nur einzelne Komponenten des Modells, nicht aber das Modell in seiner Gesamtheit Gegenstand empirischer Studien. Betrachtet man das Dreiebenenmodell durch die Brille der OCEBM Levels of Evidence Working Group (2011), lassen sich für die einzelnen hier beschriebenen Komponenten des Modells zwar mittlere bis hohe Evidenzstufen (Stufe 2/3: hochwertige experimentelle oder quasiexperimentelle Kontrollgruppenstudien) annehmen, das Gesamtmodell muss jedoch zur Zeit noch auf einer schwachen Evidenzstufe (z. B. Stufe 5: Meinung anerkannter Expertinnen und Experten) angesiedelt werden.

Mit Blick auf das hier im Mittelpunkt stehende Wirkgefüge zwischen Lehrkraftfeedback und sozialer Integration fallen insbesondere drei Forschungslücken auf. Einerseits ist unklar, unter welchen Rahmenbedingungen Schülerinnen und Schüler überhaupt Lehrkräfte als soziale Referenzen bei der Aufnahme von sozialen Interaktionen nutzen. So ist anzunehmen, dass soziale Referenzen für Schülerinnen und Schüler eine geringere Rolle spielen, wenn ihre Meinung über den Feedbackadressaten bereits sehr gefestigt ist. Zum anderen gibt es keine Erkenntnisse dazu, welchen Stellenwert das Lehrkraftfeedback im Vergleich zu anderen Einflussfaktoren auf die soziale Integration einnimmt. So ist die soziale Position von Schülerinnen und Schülern auch immer von ihren realen Kontakterfahrungen (intergroup contact theory) sowie von den sozialen Kompetenzen der beteiligten Akteure einer sozialen Interaktion (social skills deficit Modell) abhängig (Asher et al., 1982; Pettigrew & Pettigrew, 1998). Bei einer zusammenfassenden Betrachtung aller Einflussgrößen könnte Lehrkraftfeedback eine moderierende Rolle spielen und insbesondere die Entstehung und Bewertung von sozialen Kontakten beeinflussen (Huber, i. D.). Vermutlich erhöht Feedback die Wahrscheinlichkeit zur Aufnahme von sozialen Interaktionen zwischen zwei Akteuren (referee und referent). Sollte die reale soziale Erfahrung dann jedoch (eindeutig) negativ bewertet werden, wird positives Lehrkraftfeedback diese Bewertung nicht dauerhaft beschönigen können. Andererseits kann Lehrkraftfeedback bei indifferenten Kontakterfahrungen wiederum einen Ausschlag für die Bewertung der Interaktion bzw. des Interaktionspartners in die eine oder andere Richtung geben und damit die Wahrscheinlichkeit zur Aufnahme von zukünftigen sozialen Interaktionen beeinflussen. Zum Dritten gibt es bislang kaum hinreichende Erkenntnisse zu den verschiedenen Wechselwirkungen zwischen Valenz, Fokus, Temperatur des Feedbacks sowie der Beziehung zwischen referee und referent.

Insgesamt lässt sich demnach der Stellenwert des hier skizzierten Dreiebenenmodells auf Grundlage der bislang vorliegenden Studien noch nicht genauer verorten. In ihrer Gesamtheit geben die hier diskutieren Befunde jedoch ausreichend Anlass, Lehrkraftfeedback als Einflussgröße für das Zustandekommen sozialer Hierarchien nicht zu vernachlässigen.

Literatur

Allport, G. W. (1954). *The nature of prejudice* (Unabridged, 25th anniversary ed.). Reading, Mass.: Addison-Wesley Pub. Co.
Asch, S. E. (1952). *Social psychology*. New York: Prentice-Hall.
Asher, S. R., Renshaw, P. D. & Hymel, S. (1982). Peer relations and the development of social skills. In S. G. Moore & C. R. Cooper (Hrsg.), *The Young child* (NAEYC, Bd. 206, S. 137–158). Washington, D.C.: National Association for the Education on Young Children.
Asher, S. R. & Coie, J. D. (Hrsg). (1990). *Peer rejection in childhood*. New York: Cambridge University Press.
Athenstaedt, U., Freudenthaler, H. H. & Mikula, G. (1993). Die Theorie sozialer Interdependenz. In D. Dauenheimer (Hrsg.), *Theorien der Sozialpsychologie* (2., vollst. überarb. u. erw. Aufl.) (3. Aufl. d. Kognitiven Theorien der Sozialpsychologie, 1978). Bern [u. a.]: Huber.
Brooks, R. B. & Goldstein, S. (2007). *Understanding and Managing Children's Classroom Behavior. Creating Sustainable, Resilient Classrooms* (Ed.: 2nd ed.). Hoboken, N. J.: Wiley.
Chang, L. (2003). Variable Effects of Children's Aggression, Social Withdrawal, and Prosocial Leadership as Functions of Teacher Beliefs and Behaviors. *Child Development, 74* (2), 535–548.
Chang, L. (2004). The Role of Classroom Norms in Contextualizing the Relations of Children's Social Behaviors to Peer Acceptance. *Developmental Psychology, 40* (5), 691–702.
Evertson, C. M. & Emmer, E. T. (2013). *Classroom Management for Elementary Teachers* (9. Aufl.). New Jersey: Pearson.
Ewald, T. & Huber, C. (2017). Kooperatives Lernen und soziale Akzeptanz?! Wie das Konzept des kooperativen Lernens durch die Kontakthypothese geschärft werden könnte. In F. Hellmich & E. Blumberg (Hrsg.), *Inklusiver Unterricht in der Grundschule*, 66-81.
Feinman, S. (1985). Emotional expressions, social referencing and preparedness for learning in infancy: Mother knows best but sometimes I know better. In G. Zivin (Ed.), *The development of expressive behavior. Biology-environment interactions* (Communication and behavior, pp. 291–318). Orlando: Acad. Pr.
Feinman, S. (1992). Social Referencing and Conformity. In S. Feinman (Hrsg.), *Social referencing and the social construction of reality in infancy* (S. 229–268). New York: Plenum Press.
Feinman, S., Roberts, D., Hsieh, K.-F., Sawyer, D. & Swanson, D. A. (1992). A Critical Review on Social Referencing in Infancy. In S. Feinman (Hrsg.), *Social referencing and the social construction of reality in infancy* (S. 15–54). New York: Plenum Press.
Festinger, L. (1954). A theory of social comparison processes. *Human Relations, 7* (2), 117–140.
Frey, D., Dauenheimer, D., Parge, O. & Haisch, J. (1993). Die Theorie sozialer Vergleichsprozesse. In D. Dauenheimer (Hrsg.), *Theorien der Sozialpsychologie* (2., vollst. überarb.

u. erw. Aufl.) (3. Aufl. d. Kognitiven Theorien der Sozialpsychologie, 1978). S. 81–122). Bern [u. a.]: Huber.

Haeberlin, U. (1989). *Integration in die Schulklasse. Fragebogen zur Erfassung von Dimensionen der Integration von Schülern FDI 4-6: mit einem Heft zur theoretischen und praktischen Einführung, einem Testbogen zur Beurteilung des sozialen, emotionalen und leistungsmotivationalen Integriertseins von Schülern des 4. bis 6. Schuljahres in ihre Schulklasse und Auswertungsschablonen* (Beiträge zur Heil- und Sonderpädagogik, Bd. 8). Bern: P. Haupt.

Hattie, J., Timperley, H., Hattie, J. & Timperley, H. (2007). The Power of Feedback. *Review of Educational Research, 77* (1), 81–112.

Hattie, J. (2008). *Visible learning. A synthesis of meta-analyses relating to achievement.* London: Routledge.

Hattie, J. (2012). *Visible Learning for Teachers. Maximizing impact on learning.* Abingdon: Routledge.

Huber, C. (2019). Ein integriertes Rahmenmodell zur Förderung sozialer Integration im inklusiven Unterricht – sozialpsychologische Grundlagen, empirische Befunde und schulpraktische Ableitungen. *Vierteljahresschrift für Heilpädagogik und ihre Nachbargebiete* 88 (1), S. 27–43. DOI: 10.2378/vhn2019.art06d.

Huber, C. (2008). Jenseits des Modellversuchs: Soziale Integration von Schülern mit sonderpädagogischem Förderbedarf im Gemeinsamen Unterricht – Eine Evaluationsstudie. *Heilpädagogische Forschung* (1), 2–14.

Huber, C. (2011). Soziale Referenzierungsprozesse und soziale Integration in der Schule. *Empirische Sonderpädagogik, 3,* 20–36.

Huber, C. (2013). Der Einfluss von Lehrkraftfeedback auf die soziale Akzeptanz bei Grundschulkindern – eine experimentelle Studie zur Wirkung von sozialen Referenzierungsprozessen in Lerngruppen. *Heilpädagogische Forschung* (1), 14–25.

Huber, C., Gebhardt, M. & Schwab, S. (2015). Lehrkraftfeedback oder Spaß beim Spiel? Eine Experimentalstudie zum Einfluss von Lehrkraftfeedback auf die soziale Akzeptanz bei Grundschulkindern. *Psychologie in Erziehung und Unterricht, 61* (1), 51–64.

Huber, C., Gerullis, A., Gebhardt, M. & Schwab, S. (2018). The impact of social referencing on social acceptance of children with disabilities and migrant background. An experimental study in primary school settings. *European Journal of Special Needs Education, 1* (1), 1–17.

Huber, C. & Wilbert, J. (2012). Soziale Ausgrenzung von Schülern mit sonderpädagogischem Förderbedarf und niedrigen Schulleistungen im gemeinsamen Unterricht. *Empirische Sonderpädagogik* (2), 147–165.

Hughes, J. N., Cavell, T. A. & Willson, V. (2001). Further Support for the Developmental Significance of the Quality of the Teacher–Student Relationship. *Journal of School Psychology, 39* (4), 289–301.

Jordan, A., Glenn, C. & McGhie-Richmond, D. (2010). The Supporting Effective Teaching (SET) project: The relationship of inclusive teaching practices to teachers' beliefs about disability and ability, and about their roles as teachers. *Teaching and Teacher Education, 26* (2), 259–266.

Kluger, A. N. & DeNisi, A. (1996). The effects of feedback interventions on performance: A historical review, a meta-analysis, and a preliminary feedback intervention theory. *Psychological Bulletin, 119* (2), 254–284.

Krawinkel, S., Sudkamp, A., Lange, S. & Troster, H. (2017). Soziale Partizipation in inklusiven Grundschulklassen: Bedeutung von Klassen- und Lehrkraftmerkmalen. *Empirische Sonderpädagogik, 9* (3), 277–295.

Krull, J., Wilbert, J. & Hennemann, T. (2014). Soziale Ausgrenzung von Erstklässlerinnen und Erstklässlern mit sonderpädagogischem Förderbedarf im Gemeinsamen Unterricht. *Empirische Sonderpädagogik, 6* (1), 59–75.

Ladd, G. W., Birch, S. H. & Buhs, E. S. (1999). Children's Social and Scholastic Lives in Kindergarten. Related Spheres of Influence? *Child Development, 70* (6), 1373–1400.

Ladd, G. W., Kochenderfer, B. J. & Coleman, C. C. (1997). Classroom peer acceptance, friendship, and victimization: Distinct relational systems that contribute uniquely to children's school adjustment? *Child Development, 68* (6), 1181–1197.

McAuliffe, M. D., Hubbard, J. A. & Romano, L. J. (2009). The role of teacher cognition and behavior in children's peer relations. *Journal of Abnormal Child Psychology, 37* (5), 665–677.
McGhie-Richmond, D., Underwood, K. & Jordan, A. (2007). Developing Effective Instructional Strategies for Teaching in Inclusive Classrooms. *Exceptionality Education Canada, 17* (1), 27–52.
Newcomb, A. F., Bukowski, W. M. & Pattee, L. (1993). Children's peer relations. A meta-analytic review of popular, rejected, neglected, controversial, and average sociometric status. *Psychological Bulletin, 113* (1), 99–128.
Nicolay, P. & Huber, C. (2018). Effects of School Achievement and Teacher Feedback on Social Acceptance. Vortrag im Rahmen der EARLI-Conference am 13.9.2018, Universität Potsdam.
OCEBM Levels of Evidence Working Group (2011). The Oxford 2011 Levels of Evidence. Verfügbar unter https://www.cebm.net/wp-content/uploads/2014/06/CEBM-Levels-of-Evidence-2.1.pdf [11.01.2019].
Petillon, H. (1978). *Der unbeliebte Schüler. Theoretische Grundlagen, empirische Untersuchungen, pädagogische Möglichkeiten*. Braunschweig: Westermann.
Pettigrew, T. F. (1998). Intergroup contact theory. *Annual review of psychology, 49* (749), 65–85.
Pettigrew, T. F. & Tropp, L. R. (2006). A meta-analytic test of intergroup contact theory. *Journal of Personality and Social Psychology, 90* (5), 751–783.
Rick, G. (1961). Die soziale Stellung entwicklungsgehemmter Kinder in Volksschulklassen und ihre soziale Stellung nach der Überweisung in die Hilfsschule. *Zeitschrift für Heilpädagogik, 12* (10), 557–564.
Saile, H. & Boger, S. (2009). Geschlecht und Interaktionseffekt als Bedingungen sozialer Unsicherheit bei Kindern. *Kindheit und Entwicklung, 18* (1), 6–12.
Schachter, S. & Singer, J. (1962). Cognitive, social, and physiological determinants of emotional state. *Psychological Review, 69* (5), 379–399.
Sherif, M. (1958). Superordinate goals in the reduction of intergroup conflict. *The American journal of sociology, 63* (4), 349–356.
Taylor, A. R. (1989). Predictors of peer rejection in early elementary grades: Roles of problem behavior, academic achievement, and teacher preference. *Journal of Clinical Child Psychology, 18* (4), 360–365.
Thibaut, J. W. & Kelley, H. H. (1959). *The social psychology of groups*. New York, NY: Wiley.
Walden, T. A. & Ogan, T. A. (1988). The development of social referencing. *Child Development, 59* (5), 1230–1240.
Webster, M. & Foschi, M. (1992). Social Referencing and Theories of Status and Social Interaction. In S. Feinman (Hrsg), *Social referencing and the social construction of reality in infancy* (S. 269–294) New York: Springer.
White, K. J. & Jones, K. (2000). Effects of Teacher Feedback on the Reputations and Peer Perceptions of Children with Behavior Problems. *Journal of Experimental Child Psychology, 76* (4), 302–326.
White, K. J. & Kistner, J. (1992). The influence of teacher feedback on young children's peer preferences and perceptions. *Developmental Psychology, 28* (5), 933–940.
Wocken, H. (1987). Soziale Integration behinderter Kinder. In H. Wocken & G. Antor (Hrsg.), *Integrationsklassen in Hamburg. Erfahrungen, Untersuchungen, Anregungen* (S. 203–275). Solms: Jarick Oberbiel.

6 Individuelles Feedback als Bestandteil inklusiven Unterrichts? Eine empirische Studie über die Wahrnehmung von individuellem Lehrkraftfeedback aus Schülerinnen- und Schülersicht

Susanne Schwab, Janka Goldan & Lisa Hoffmann

6.1 Einleitung

Deutschland und viele weitere Länder befinden sich auf dem Weg zur inklusiven Schule. Diese Entwicklung wurde unter anderem durch die Salamanca Erklärung von 1994 (UNESCO, 1994) und die Konvention über die Rechte von Menschen mit Behinderung der Vereinten Nationen (United Nations, 2006) vorangetrieben. Das Leitprinzip der schulischen Inklusion »besagt, dass Schulen *alle Kinder* [Hervorhebung im Original], unabhängig von ihren physischen, intellektuellen, sozialen, emotionalen, sprachlichen oder anderen Fähigkeiten, aufnehmen sollen« (UNESCO, 1994, S. 4). In diesem Zusammenhang kann Inklusion unter anderem als Unterrichtspraxis verstanden werden, die allen Schülerinnen und Schülern, unabhängig von individuellen Merkmalen (z. B. besonderer Unterstützungsbedarf, Migrationshintergrund, soziale Schicht) die bestmöglichen Entwicklungschancen bieten soll. Sowohl Bildungsforscherinnen und -forscher als auch Schulleiterinnen und -leiter sowie Lehrkräfte und viele weitere beteiligte Akteurinnen und Akteure stehen nun vor der Aufgabe, Indikatoren für qualitativ hochwertigen inklusiven Unterricht zu erforschen und umzusetzen. Mit Blick in die Literatur lässt sich dabei eine zentrale Rolle in der Einstellung gegenüber schulischer Inklusion erkennen. Positive Einstellungen der Lehrkräfte, der Schülerinnen und Schüler als auch der Eltern sind Studien zufolge eine zentrale Voraussetzung für qualitativ hochwertigen inklusiven Unterricht (z. B. Schwab, 2018). Gleichzeitig ist bislang nicht eindeutig geklärt, was unter gutem inklusiven Unterricht zu verstehen ist oder was eine inklusive Didaktik kennzeichnet. Ein wesentliches Merkmal inklusiver Didaktik besteht in der Individualisierung und Differenzierung (z. B. Lütje-Klose, Kurnitzki & Serke, 2015; Lütje-Klose & Miller, 2015; Feyerer & Altrichter, 2018). Die Einstellung der Lehrkräfte gegenüber schulischer Inklusion steht dabei in direktem Zusammenhang mit der Umsetzung inklusiver Praktiken. Beispielsweise zeigten die Ergebnisse einer Mixed-Methods-Studie von Sharma und Sokal (2016), dass Lehrkräfte mit einer positiveren Einstellung gegenüber schulischer Inklusion häufiger inklusive Unterrichtsmethoden anwenden. Der Beobachtungsbogen enthielt dabei Items zur Unterrichtsdifferenzierung, wie z. B. die Adaption von Instruktionen an die individuellen Bedürfnisse einzelner Schülerinnen und Schüler. Ähnlich zeigten die Ergebnisse von Schwab, Sharma und Hoffmann (eingereicht), dass positivere Einstellungen von Lehrkräften mit einem stärker differenzierten Unterricht einhergehen. Wie auch Erten und Savage (2012) betonen, muss sich inklusiver Unterricht den individuellen Bedürfnissen und Voraussetzungen der Schülerinnen und Schüler anpassen, um die Potentiale des Einzelnen voll zu entfalten. Arndt und Werning (2016) bestätigten in ihrer Interviewstudie mit Lehrkräften aus Schulpreisträgerschulen, dass die individualisierte Förderung ein zentrales Charakteristikum inklusiver Schulen darstellt. Gebhardt, Schwab, Krammer, Gasteiger-Klicpera und Sälzer (2014) untersuchten, ob die Didaktik in inklusiven Klassen im Vergleich zu Schulklassen, in denen keine Schülerinnen und Schüler mit sonderpädagogischem Förderbedarf unterrichtet werden, tatsächlich stärker auf Individualisierung abzielt. Die Ergebnisse ihrer Befragung bestätigten, dass aus Schülerinnen- und Schülersicht in inklusiven Klassen verstärkt Individualisierung im Unterricht wahrgenommen wird. Eine stärkere Individualisierung sowie Differenzierung des Unterrichts geht damit einher, dass Schülerinnen und Schüler vermehrt individuelles Feedback von ihren Lehrkräften erhalten. Im Rahmen des vorliegenden Beitrags soll nun untersucht werden, inwiefern Schülerinnen und Schüler in inklusiven Schulklassen individuelles Feedback ihrer Lehrkräfte wahrnehmen. Wie Hattie und Timperley (2007) aufzeigten, ist Feedback eines der Kernelemente in der Beeinflussung von Lernprozessen. Dabei spielt die Art des Feedbacks eine entscheidende Rolle. Beispielsweise wird prozessorientiertes Feedback im Vergleich zu ›grade-oriented‹ Feedback von Schülerinnen und Schülern selbst als hilfreicher wahrgenommen (Harks, Rakoczy, Hattie, Besser & Klieme, 2013). Allerdings sind die Effekte von Lehrkraftfeedback viel umfassender und betreffen nicht nur die Entwicklung von Schulleistungen. Beispielsweise konnte gezeigt werden, dass das Feedback von Lehrkräften auch die soziale Akzeptanz von Schülerinnen und Schülern erhöhen oder gar verringern kann (Huber, Gebhardt & Schwab, 2015; Huber, Gerullis, Gebhardt & Schwab, 2018) und die Motivation beeinflusst (Spiel, Lüftenegger, Wagner, Schober & Finsterwald, 2011). Mit Blick auf die heterogene Schülerschaft in inklusiven Klassen und die gesteigerten Anforderungen hinsichtlich der Adaption des Unterrichts an die individuellen Bedürfnisse der Schülerinnen und Schüler, scheint in weiterer Folge auch das Feedback von Lehrkräften gegenüber ihren Schülerinnen und Schülern an die interindividuellen Schülerinnen- und Schülerbedürfnisse angepasst werden zu müssen. Nimmt man die Ebene der Schülerinnen und Schüler in den Blick, so dient individualisiertes Feedback vor allem der Selbstregulation des Lernens. In diesem Zusammenhang stehen Lehrkräfte vor der Herausforderung, Rückmeldungen so zu gestalten, dass sie dem Einzelnen helfen, die verschiedenen Ebenen selbstregulierten Lernens (Lernstrategien, Lernprozessüberwachung und die Selbstaktivierung) zu reflektieren (Bastian, 2015). Gleichzeitig muss individualisiertes Feedback als gegenseitiger Prozess begriffen werden, in dem auch der Lernende der Lehrkraft Feedback über den Lernprozess gibt (Bastian, Combe & Langer, 2016). Grundsätzlich kann auf Basis der aktuellen Literatur angenommen werden, dass Lehrkräfte aus ihrer eigenen Perspektive viel Feedback geben. Beobachtungsstudien (vgl. Ingvarson & Hattie, 2008) und Studien, welche die Schülerinnen- und Schülerperspektive untersuchen (Nuthall, 2007), identifizieren hingegen wenig individuelles Feedback durch die Lehrkräfte (für eine Übersicht: Hattie & Yates, 2014).

6.2 Fragestellungen

Im Zentrum der vorliegenden Studie steht die Wahrnehmung von individuellem Feedback der Lehrkraft seitens der Schülerinnen und Schüler. Dabei soll aus Schülerinnen- und Schülerperspektive untersucht werden, welche Merkmale mit individuellem Feedback einhergehen. Nehmen Schülerinnen und Schüler bestimmter Minoritätsgruppen (Schülerinnen und Schüler mit besonderem Unterstützungsbedarf, Schülerinnen und Schüler mit Migrationshintergrund) individuelles Feedback gleich häufig wahr wie ihre Peers? Erleben Mädchen genauso viel individuelles Feedback wie Jungen? Um die bestehende Literatur zu erweitern, wird zudem untersucht, inwiefern individuelles Lehrkraftfeedback in einem Zusammenhang mit Qualitätsindikatoren inklusiven Unterrichts (jenseits der Schulleistung) steht. Im Fokus der vorliegenden Studie steht dabei die Beziehung zur Lehrkraft, die Beziehung zu den Peers, das akademische Selbstkonzept und die Intention, die Schule abzubrechen.

6.3 Methode

6.3.1 Stichprobe

Datengrundlage für die vorliegende Untersuchung bildet die RESE-Studie (Ressourcen und Selbstwirksamkeit im Gemeinsamen Unterricht in der Sekundarstufe I), für die zu Beginn des Schuljahres 2017/18 in 42 Schulklassen der Sekundarstufe I in Nordrhein-Westfalen Daten erhoben wurden. Insgesamt haben 18 Schulen (6 Gymnasien, 5 Realschulen, 3 Gesamtschulen, 2 Hauptschulen, 1 Sekundarschule, 1 Haupt- und Realschule) an der Paper-Pencil-Befragung teilgenommen. Auf Schülerinnen- und Schülerebene liegen Daten von 701 Schülerinnen und Schülern vor. Für die vorliegende Analyse wird aufgrund der Tatsache, dass sich die Ratings über Lehrkräfte auf die Fächer Deutsch, Englisch und Mathematik beschränken, nur auf die Daten von 312 Schülerinnen und 341 Schülern zurückgegriffen. Differenziert man die Stichprobe nach Schulstufen, besuchte die Mehrheit der Schülerinnen und Schüler zum Zeitpunkt der Erhebung eine sechste (21.5 %), siebte (24.5 %) oder achte Schulstufe (23.6 %). Weitere 18 % besuchten eine fünfte Schulstufe und 12.3 % die neunte Schulstufe. Etwas über 50 % waren Realschülerinnen und -schüler (51.6 %), 18.8 % besuchten ein Gymnasium, 9.8 % eine Gesamtschule, 9.3 % eine Sekundarschule, 7.2 % eine Hauptschule und 3.3 % eine Gemeinschaftsschule (Haupt- und Realschule). 55 Jungen und 32 Mädchen weisen einen diagnostizierten Bedarf an besonderer Unterstützung auf. Mehr als ein Viertel (27,4 %) der befragten Schülerinnen und Schüler spricht eine andere Erstsprache als Deutsch. Darüber hinaus haben insgesamt 35 Lehrkräfte einen Bogen über sich selbst und ihr Unterrichtsverhalten ausgefüllt.

6.3.2 Erhebungsinstrumente

Um die kognitive Belastung für die Schülerinnen und Schüler möglichst gering zu halten, wurde innerhalb der Fragenbogenbatterie das Antwortformat gleich gehalten. Die nachfolgend beschriebenen Items und Skalen waren alle auf einer vierstufigen Likert-Skala (1 = »stimmt gar nicht«, 2 = »stimmt eher nicht«, 3 = »stimmt eher« bis 4 = »stimmt genau«) zu beantworten.

Individuelles Feedback

Im Rahmen der Datenerhebung wurden die Schülerinnen und Schüler gebeten, für zwei ihrer Lehrkräfte anzugeben, inwiefern sie im jeweiligen Fachunterricht individuelles Feedback von ihrer Lehrkraft (bevorzugt Fachlehrkraft) bekommen. Das Item stammt aus der ›Inclusive Teaching Practices Scale‹ (Schwab, Sharma & Hoffmann, eingereicht) und war für jede der beiden Lehrkräfte einzuschätzen. Dabei wurden für alle Schülerinnen und Schüler die beiden Lehrkräfte, für welche das Item zu beantworten war, im Vorfeld festgelegt. Das jeweilige Fach war der Instruktion zu entnehmen.

Neben der Schülerinnen- und Schülereinschätzung wurden auch die Lehrkräfte gebeten, auf einer ebenfalls vierstufigen Skala einzuschätzen, wie viel individuelles Feedback sie ihren individuellen Schülerinnen und Schülern geben.

Beziehung zur Lehrkraft

Um die Beziehung zur Lehrkraft zu erfassen, wurde jeweils für beide Lehrkräfte eine deutschsprachige Kurzform der ›Student–Teacher Relationship Scale‹ (STRS; Pianta, 2001), eingesetzt. Sie bestand aus vier Items (z. B. »Ich fühle mich von meinem Deutschlehrer ungerecht behandelt.«).

Beziehung zu den Peers

Die Erfassung der Beziehung zu den Peers erfolgte über die Subskala »Soziale Integration« der Schülerversion des ›Perceptions of Inclusion Questionnaire‹ (PIQ; Venetz, Zurbriggen, Eckhart, Schwab & Hessels, 2015; Venetz, Zurbriggen & Eckhart, 2014). Diese setzt sich aus vier Items zusammen (z. B. »Ich komme mit meinen Mitschülerinnen und Mitschülern sehr gut aus.«).

Akademisches Selbstkonzept

Das akademische Selbstkonzept wurde mit Bezug zu dem unterrichteten Fach der jeweiligen Lehrkräfte mit drei leicht modifizierten Items (z. B. »Ich mache meine Schulaufgaben im Fach Deutsch gut.«) auf einer Skala von Weber und Freund (2017) erfasst.

Intention zum Schulabbruch

Die Intention der Schülerinnen und Schüler, die Schule abzubrechen, wurde über eine Kurzskala, basierend auf drei Items (z. B. »Ich überlege oft die Schule so schnell wie möglich abzubrechen.«), erhoben. Die Items wurden auf Basis einer Skala von Pijl, Frostad und Mjaavatn (2014) adaptiert.

Einstellung gegenüber inklusivem Unterricht der Lehrkräfte

Um die Einstellung der Lehrkräfte gegenüber schulischer Inklusion zu erfassen, wurde eine deutschsprachige Übersetzung der ›Attitudes towards Inclusion Scale‹ von Sharma und Jacobs (2016) verwendet. Die Übersetzung ins Deutschsprachige wurde dabei von Ilg und Leisner vorgenommen. Die zehn Items (z. B. »Ich glaube, dass alle Schüler unabhängig von ihrer Fähigkeit in regulären Klassen unterrichtet werden sollten.«) waren auf einer siebenstufigen Likert-Skala (1 = »starke Ablehnung« bis 7 = »starke Zustimmung«) zu beantworten.

6.4 Ergebnisse

6.4.1 Deskriptive Ergebnisse

Anhand der Mittelwerte der Schülerinnen- und Schülerratings über das individuelle Feedback ihrer Deutschlehrkräfte (M = 2.80, SD = 0.94), Englischlehrkräfte (M = 2.77, SD = 0.84) und Mathematiklehrkräfte (M = 2.82, SD = 0.92) ist zu erkennen, dass Schülerinnen und Schüler der Aussage, dass sie individuelles Feedback erhalten, eher zustimmen. Die Ergebnisse von t-Tests für abhängige Stichproben zeigen, dass zwischen Lehrkräften der Fächer Deutsch und Mathe (t_{189} = -1.19, *n.s.*) als auch zwischen Lehrkräften der Fächer Mathe und Englisch (t_{142} = -0.26, *n.s.*) kein Unterschied hinsichtlich des individuellen Feedbacks wahrgenommen wird. Allerdings nehmen Schülerinnen und Schüler in Bezug auf den Deutschunterricht im Vergleich zu jenem in Englisch mehr individuelles Feedback wahr (t_{260} = 2.03, *p*<.05). Im Englischunterricht sind es 7.8 % der Schülerinnen und Schüler, welche die Aussage, dass sie individuelles Feedback von ihrer Lehrkraft bekommen, vollständig verneinen. Im Mathematikunterricht liegt dieser Anteil bei 10.6 % und im Deutschunterricht geben sogar 11.7 % der Schülerinnen und Schüler an, dass sie kein individuelles Feedback erfahren. Um zu prüfen, ob Schülerinnen und Schüler verschiedener Schultypen individuelles Feedback in unterschiedlichem Maße wahrnehmen, wurden Varianzanalysen sowie paarweise Vergleiche nach Scheffé berechnet (▸ Tab. 6.1). Während sich für den Deutschunterricht ($F_{4,475} = 0.17$, *n.s.*, *partielles Eta²* = .00) als auch den Mathematikunterricht ($F_{4,353} = 0.15$, *n.s.*, *partielles Eta²* = .00) kein signifikanter Einfluss zeigte, gab es beim Englischunterricht einen signifikanten Haupteffekt für den Schultyp ($F_{5,378} = 2.71$, $p<.05$, *partielles Eta²* = .03). Bei den post-hoc Paarvergleichen konnte allerdings kein signifikanter Unterschied zwischen den einzelnen Schultypen ausgemacht werden, obgleich die Mittelwerte für die Englischlehrkräfte der Gemeinschaftsschule, gefolgt von jenem der Hauptschule, am niedrigsten sind.

Tab. 6.1: Mittelwerte und Standardabweichungen der Schülerinnen- und Schülerwahrnehmung von individuellem Feedback im Deutsch-, Mathematik- und Englischunterricht differenziert nach Schulformen

	Deutschunterricht M (SD)	Mathematikunterricht M (SD)	Englischunterricht M (SD)
Hauptschule	2.71 (1.07)	-	2.52 (1.21)
Realschule	2.81 (0.93)	2.82 (0.92)	2.88 (0.76)
Sekundarschule	2.84 (0.94)	2.70 (0.91)	2.69 (0.91)
Gymnasium	2.82 (0.94)	2.84 (0.98)	2.84 (0.84)
Gesamtschule	2.76 (0.82)	2.80 (0.82)	2.60 (0.87)
Gemeinschaftsschule (Haupt- & Realschule)	-	2.86 (0.83)	2.36 (0.56)
Gesamt	2.80 (0.94)	2.82 (0.91)	2.77 (0.84)

6.4.2 Prädiktoren von individuellem Feedback

Um die hierarchische Struktur der Daten (die individuellen Schülerinnen und Schüler besuchen eine gemeinsame Klasse und bewerten die gleiche Lehrkraft) zu berücksichtigen und die Wahrnehmung des individuellen Feedbacks vorherzusagen, wurden – jeweils getrennt für die drei Fachlehrkräfte – Mehrebenen-Regressionsanalysen berechnet. Dabei wurden auf der Schülerinnen- und Schülerebene das Geschlecht (männlich vs. weiblich), der besondere Unterstützungsbedarf (kein BSU vs. BSU) und der Migrationshintergrund (Deutsch als Erstsprache vs. eine andere Erstsprache als Deutsch) als Prädiktoren aufgenommen. Die abhängige Variable wurde vor der Berechnung z-standardisiert.

Die Ergebnisse (▸ Tab. 6.2) zeigen, dass weder das Geschlecht noch der besondere Unterstützungsbedarf oder der Migrationshintergrund signifikant zur Vorhersage des individuellen Feedbacks beitragen. Dieses Resultat findet sich sowohl für den Deutsch-, Mathematik- als auch den Englischunterricht. Darüber hinaus wurde lediglich für den Deutschunterricht ein signifikanter Anteil an Varianz auf Klassenebene identifiziert (*Wald-Z* = 1.99, $p<.05$), welche lediglich 7 % beträgt.

6 Individuelles Feedback als Bestandteil inklusiven Unterrichts?

Tab. 6.2: Vorhersage des individuellen Feedbacks im Deutsch-, Mathematik- und Englischunterricht mit Prädiktoren auf Schülerinnen- und Schülerebene

	β	S.E.
Deutschunterricht		
Geschlecht	-.04	.09
BSU	-.17	.14
Migrationshintergrund	.05	.10
Residualvarianz auf Schülerebene	.91**	.07
Residualvarianz auf Klassenebene	.07*	.03
Devianz	1307.57	
Mathematikunterricht		
Geschlecht	.09	.11
BSU	.13	.15
Migrationshintergrund	-.08	.12
Residualvarianz auf Schülerebene	.94**	.07
Residualvarianz auf Klassenebene	.02	.03
Devianz	959.11	
Englischunterricht		
Geschlecht	.00	.10
BSU	-.28	.16
Migrationshintergrund	.01	.12
Residualvarianz auf Schülerebene	.92**	.07
Residualvarianz auf Klassenebene	.04	.03
Devianz	1030.54	

*$p<.05$, **$p<.01$

Für den Deutschunterricht war es zudem (aufgrund der ausreichend hohen Fallzahl an ausgefüllten Fragebögen von Deutschlehrkräften, $N = 21$ Lehrkräfte) möglich, die Perspektive der Lehrkräfte in Bezug auf das individuelle Feedback, ihre bisherige Unterrichtserfahrung als auch ihre Einstellung zum inklusiven Unterricht als Prädiktoren auf Klassenebene aufzunehmen. Die Ergebnisse zeigen, dass keine der drei Variablen signifikant zur Varianzaufklärung beiträgt (▶ Tab. 6.3).

Tab. 6.3: Vorhersage des individuellen Feedbacks im Deutschunterricht mit Prädiktoren auf Klassenebene

	β	S.E.
Individuelles Feedback nach Lehrkraftangabe	-.01	.08
Lehrkrafterfahrung	-.04	.09
Einstellung zur schulischen Inklusion der Lehrkraft	-.03	.08
Residualvarianz auf Schülerebene	.92**	.07
Residualvarianz auf Klassenebene	.07	.04
Devianz	1026.42	

**p<.01

6.4.3 Zusammenhänge zwischen der Wahrnehmung individuellen Lehrkraftfeedbacks und der Beziehung zur Lehrkraft, der Beziehung zu den Peers, dem akademischen Selbstkonzept und der Intention zum Schulabbruch

In der folgenden Tabelle 6.4 sind die Korrelationskoeffizienten nach Pearson zwischen dem fachspezifischen individuellen Lehrkraftfeedback und der Beziehung zur Lehrkraft, der Beziehung zu den Peers, dem akademischen Selbstkonzept und der Intention zum Schulabbruch dargestellt. Für alle drei Hauptfächer zeigte sich, dass die Wahrnehmung individuellen Feedbacks signifikant positiv mit den Beziehungen zu den Peers zusammenhängt. Darüber hinaus zeigte sich für den Deutschunterricht als auch für den Englischunterricht, dass individuelles Feedback sowohl mit einem höheren akademischen Selbstkonzept als auch einer niedrigeren Intention, die Schule abzubrechen, einhergeht. Für den Mathematikunterricht zeigen sich ähnliche Effekte, welche jedoch etwas geringer ausgeprägt und nicht signifikant sind. Darüber hinaus besteht ein positiver Zusammenhang zwischen individuellem Feedback im Mathematikunterricht und der Beziehung zur Lehrkraft.

Tab. 6.4: Korrelationskoeffizienten zwischen individuellem Feedback im Deutsch-, Mathematik- und Englischunterricht, der Beziehung zur Lehrkraft, der Beziehung zu den Peers, dem akademischen Selbstkonzept und der Intention zum Schulabbruch

	Individuelles Feedback im Deutschunterricht	Individuelles Feedback im Mathematikunterricht	Individuelles Feedback im Englischunterricht
Beziehung zur Lehrkraft	-.09	.14*	-.03
Beziehung zu den Peers	.11*	.11*	.17**
Akademisches Selbstkonzept	.12**	.10	.40**
Intention zum frühen Schulabbruch	-.11*	-.07	-.21**

*$p<.05$, **$p<.01$

6.5 Diskussion

Wenngleich dem Lehrkraftfeedback spätestens seit der Forschung von Hattie eine außerordentlich große Bedeutung hinsichtlich der Leistungsentwicklung von Schülerinnen und Schülern zugesprochen wird, gibt es bislang kaum Untersuchungen im deutschsprachigen Raum, welche das Feedback von Lehrkräften im inklusiven Unterricht untersuchen. Dies ist besonders zentral, da Individualisierung und Differenzierung wesentliche Indikatorvariablen inklusiver Didaktik darstellen. Im Rahmen der vorliegenden Studie wurde die Forschungslücke dahingehend geschlossen, als dass das individuelle Feedback von Fachlehrkräften der Sekundarstufe I aus Perspektive der Schülerinnen und Schüler untersucht wurde. Dabei wurde zum einen analysiert, welche Variablen die Wahrnehmung individuellen Feedbacks vorhersagen können, als auch, welche Variablen mit individuellem Feedback in einem signifikanten Zusammenhang stehen.

Die Ergebnisse zeigen, dass die Schülerinnen und Schüler der Aussage, dass sie von ihrer jeweiligen Fachlehrkraft individuelles Feedback bekommen, eher zustimmen. Dennoch ist die Tatsache, dass etwa jede zehnte Schülerin bzw. jeder zehnte Schüler überhaupt kein individuelles Feedback wahrnimmt, beunruhigend. Hier stellt sich die Frage, ob die Lehrkräfte tatsächlich keinerlei individuelles Feedback geben, oder ob dieses aus Sicht der Schülerinnen und Schüler nicht ausreichend individuell gestaltet ist. Möglicherweise nehmen Schülerinnen und Schüler auch aus ihrer Perspektive keine Differenzierung im Feedback wahr oder realisieren nicht, dass dieses direkt und individuell an sie selbst gerichtet ist und nicht an die Gesamtheit der Klasse.

Insgesamt zeigten die Ergebnisse der vorliegenden Studie auch keine Unterschiede in der Häufigkeit individuellen Feedbacks zwischen Lehrkräften in den

Fächern Deutsch und Mathematik sowie Mathematik und Englisch. Allerdings scheinen Lehrkräfte im Fach Deutsch aus Sicht der Schülerinnen und Schüler mehr individuelles Feedback zu geben, als ihre Kolleginnen und Kollegen, welche Englisch unterrichten. Dies scheint insofern bemerkenswert zu sein, als dass im Fachunterricht Englisch stärker korrektive Feedbacks, z. B. in Bezug auf die Aussprache von Wörtern, zu erwarten wären. Eine mögliche Erklärung könnte sein, dass Schülerinnen und Schüler die Korrektur der Aussprache nicht als individuelles Feedback auffassen. Darüber hinaus zeigten sich auch keine bedeutenden Unterschiede zwischen einzelnen Schulformen. Lediglich für den Englischunterricht gab es einen signifikanten Haupteffekt. Auf Ebene der Paarvergleiche zeigte sich (deskriptiv) ein eher paradoxer Effekt dahingehend, dass Schülerinnen und Schüler an Gemeinschaftsschulen – trotz der leistungsheterogenen Zusammensetzung der Schülerschaft – am wenigsten individuelles Feedback wahrnehmen. Hier wäre im Gegensatz zu den leistungsorienterten Gymnasien eher vermehrt individuelles Feedback zu erwarten gewesen. Zumindest ist der Befund als Indiz dafür zu werten, dass trotz der Selektionsmechanismen im deutschen Schulsystem und der damit einhergehenden homogene(re)n Schülerschaft an manchen Schulformen das individuelle Feedback dennoch von zentraler Bedeutung ist. Einzelne Studien konnten diesbezüglich darauf verweisen, dass auch in hoch selektiven Schultypen deutliche Leistungsunterschiede innerhalb der Schülerinnen und Schüler einer Klasse vorherrschen. Beispielsweise zeigten die Ergebnisse der Studie von Gröhlich, Scharenberg und Bos (2009) auf, dass im Fach Mathematik an Gymnasien zu Beginn der Sekundarschulzeit eine höhere Leistungsheterogenität der Schülerschaft vorherrscht als an Haupt-, Real- sowie Gesamtschulen. In Bezug auf die Lesefähigkeiten war hingegen im Gymnasium als auch an den Haupt- und Realschulen die Leistungsstreuung auf Klassenebene geringer als in den Gesamtschulen. In diesem Zusammenhang ist auch auf die relativ geringe Varianz der Schülerinnen- und Schülersicht in Bezug auf das individuelle Feedback der Lehrkräfte auf Klassenebene im Rahmen der Mehrebenen-Regressionsanalysen zu verweisen. Die Varianz auf Klassenebene lag dabei je nach Unterrichtsfach lediglich zwischen zwei und sieben Prozent. Hier hätte man auf Basis von anderen Arbeiten eine deutlich höhere Varianz erwartet, unter anderem auch, weil die Schülerinnen und Schüler einer Klasse immer die gleichen Lehrkräfte beurteilt haben. Im Vergleich dazu kam Heller (2017) im Rahmen ihrer Analysen, welche sich auf individuelle Lerngelegenheiten von Schülerinnen und Schülern im Mathematik- und Deutschunterricht beziehen, zu dem Ergebnis, dass Lehrkräfte sich in der Häufigkeit der Anwendung von Diskurspraktiken deutlich voneinander unterscheiden. Die kaum vorhandene Varianz auf Klassenebene könnte möglicherweise darauf hindeuten, dass sich Lehrkräfte aus Sicht der Schülerinnen und Schüler hinsichtlich der Quantität individuellen Feedbacks kaum unterscheiden. Auf der anderen Seite könnten die Ergebnisse bedeuten, dass Lehrkräfte in Abhängigkeit der Bedarfe einzelner Schülerinnen und Schüler unterschiedlich viel individuelles Feedback geben.

Mit Bezug auf Schülerinnen und Schüler mit besonderem Unterstützungsbedarf wäre beispielsweise zu erwarten gewesen, dass diese im Vergleich zu den Peers ohne besonderen Unterstützungsbedarf vermehrt individuelles Feedback erhalten. Blickt man beispielsweise auf die Merkmale erfolgreichen Lehrerverhaltens bei besonderem Unterstützungsbedarf im Schwerpunkt Lernen nach Gerstern, Baker, Pugach, Scanlon und Chard (2001), so ist es wichtig, dass die Kinder mit besonderem Unterstützungsbedarf von der Lehrkraft regelmäßig Hinweise bekommen, um den Lernprozess schrittweise zu unterstützen. Tägliche Rückmeldungen sind dabei ein zentraler Baustein erfolgreichen Lehrkräftehandelns. Zudem konnte gezeigt werden, dass sich Schülerinnen und Schüler mit Deutsch als Zweitsprache hinsichtlich der Wahrnehmung des individuellen Feedbacks nicht von ihren Peers mit Deutsch als Erstsprache unterscheiden. Eine Erklärungsmöglichkeit könnte hier sein, dass Schülerinnen und Schüler mit besonderen Bedürfnissen oder Deutsch als Zweitsprache im Vergleich zu ihren Peers zwar einen höheren Bedarf an individuellem Feedback haben und dieses vielleicht auch verstärkt erhalten. Aufgrund des höheren Bedarfs könnte es allerdings auch zu einer Diskrepanz in der Wahrnehmung kommen, die sich in den Ergebnissen widerspiegelt. Gleichzeitig wäre es auch denkbar, dass die Lehrkräfte sich allen Schülerinnen und Schülern gleichermaßen widmen und sie in ihren individuellen Anlagen fördern, sodass die nicht vorhandenen Unterschiede in der Wahrnehmung individuellen Feedbacks zwischen den Schülergruppen ein Resultat dessen sind.

Was die Prädiktoren individuellen Feedbacks aus der Perspektive der Deutsch-Lehrkräfte betrifft, so fanden sich in der vorliegenden Studie keine Einflüsse der Lehrkrafteinschätzung zur Häufigkeit ihres individuellen Feedbacks. Dies könnte dadurch zu erklären sein, dass die Lehrkraft diese Frage nur global für alle Schülerinnen und Schüler beantwortet hat. Hier könnte aber zu vermuten sein, dass Lehrkräfte einzelnen Schülerinnen und Schülern je nach Bedarf mehr oder weniger Feedback geben. Demzufolge wäre es spannend, in Zukunft einen dyadischen Ansatz zu wählen und die Lehrkräfte für jeden ihrer Schülerinnen und Schüler einzeln zu befragen, wie viel individuelles Feedback sie gibt. Unter Rückbezug auf die Forschung von Zee, Koomen, Jellesmaa, Geerlings und de Jong (2016; siehe auch Zee, de Jong & Koomen, 2016 sowie Schwab, Sharma & Hoffmann, eingereicht) über die dyadische Selbstwirksamkeit von Lehrkräften gegenüber ihren Schülerinnen und Schülern, konnte bereits gezeigt werden, dass die Varianz für die gleiche Lehrkraft zwischen den Schülerinnen und Schülern größer sein kann, als jene zwischen unterschiedlichen Lehrkräften. Des Weiteren legen die Ergebnisse der vorliegenden Untersuchung nahe, dass zwischen der Anzahl der Jahre an Unterrichtserfahrung und individuellem Feedback kein Zusammenhang besteht. Darüber hinaus konnte auch die Einstellung der Lehrkräfte gegenüber schulischer Inklusion kein häufigeres individuelles Feedbackverhalten vorhergesagen. Möglicherweise deutet dieser Befund darauf hin, dass die normative Einstellung zur Inklusion nicht automatisch mit der Anwendung von Methoden inklusiver Didaktik einhergeht.

In Bezug auf die Korrelationen, welche zwischen individuellem Feedback und weiteren Output-Variablen inklusiven Unterrichts (Beziehung zur Lehrkraft, Beziehung zu den Peers, akademisches Selbstkonzept und Intention die Schule zu verlassen) berechnet wurden, zeigten sich geringe bis moderate Zusammenhänge. Dies weist darauf hin, dass die Wahrnehmung von individuellem Feedback sehr viel mehr Bereiche der individuellen Entwicklung von Schülerinnen und Schülern beeinflusst und nicht ausschließlich die Schulleistung. Zum einen (zumindest für

Mathematik und Englisch) schätzen Schülerinnen und Schüler, welche mehr Feedback erleben, ihre Beziehung zur Lehrkraft positiver ein. Zum anderen wird auf Basis bisheriger Forschung individuelles Feedback mit einem höheren Maß an sozialer Inklusion in Zusammenhang gebracht. Basierend auf der Theorie der sozialen Referenzierung (z. B. Walden & Ogan, 1988) könnte die vorliegende Studie indizieren, dass Mitschülerinnen und Mitschüler beobachten, welche Art von Feedback eine Lehrkraft einzelnen Schülerinnen und Schülern gibt und dies hat wiederum einen Einfluss darauf, inwiefern man diese Person mehr oder weniger schätzt (siehe dazu Huber, Gebhardt & Schwab 2015; Huber, Gerullis, Gebhardt & Schwab, 2018).

Darüber hinaus zeigte sich ein positiver Zusammenhang zwischen individuell wahrgenommenem Feedback der Fachlehrkraft und dem fachspezifischen Selbstkonzept in Deutsch und Englisch und zudem ein negativer Zusammenhang mit der Schulabbruchsintention.

Limitationen der vorliegenden Studie

Eine große Einschränkung der vorliegenden Studie besteht darin, dass lediglich Angaben über die persönliche Wahrnehmung der Ausprägung individuellen Feedbacks erfasst wurde. Eine Differenzierung in Bezug auf die Art des Feedbacks, die Qualität oder Ausprägung wurde nicht vorgenommen. Auf Basis der bisherigen Literatur (z. B. Hattie & Timperley, 2007) lässt sich jedoch annehmen, dass dies wesentliche Moderatoren des Einflusses von Feedback sein können. Darüber hinaus wäre es für weitere Forschungsvorhaben spannend, die Nützlichkeit von Lehrkraftfeedback als auch deren Adäquatheit zu erfassen. Was fehlende Effekte aus der Perspektive der Lehrkräfte betrifft, so ist darauf hinzuweisen, dass die Stichprobe sehr klein war, sodass weitere, vertiefende Analysen mit größeren Stichproben notwendig wären.

Literatur

Arndt, A. K. & Werning, R. (2016). Was kann man von Jakob Muth-Preisträgerschulen lernen? Ergebnisse der Studie »Gute inklusive Schule«. In Bertelsmann Stiftung (Hrsg.), *Inklusion kann gelingen. Forschungsergebnisse und Beispiele guter schulischer Praxis* (S. 105–140). Gütersloh: Bertelsmann.

Bastian, J. (2015). Feedback und Unterrichtsentwicklung. In H.-G. Rolff (Hrsg.), *Handbuch Unterrichtsentwicklung*. Weinheim: Beltz.

Bastian, J., Combe, A. & Langer, R. (2016). *Feedback – Methoden: Erprobte Konzepte, evaluierte Erfahrungen*. Weinheim: Beltz.

Erten, O. & Savage, R. S. (2012). Moving forward in inclusive education research. *International Journal of Inclusive Education, 16*, 221–233.

Feyerer, E. & Altrichter, H. (2018). Die Entwicklung eines inklusiven Schulsystems. Analyse von aktuellen Reformbestrebungen aus Governance-Perspektive. In E. Feyerer, W. Prammer, E. Prammer-Semmler, Ch. Kladnik, M. Leibetseder & R. Wimberger (Hrsg.), *System.*

Wandel. Entwicklung. Akteurinnen und Akteure inklusiver Prozesse im Spannungsfeld von Institution, Profession und Person (S. 74–92). Bad Heilbrunn: Klinkhardt.

Gebhardt, M., Schwab, S., Krammer, M., Gasteiger-Klicpera, B. & Sälzer, C. (2014). Erfassung von individualisiertem Unterricht in der Sekundarstufe I. Eine quantitative Überprüfung der Skala »Individualisierter Unterricht« in zwei Schuluntersuchungen in der Steiermark. *Zeitschrift für Bildungsforschung, 4*(3), 303–316.

Gersten, R., Baker, S., Pugach, M., Scanlon, D. & Chard, D. (2001). Contemporary research on special education teaching. In V. Richardson (Ed.), *Handbook of research on teaching (4th. Edition)* (S. 695–722). Washington, DC: American Educational Research Association.

Gröhlich, C. Scharenberg, K. & Bos, W. (2009). Wirkt sich Leistungsheterogenität in Schulklassen auf den individuellen Lernerfolg in der Sekundarstufe aus? *Journal für Bildungsforschung Online, 1*, 86–105.

Harks, B., Rakoczy, K., Hattie, J. Besser, M. & Klieme, E. (2013). The effects of feedback on achievement, interest and self-evaluation: The role of feedback's perceived usefulness. *Educational Psychology, 34*, 269–290.

Hattie, J. & Timperley, H. (2007). The Power of Feedback. *Review of Educational Research, 77*, 81–112.

Hattie, J. A. C. & Yates, G. C. R. (2014). Using feedback to promote learning. In V. A. Benassi, C. E. Overson & C. C. Hakala (Hrsg.), *Applying the science of learning in education: Infusing psychological science into the curriculum* (S. 45–58) Washington, DC: American Psychological Association.

Heller, V. (2017). Lerngelegenheiten für bildungssprachliche Kompetenzen: Wie partizipieren DaZ-Lerner am Erklären und Argumentieren im Unterricht? In: I. Fuchs, S. Jeuk & W. Knapp (Hrsg.), *Mehrsprachigkeit: Spracherwerb, Unterrichtsprozesse, Schulentwicklung* (S. 165–182). Stuttgart: Fillibach bei Klett.

Huber, C., Gebhardt, M. & Schwab, S. (2015). Lehrkraftfeedback oder Spaß beim Spiel? Eine Experimentalstudie zum Einfluss von Lehrkraftfeedback auf die soziale Akzeptanz bei Grundschulkindern. *Psychologie in Erziehung und Unterricht, 62*, 51–64.

Huber, C., Gerullis, A., Gebhardt, M. & Schwab, S. (2018). The impact of social referencing on social acceptance of children with disabilities and migration background. An experimental study in primary school settings. *European Journal of Special Needs Education, 33*, 269–285.

Ingvarson, L. & Hattie, J. A. C. (Eds.) (2008). *Assessing teachers for professional certification: The first decade of the National Board for Professional Teaching Standards*. Amsterdam: Elsevier Press.

Lange, H. (2003). Wie heterogen sind deutsche Schulen und was folgt daraus? *Pädagogik, 55* (9), 32–37.

Lütje-Klose, B., Kurnitzki, S. & Serke, B. (2015). Deutungsmuster von Lehrkräften in Bezug auf die handlungsleitenden didaktischen Prinzipien eines entwicklungsförderlichen Unterrichts – Ergebnisse von Gruppendiskussionen in inklusiven und exklusiven Förderarrangements. In H. Redlich, L. Schäfer, G. Wachtel, K. Zehbe & V. Moser (Hrsg.), *Veränderung und Beständigkeit in Zeiten der Inklusion. Perspektiven Sonderpädagogischer Professionalisierung* (S. 224–240). Bad Heilbrunn: Klinkhardt.

Lütje-Klose, B. & Miller, S. (2015). Inklusiver Unterricht – Forschungsstand und Desiderata. In A. Peter-Koop, T. Rottmann & M. M. Lüken (Hrsg.), *Inklusiver Mathematikunterricht in der Grundschule* (S. 10–32). Offenburg: Mildenberger.

Nuthall, G. A. (2007). *The hidden lives of learners*. Wellington: New Zealand Council for Educational Research.

Pianta R. C. (2001). *Student-Teacher Relationship Scale: Professional Manual*. Odessa, FL: Psychological Assessment Resources, Inc.

Pijl, S. J., Frostad, P. & Mjaavatn, P. E. (2014). Students with special educational needs in secondary education: are they intending to learn or to leave? *European Journal of Special Needs Education, 29*, 16–28.

Schwab, S. (2018). *Attitudes Towards Inclusive Schooling. A study on Students', Teachers' and Parents' attitudes*. Münster: Waxmann Verlag.

Schwab, S., Sharma, U. & Hoffmann, L. (eingereicht). *How inclusive are my teachers? – Secondary school students' perceptions of their German, Maths and English teachers.*
Sharma, U. & Jacobs, K. (2016). Predicting in-service educators' intentions to teach in inclusive classrooms in India and Australia. *Teaching and Teacher Education, 55,* 13–23.
Sharma, U. & Sokal, L. (2016). Can Teachers' Self-Reported Efficacy, Concerns, and Attitudes Toward Inclusion Scores Predict Their Actual Inclusive Classroom Practices? *Australasian Journal of Special Education, 40,* 21–38.
Spiel, C., Lüftenegger, M., Wagner, P., Schober, B. & Finsterwald, M. (2011). Förderung von Lebenslangem Lernen – eine Aufgabe der Schule. In O. Zlatkin-Troitschanskaia (Hrsg.), *Stationen Empirischer Bildungsforschung. Traditionslinien und Perspektiven* (S. 305–319). Wiesbaden: VS Verlag für Sozialwissenschaften.
UNESCO (1994). Die Salamanca Erklärung und der Aktionsrahmen zur Pädagogik für besondere Bedürfnisse. angenommen von der Weltkonferenz »Pädagogik für besondere Bedürfnisse: Zugang und Qualität« Salamanca, Spanien, 7.–10. Juni 1994. Verfügbar unter http://www.unesco.at/bildung/basisdokumente/salamanca_erklaerung.pdf [21.05.2018]
United Nations (2006). Convention on the Rights of Persons with Disabilities and Optiona Protocol. Verfügbar unter http://www.un.org/disabilities/documents/convention/convoptprot-e.pdf [14.01.2019]
Venetz, M., Zurbriggen, C. & Eckhart, M. (2014). Entwicklung und erste Validierung einer Kurzversion des »Fragebogens zur Erfassung von Dimensionen der Integration von Schülern (FDI 4–6)« von Haeberlin, Moser, Bless & Klaghofer [Development and first validation of a short version of the Questionnaire for measuring dimensions of integration of students (FDI 4-6) by Haeberlin, Moser, Bless &Klaghofer]. *Empirische Sonderpädagogik, 6,* 99–113.
Venetz, M., Zurbriggen, C. L. A., Eckhart, M., Schwab, S. & Hessels, M. G. P. (2015). *The Perceptions of Inclusion Questionnaire (PIQ).* German Version. Verfügbar unter http://www.piqinfo.ch [11.10.2018]
Walden, T. A. & Ogan, T. A. (1988). The Development of Social Referencing. *Child Development, 59,* 1230–1240.
Weber, K. E. & Freund, P. A. (2017). Entwicklung und Validierung eines Fragebogens zur Erfassung multipler Selbstkonzeptfacetten bei Förderschülern (Schwerpunkt Lernen) und Regelschülern der Sekundarstufe I. *Diagnostica, 63,* 15–28.
Zee, M., de Jong, P. F. & Koomen, H. M. Y. (2016). Teachers' self-efficacy in relation to individual students with a variety of social-emotional behaviors: A multilevel investigation. *Journal of Educational Psychology.* Advance online publication.
Zee, M., Koomen, H. M. Y., Jellesma, F. C., Geerlings, J. & de Jong, P. F. (2016). Inter- and intra-individual differences in teachers' self-efficacy: A multilevel factor exploration. *Journal of School Psychology, 55,* 39–56.

III Feedback und Fehlerkultur

7 Umgang mit Fehlern im Unterricht: zur Rolle von Feedback in einem konstruktiven Fehlerklima

Gabriele Steuer & Markus Dresel

Trotz dessen, dass Fehler zum Lernen dazugehören und sie hervorragende Lerngelegenheiten darstellen, wird häufig dennoch nicht aus ihnen gelernt. Oft werden sie als unangenehm empfunden und haben zahlreiche negative Folgen. Ein positives Fehlerklima in der Klasse kann dazu beitragen, dass Schülerinnen und Schüler aus Fehlern lernen können und negative Konsequenzen von Fehlern ausbleiben.

In diesem Kapitel wird zunächst auf Fehler im Unterricht eingegangen und der individuelle Umgang mit Fehlern von Schülerinnen und Schülern beleuchtet. Im Anschluss daran wird eine Konzeption des Fehlerklimas inklusive seiner Subdimensionen vorgestellt und in der Folge in einen theoretischen Zusammenhang mit Feedback gebracht. Darauf folgt eine Darstellung eigener Befunde, die die Bedeutsamkeit eines positiven Fehlerklimas in der Klasse unterstreichen. Schließlich werden zum Ende des Kapitels Konsequenzen für die Unterrichtspraxis dargestellt.

7.1 Fehlerklima und Feedback – eine theoretische Annäherung

7.1.1 Fehler im Unterricht

Fehler sind allgegenwärtig und kommen in allen Lebensbereichen vor, so auch in der Schule. Dort haben sie sogar einen besonderen Stellenwert. Denn dadurch, dass in der Schule ständig Neues gelernt wird und Konzepte erweitert und differenziert werden, ergeben sich schier unendlich viele Möglichkeiten Fehler zu machen. Diese Situationen liefern Anhaltspunkte darüber, wo Wissen defizitär ist und können Anlass zu passenden Lernaktivitäten geben (Hascher & Hagenauer, 2010).

Schülerinnen und Schüler können ganz unterschiedlich auf Fehler reagieren, je nachdem wie ihre Erfahrungen, ihr Vorwissensstand, ihr Selbstwert etc. ausgeprägt sind. Auf emotionaler Ebene können beispielsweise Gefühle wie Angst oder Scham auftreten. Bei der Motivation kann ein Fehler als Herausforderung angesehen werden, die angenommen wird, oder im ungünstigen Fall kann die Lust am Weiterlernen verschwinden. Auf der Verhaltensebene zeigt sich dann entweder ein Verfolgen von Lernaktivitäten oder aber die Abwendung vom Lerngegenstand. Auf jeder dieser Ebenen können die Reaktionen also adaptiv und somit hilfreich sein oder aber maladaptiv und somit den Lernprozess hemmen.

In der Theorie werden zwei unterschiedliche Arten des Umgangs mit Fehlern unterschieden: die affektiv-motivationale Adaptivität (Motivation und Emotion werden zusammengenommen) nach Fehlern und die Handlungsadaptivität von Reaktionen nach Fehlern (Dresel et al., 2013). Erstere beschreibt die positive Ausprägung von Motivation und Emotion nach Fehlern, also die Aufrechterhaltung von Lernfreude und Lernmotivation. Diese Art von Reaktionen auf Fehler und Misserfolg wurde in verschiedenen Modellen bereits vielfach untersucht. So zeigen sich positive Auswirkungen günstiger und negative Auswirkungen ungünstiger Attributionsstile, z. B. internal stabile Ursachenzuschreibungen nach Misserfolg (z. B. Brunstein, 1990), oder ein funktionalerer Umgang mit Fehlern beim Verfolgen einer Modifizierbarkeitstheorie (Überzeugung, dass Intelligenz/Fähigkeiten veränderbar sind) als bei einer Entitätstheorie (Überzeugung, dass Intelligenz/Fähigkeiten stabil und nicht veränderbar sind; für einen Überblick zur impliziten Fähigkeitstheorie siehe Dweck & Leggett, 1988). Die Handlungsadaptivität von Reaktionen nach Fehlern wurde deutlich weniger umfänglich untersucht. Sie stellt eine Komponente des Umgangs mit Fehlern dar, die am ehesten metakognitive Aspekte und solche der Volition beschreibt. Es geht folglich um Kognitionen und Verhalten, die den Lerngegenstand und die Überwindung des Fehlers sowie dessen zugrundeliegende Wissensdefizite im Fokus haben.

Fehler stehen im Unterricht nicht nur als Lerngelegenheit zur Verfügung, sondern sie werden sehr häufig mit der Evaluation des Wissensstands (z. B. Bewertung in Form von Noten) verknüpft und sind damit Indikatoren für fehlendes Wissen und als solche für Schülerinnen und Schüler als auch für Lehrkräfte negativ behaftet. Somit werden Fehler häufig nicht funktional genutzt (vgl. Weinert, 1999), sondern es ergeben sich dysfunktionale Reaktionsweisen der Schülerinnen und Schüler.

Ein Grund dafür, dass häufig kein Lernen aus Fehlern stattfindet, könnte die oftmals fehlende Trennung von Lern- und Leistungssituationen sein (vgl. Meyer et al., 2006). Dies verursacht Intransparenz und in der Folge Unsicherheit und Furcht bei den Schülerinnen und Schülern. Zu starke Emotionen führen dazu, dass Defizite im kognitiven Bereich auftreten und das Lernen beeinträchtigt wird (Oser & Spychiger, 2005). Ein anderer Grund könnte sein, dass der schulische Kontext in der Abfolge der Beurteilung eines falschen Ergebnisses eine Besonderheit darstellt. Während in anderen Bereichen häufig der Handelnde selbst derjenige ist, der den Fehler zuerst bemerkt – entweder während des Prozesses, bei Vorliegen des Ergebnisses oder auch erst einige Zeit später (vgl. Kobi, 2005) – ist es in der Schule hingegen in vielen Situationen die Lehrkraft, die die Beurteilung als falsch vornimmt. Die primäre Eigenbeurteilung wird durch das Feedback der Lehrkraft vorweggenommen. Die Lehrkraft ist also diejenige, die die Fehler beurteilt. Fehler stellen also potentielle Anlässe für Feedback dar und die Art des Feedbacks sollte sich darauf auswirken, ob und inwieweit aus Fehlern in der Schule gelernt wird. Je nachdem wie das Feedback ausfällt, sind unterschiedliche kognitive, emotionale und konative Reaktionen zu erwarten.

7.1.2 Fehlerklima – Definition und Beschreibung

Das wiederholte Auftreten und der wiederholte Umgang mit Fehlern im Zusammenspiel von Lehrkraft, dem Schüler oder der Schülerin, der bzw. die den Fehler begeht, und den Mitschülerinnen und Mitschülern erhält eine gewisse Art Routine im Rahmen der Schulklasse. Diese Interaktion zwischen verschiedenen Beteiligten innerhalb der Klasse kann als Fehlerklima bezeichnet werden.

Ein günstiges Fehlerklima kann definiert werden als »die Wahrnehmung, Bewertung und Nutzung von Fehlern als integrale Elemente im Lernprozess innerhalb der sozialen Lernumwelt der Schulklasse« (Steuer, 2014, S. 50). Zu Konzeptionen anderer Autorinnen und Autoren wie beispielsweise der »Fehlerkultur« nach Oser (z. B. Oser & Spychiger, 2005; Spychiger et al., 1998) bestehen enge Bezüge. Dadurch, dass verschiedene Akteure beteiligt sind und eine Vielzahl an Reaktionen möglich ist, wird klar, dass das Fehlerklima ein multidimensionales Konstrukt ist. Die acht Dimensionen, die von Steuer et al. (2013) postuliert wurden, werden im Folgenden einzeln beschrieben (▶ Abb. 7.1).

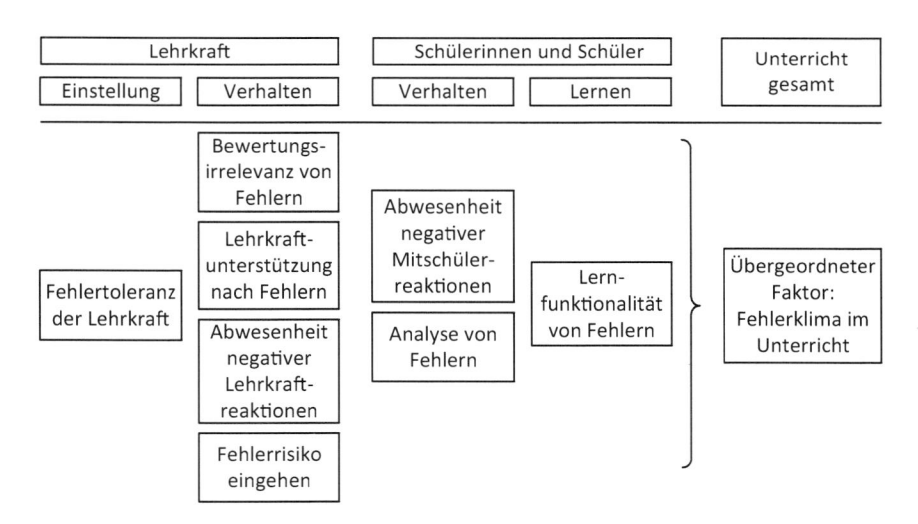

Abb. 7.1: Dimensionen des Fehlerklimas

Fehlertoleranz der Lehrkraft: Jede Lehrkraft hat eine persönliche und individuelle Einstellung gegenüber Fehlern. Wie bei jeder Einstellung gibt es auch bei derjenigen gegenüber Fehlern eine affektive, eine kognitive und eine verhaltensmäßige Komponente. Während die kognitive und die affektive Komponente von den Schülerinnen und Schülern meist nur schwer bzw. indirekt wahrnehmbar ist, macht dies weniger Schwierigkeiten sobald sich die Einstellung in konkretem Verhalten manifestiert. Die Fehlertoleranz oder Fehlerermutigungsdidaktik (vgl. Oser & Spychiger, 2005) stellt das eine Ende eines Kontinuums dar, an dessen anderen Ende eine Fehlervermeidungsdidaktik steht. Bei letzterer stellen Fehler ein unerwünschtes

Ereignis im Unterrichtsgeschehen dar, das als Bedrohung für den Lernprozess angesehen wird und daher zu vermeiden ist (vgl. Blanck, 2006). Lehrkräfte mit einer hohen Ausprägung in der Fehlervermeidungsdidaktik neigen zu Frontalunterricht, stellen in der Regel kaum offene Probleme als Aufgaben, wählen einfache Fragestellungen, wenn Schülerinnen und Schüler mündliche Beiträge geben sollen, oder rufen nur Schülerinnen und Schüler auf, bei denen sie sicher sind, dass diese die richtige Antwort kennen. Ein weiteres Phänomen, das bei einer Fehlervermeidungsdidaktik häufig auftritt, ist die sogenannte Bermuda-Dreieck-Situation. In dieser Konstellation ruft die Lehrkraft eine Schülerin oder einen Schüler auf, dieser nennt eine falsche Antwort und statt diese Antwort aufzugreifen und zu bearbeiten, wird eine andere Schülerin oder ein anderer Schüler aufgerufen, die bzw. der die richtige Antwort nun nennen kann. Ein Lernen aus Fehlern findet in solchen Situationen kaum statt (Oser & Spychiger, 2005).

Bewertungsirrelevanz von Fehlern: Unterricht besteht aus Lern- und Leistungssituationen. Beide werden gemeinhin als wichtig angesehen. Bedeutsam ist für die Schülerinnen und Schüler eine klare und deutliche Trennung der beiden Typen von Situationen (z. B. Althof, 1999; Meyer et al., 2006). Bei einer idealen Umsetzung ist den Schülerinnen und Schülern jederzeit klar, ob es sich um eine Lernsituation handelt und Fehler erlaubt sind und ohne Konsequenz für die Bewertung der Leistung bleiben oder ob es sich um eine Leistungssituation handelt, in der Fehler Indikatoren für mangelndes Wissen sind. In der Unterrichtspraxis werden beispielsweise durch »Mitarbeitsnoten« Unsicherheiten geschaffen, die dazu führen, dass Schülerinnen und Schüler versuchen, Fehler zu vermeiden und sich in der Folge aus dem Unterrichtsgeschehen zurückziehen.

Lehrkraftunterstützung nach Fehlern: Nach Fehlern im Unterricht kann eine Hinwendung zum Schüler oder zur Schülerin geschehen, der oder die den Fehler gemacht hat, und Unterstützung bei der Überwindung des Fehlers gegeben werden. Diese Hilfestellung kann sich beispielsweise auf zusätzliche Erklärungen oder Anleitungen beziehen. Aber auch nonverbale Signale, wie zum Beispiel Kopfnicken, können zur Unterstützung der Schülerinnen und Schüler nach Fehlern beitragen. Das Unterstützungsverhalten der Lehrkraft steht in Zusammenhang mit Wohlbefinden (Suldo et al., 2009) und besseren Leistungen (Zumhasch, 2010).

Abwesenheit negativer Lehrkraftreaktionen: In Studien wurde gezeigt, dass negative Verhaltensweisen – beispielsweise Lächerlich machen, Beschimpfungen, Beleidigungen von Schülerinnen und Schülern – von Lehrkräften keine seltenen Vorkommnisse sind, sondern immer wieder berichtet werden (z. B. Melzer et al., 2004). Solche Erfahrungen führen auf Schülerseite zu einem niedrigen Fähigkeitsselbstkonzept und höherer Ängstlichkeit (Petillon, 1982). Fehler stellen häufig die Anlässe für solches negatives Lehrkraftverhalten dar. Neben den individuellen negativen Konsequenzen leidet auch das Sicherheitsgefühl der gesamten Schulklasse. In der organisationspsychologischen Forschung wird dies unter dem Begriff »safety culture« untersucht. In einer Umgebung, in der es keine safety culture gibt, findet auch weniger Lernen aus Fehlern statt (Edmondson, 1999).

Analyse von Fehlern: Da Fehler häufig genau dann auftreten, wenn Wissen lückenhaft ist oder inkorrekte Konzepte vorliegen, ist es nötig den Fehler gemeinsam mit den Schülerinnen und Schülern zu analysieren. Eine reine Fehlerkorrektur reicht in der Regel nicht aus, um Fehlkonzepte zu überwinden und insbesondere da Schülerinnen und Schüler häufig Fehler nicht spontan selbst analysieren, sondern dazu von der Lehrkraft angeleitet werden müssen (vgl. Yerushalmi & Polingher, 2006).

Abwesenheit negativer Mitschülerreaktionen: Im Vergleich zu negativen Reaktionen von Lehrkräften werden negative Verhaltensweisen von Mitschülerinnen und Mitschülern noch häufiger berichtet (vgl. Baier et al., 2009). Beispiele negativer Reaktionen sind Auslachen oder Verspotten. Positiven sozialen Beziehungen zu Peers wird eine bedeutsame Rolle für den Schulerfolg zugeschrieben (z. B. Chen et al., 1997). Negatives Verhalten hingegen erschüttert die sozialen Beziehungen und wirkt sich damit negativ auf das emotionale Befinden und auch auf das Lernverhalten aus (Ladd et al., 1997).

Fehlerrisiko eingehen: Nicht nur Lehrkräfte können versuchen Fehler zu vermeiden, sondern auch Schülerinnen und Schüler. So tendieren Schülerinnen und Schüler dazu, korrekte Lösungen zu zeigen und das Risiko von Fehlern zu minimieren (vgl. Clifford, 1988). Dies führt dazu, dass Schülerinnen und Schüler sich passiv verhalten und es nur wagen Beiträge zu leisten, wenn sie sicher sind, die richtige Antwort zu kennen. Eine positive Ausprägung dieser Dimension wäre ein Klima innerhalb der Klasse, in dem das Lernen im Vordergrund steht und Schülerinnen und Schüler es wagen sich zu beteiligen, auch wenn sie sich einer Antwort nicht sicher sind – es also keine Furcht vor dem Fehlermachen gibt.

Lernfunktionalität: Die Lernfunktionalität stellt eine Einschätzung der Schülerinnen und Schüler hinsichtlich der positiven Konsequenzen von Fehlern für das Lernen dar. Damit Fehler in einer Schulklasse tatsächlich als Lerngelegenheiten wahrgenommen und verwendet werden, müssen die restlichen Dimensionen günstig ausgeprägt sein. In dieser Hinsicht können die Dimensionen auch in einer zeitlichen Abfolge gesehen werden.

Übergeordneter Faktor: Trotz dessen, dass jede Dimension einen eigenen Aspekt des Fehlerklimas beschreibt, sind die Dimensionen miteinander verwoben und bedingen sich zu einem gewissen Grad gegenseitig. Daher kann ein übergeordneter Faktor angenommen werden, anhand dessen eine globale Einschätzung des Fehlerklimas möglich wird.

Es gibt folglich Dimensionen des Fehlerklimas, die eher auf Seiten der Schülerinnen und Schüler liegen, und solche, die überwiegend im direkten Einflussbereich der Lehrkraft liegen. Aus der zusammenfassenden Darstellung der Dimensionen wird ersichtlich, was auch theoretisch angenommen werden kann: Die Mehrzahl der Fehlerklimadimensionen werden von der Lehrkraft beherrscht, die folglich auch eine entscheidende Rolle bei der Gestaltung des Fehlerklimas in der Klasse innehat. Ferner werden die restlichen Dimensionen von der Lehrkraft stark mitbedingt, beispielsweise dadurch, inwieweit die Lehrkraft negative Reaktionen nach Fehlern durch Mitschülerinnen und Mitschüler zulässt.

Dimensionen, die in direktem Zusammenhang mit Feedback stehen, sind solche, die Lehrkraftverhalten nach Fehlern näher beschreiben. Da die Bewertungsirrelevanz vor allem die Trennung von Lern- und Leistungssituationen umfasst, die bereits vorweg geschehen muss, bleiben drei Dimensionen, die in engem Zusammenhang mit Feedback stehen bzw. Feedbackverhalten der Lehrkraft darstellen:

Lehrkraftunterstützung nach Fehlern, *Abwesenheit negativer Lehrkraftreaktionen* und *Analyse von Fehlern.*

7.1.3 Feedback

Bevor der Bezug von Fehlerklima zu Feedback hergestellt wird, soll zunächst eine Definition von Feedback gegeben sowie eine theoretische Grundlage geschaffen werden.

> »Feedback wird als jede Art von Rückmeldung verstanden, die den Lernenden über die Richtigkeit seiner Antwort bzw. seiner Aufgabenlösung informiert oder die dem Lernenden inhaltliche und/oder strategische Hilfen und Informationen zu dessen Bearbeitungsprozess zur Verfügung stellt« (Wild & Möller, 2009, S. 87).

In der Feedbackforschung wird traditionell unterschieden zwischen fehlenden Rückmeldungen, einfachen Rückmeldungen (Information über Korrektheit der Lösung bzw. Information über die richtige Lösung) und elaborierten Rückmeldungen, die aus weiteren Informationen oder Erklärungen bestehen (z. B. Dempsey et al., 1993; Kulhavy & Stock, 1989). Während es bei keinem Feedback und einfachem Feedback keine bzw. kaum Effekte auf die Lernleistung gibt, zeigen sich diese bei elaborierten Rückmeldungen deutlicher (Butler et al., 2012; Wild & Möller, 2009). Allerdings wird auch deutlich, dass weitere Variablen (z. B. Aufgabenschwierigkeit, Vorwissen) eine Rolle in diesem Zusammenhang spielen. Deren Zusammenspiel ist aber noch nicht vollständig erforscht. Neben Auswirkungen auf kognitive Outcomes konnten auch Zusammenhänge zwischen Rückmeldequalität und motivationalen Outcomes gezeigt werden, z. B. positive Effekte auf Interessensentwicklung (Kunter, 2005) oder auf Selbstkonzept, Lernfreude und Einstellungen der Schülerinnen und Schüler gegenüber der Lehrperson (Elwar & Corno, 1985).

Eine weitere Art Feedback zu differenzieren ist die Unterscheidung zwischen positivem und negativem Feedback (Kluger & DeNisi, 1996), also bezüglich Aspekten, die gelungen sind, und solchen, bei denen Defizite aufgetreten sind. Wichtiges Ziel negativen Feedbacks stellt den Aufbau negativen Wissens dar. Negatives Wissen ist Wissen darüber, wie etwas nicht ist (deklaratives negatives Wissen), wie etwas nicht funktioniert (prozedurales negatives Wissen) und welche Strategien zur Lösungsfindung dysfunktional sind (strategisches negatives Wissen; vgl. Oser & Spychiger, 2005). Negatives und positives Wissen gehen Hand in Hand und stellen somit zwei Seiten einer Medaille dar (Oser & Spychiger, 2005). Feedback kann den Aufbau negativen Wissens – neben positivem Wissen – direkt ermöglichen.

Beim Feedbackmodell von Hattie und Timperley (2007) steht als Ziel immer die Verringerung einer Diskrepanz zwischen aktuellem Verständnis bzw. aktueller Leistung und einem erwünschten Ziel. Feedback muss drei Fragen beantworten, um effektiv sein zu können: Wo will ich hin (Feed up)? Wie komme ich dorthin (Feed back)? Was kommt als nächstes (Feed forward)? Jede dieser Fragen ist auf vier Ebenen bedeutsam: Aufgabenebene, Prozessebene, Selbstregulationsebene und Selbst-Ebene (ebd., 2007).

Auf der Ebene der Aufgabe geht es um Information über die Aufgabe bzw. das Ergebnis (richtig/falsch). Auf der Prozessebene werden Informationen darüber gegeben was benötigt wird oder hilfreich wäre, um die Aufgabe zu lösen. Feedback über Selbstregulation beeinflusst neben den Fähigkeiten zur Selbstregulation auch die Selbstwirksamkeitserwartung. Feedback über das Selbst bezieht sich auf den Lernenden und nicht auf die Aufgabe. Letzteres wird als die am wenigsten effektive Form des Feedbacks angesehen, gleichzeitig ist es die Form von Feedback, die wohl am häufigsten angewandt wird. Nach Hattie und Timperley (2007) sind Feedback auf der Prozessebene und auf der Selbstregulationsebene die beiden vielversprechendsten Arten von Feedback, da beide zu einer tieferen Verarbeitung führen und somit die Lösung von Aufgaben wahrscheinlicher machen. Dennoch kommt dieses elaborierte, differenziertere Feedback deutlich seltener vor als die reine Information über richtig und falsch (z. B. Mory, 2004). Gerade bei Fehlern jedoch wäre es angezeigt nicht nur die Inkorrektheit der Lösung zu benennen, sondern auch Gründe für den Fehler herauszuarbeiten sowie Hinweise zu geben, wie einer Lösung nähergekommen werden kann (Lotz & Lipowsky, 2015).

Hattie und Timperley (2007) zufolge ist es anzustreben, das Lernende – sofern sie über ausreichendes Wissen hierzu verfügen – selbständig eigene Fehler entdecken und korrigieren sollten und sich somit selbst Feedback geben können.

Zusätzlich wird dargelegt, dass die Wirkung von Feedback stark abhängig ist von einer positiven Lernatmosphäre (Hattie & Timperley, 2007). Ein positiver Umgang mit Fehlern in der Klasse (z. B. Fehlerklima) hängt folglich mit effektivem Feedback zusammen. Gleichzeitig spielt jedoch auch das Feedback nach Fehlern eine bedeutsame Rolle bei der Gestaltung des Fehlerklimas in der Klasse (Oser & Spychiger, 2005). Funktionales Feedback ist daher eine Voraussetzung und gleichzeitig eine Konsequenz eines positiven Fehlerklimas.

Die Dimensionen des Fehlerklimas, die eng mit dem Feedback verwandt sind, betreffen Feedback in seiner motivationalen und emotionalen Funktion (*Lehrkraftunterstützung nach Fehlern, Abwesenheit negativer Lehrkraftreaktionen*) sowie die elaborierte Form des Feedbacks (*Lehrkraftunterstützung nach Fehlern, Analyse von Fehlern*).

Aus der Perspektive des Fehlerklimas kann man postulieren, dass elaboriertes Feedback, das bereits wieder die Form weiterer Instruktion annehmen kann – wie auch Kulhavy (1977) dies vorschlägt – hilfreich ist. Gerade die beiden Dimensionen *Lehrkraftunterstützung nach Fehlern* und *Analyse von Fehlern* implizieren eine Hinwendung zum Fehler. Bei der *Lehrkraftunterstützung nach Fehlern* kann dies das Anbieten von Hilfestellungen sein und bei der *Analyse von Fehlern* das gemeinsame Untersuchen von exemplarischen Fehlern im Hinblick auf das zugrundeliegende Fehlkonzept. Allerdings liegen bezüglich des Elaborationsgrades bzw. der Komplexität von Feedback Befunde vor, die zum Teil widersprüchlich sind. Häufig zeigt sich, dass Feedback mit mehr Informationsgehalt bessere Effekte auf Lern- und Leistungsmaße hat (z. B. Travers et al., 1964). Allerdings gibt es auch gegenläufige Befunde, die indizieren, dass zu komplexes Feedback keine lernförderliche Wirkung hat (z. B. Shute, 2008). Shute (2008) folgert, dass bestimmte Grundvoraussetzungen gegeben sein müssen, damit Feedback seine lernförderliche Wirkung entfalten kann: Der Lernende muss das Feedback brauchen, er muss es zu einem geeigneten Zeitpunkt erhalten und muss in der Lage sein, es umzusetzen. Dies ist insbesondere für die Analyse nach Fehlern relevant. An diesem Punkt kann es leicht passieren, dass zu einem Zeitpunkt Informationen gegeben werden, zu dem der Schüler oder die Schülerin vielleicht noch versucht, selbst die Ursache für den Fehler zu finden oder noch mit der Emotionsregulation beschäftigt ist. Noonan (1984) betont, dass ein Vorgehen, das differenzierter ist und die Analyse von Fehlern einbezieht, statt nur über die Korrektheit zu informieren, wirkungsvoller ist. Gleichzeitig bietet die Unterstützung nach Fehlern und die Analyse von Fehlern einen Weg weiterzumachen, sei es die aktuelle Aufgabe oder ein ähnliches Problem in der Zukunft zu lösen. So kann die Feed forward-Komponente, wie sie von Hattie und Timperley (2007) gefordert wird, umgesetzt werden.

7.2 Empirische Befunde zu Fehlerklima und Feedback

Zentrale Aussagen des vorangegangenen Abschnitts werden im Folgenden anhand exemplarischer Beispiele eigener Studien und deren Befunde illustriert.

7.2.1 Empirische Befunde zum Zusammenhang von Fehlerklima und Feedback

Bereits Oser und Spychiger (2005) brachten die Fehlertoleranz der Lehrkraft in einen theoretischen Zusammenhang mit Unterrichtsmerkmalen wie kooperativen Unterrichtsformen, Zeitnutzung und Feedback. Eine hohe Fehlertoleranz wird in Zusammenhang gebracht mit einer Hinwendung zum Fehler bzw. zu Fehlern, Zeit für die Besprechung und Analyse des Fehlers, längeren erklärenden Antworten der Lehrkraft und ähnlichem. Die Fehlervermeidungshaltung der Lehrkraft hingegen wird in Verbindung gebracht mit sehr knappem Feedback oder gar dem Ignorieren des Fehlers (Oser & Spychiger, 2005).

In einer Studie mit 1525 Schülerinnen und Schülern aus 90 Hauptschulklassen aus der siebten bis neunten Jahrgangsstufe in den Bundesländern Bayern und Baden-Württemberg wurde unter anderem der Zusammenhang zwischen einem Feedbackaspekt und den Fehlerklimadimensionen untersucht (Steuer, 2014). Die genutzte Skala zum *öffentlichen negativen Feedback* ist ein Ausschnitt aus einer breiteren Skala zur Erfassung unterschiedlicher Aspekte von Feedback. Angelehnt ist die Skala an ein Unterrichtstagebuch aus einer Studie in der Grundschule (Kammermeyer & Martschinke, 2003). Die Teilskala besteht aus zwei Items, die wie folgt lauten: »Unser Lehrer sagt es Schülern vor der ganzen Klasse, wenn sie in Mathe schlecht sind« und »Unser Lehrer sagt Schülern vor der ganzen Klasse, dass sie in Mathe etwas nicht gut gemacht haben«. Auf korrelativer Ebene wurden die Zusammenhänge zwischen den acht verschiedenen Dimensionen des Fehlerklimas sowie dem übergeordneten Faktor mit dem öffentlichen negativen Feedback untersucht.

Auf Individualebene konnte gezeigt werden, dass beim öffentlichen negativen Feedback fast durchgehend negative Korrelationen mit meist mittleren Ausprägungen auftraten. Lediglich die Korrelation mit der Dimension *Analyse von Fehlern* war nicht signifikant. Auf Klassenebene (aggregierte Daten) zeigten sich ebenfalls fast durchgängig negative Zusammenhänge. Hier jedoch war die *Analyse von Fehlern* signifikant und stattdessen verfehlte die Dimension *Eingehen des Fehlerrisikos* die Signifikanz.

Dies unterstreicht, dass wie theoretisch angenommen das Feedback tatsächlich in Zusammenhang mit dem Fehlerklima steht. In diesem Fall wurde eine dysfunktionale Art des Feedbacks in Zusammenhang zum Fehlerklima gesetzt. Deskriptiv waren die Koeffizienten für die Subskala *Abwesenheit negativer Lehrkraftreaktionen* am höchsten. Das heißt, dass das Nicht-Vorhandensein dysfunktionaler Reaktionen der Lehrkraft nach Fehlern mit dem Ausbleiben negativen öffentlichen Feedbacks einhergeht. Tatsächlich sind sich die beiden Konstrukte nicht unähnlich, da negatives Feedback, das vor der Klasse gegeben wird, von den Schülerinnen und Schülern als eine Form der negativen Reaktion auf Fehler interpretiert werden kann. Ein Unterschied zwischen den beiden Konstrukten liegt beim Anlass der Reaktion der Lehrkraft, so bezieht sich die Reaktion der Lehrkraft bei der *Abwesenheit negativer Lehrkraftreaktionen* immer auf einen vorangegangenen Fehler. Beim *öffentlichen negativen Feedback* kann es sich auch um eine generelle Evaluation des Kenntnisstands einer Schülerin oder eines Schülers handeln.

Insgesamt zeigt sich aber, dass das Fehlerklima und das Feedback Konstrukte sind, die miteinander in nicht unerheblichem Zusammenhang stehen.

7.2.2 Empirische Befunde zum Zusammenhang von Fehlerklima und individuellem Umgang mit Fehlern

In einer weiteren Studie konnte gezeigt werden, dass das Fehlerklima den individuellen Umgang mit Fehlern prädiziert (vgl. Steuer et al., 2013). Dort wurden 1116 Schülerinnen und Schüler aus 56 Klassen der sechsten und siebten Jahrgangsstufe zum wahrgenommenen Fehlerklima in ihrer Klasse und zu ihrem individuellen Umgang mit Fehlern befragt. Der übergeordnete Faktor des Fehlerklimas sagte beide Arten des individuellen Umgangs vorher. In einem weiteren Modell, das die einzelnen Dimensionen des Fehlerklimas enthielt, zeigten sich differentielle Effekte der einzelnen Dimensionen. Die affektiv-motivationale Adaptivität von Reaktionen nach Fehlern wurde durch die Dimensionen *Fehlertoleranz der Lehrkraft, Lehrkraftunterstützung nach Fehlern, Fehlerrisiko eingehen* und *Lernfunktionalität* vorhergesagt. Die Handlungsadaptivität von Reaktionen nach Fehlern wurde von *Abwesenheit negativer Lehrkraftreaktionen, Lehrkraftunterstützung nach Fehlern* und *Analyse von Fehlern* prädiziert. Im Hinblick auf Feedback kann dies so gedeutet werden, dass für die affektiv-motivationale Adaptivität von Reaktionen nach Fehlern eine Unterstützung der Lehrkraft nötig ist, dass also reine Information über Inkorrektheit der Lösung nicht ausreichend ist, sondern Hinweise auf Prozessebene nötig sind. Bei der Handlungsadaptivität von Reaktionen nach Fehlern tritt der Aspekt der Analyse in den Vordergrund. Der Fehler und dessen zugrundeliegende

Fehlkonzeptionen sollten bearbeitet werden. Gleichzeitig scheint es dabei wichtig zu sein, dass keine Beschämungen der Schülerinnen und Schüler von Seiten der Lehrkraft auftreten, also die Fehler keine Verhaltensweisen der Lehrkraft auslösen, die von Schülerinnen und Schülern als emotional belastend erlebt werden.

7.2.3 Empirische Befunde zum Zusammenhang von Fehlerklima und Leistung

In der Literatur wird das Fehlerklima mit der Konstruktion stabilen Wissens, der Verbesserung des emotionalen Zustands und auch besserer Leistung in Zusammenhang gebracht (z. B. Oser & Spychiger, 2005; Spychiger et al., 1997). Allerdings sind empirische Bestätigungen insbesondere des Effekts des Fehlerklimas auf Leistung kaum vorhanden. Die verschiedenen Dimensionen des Fehlerklimas lassen sich auf der einen Seite eher affektiv-motivationalen (z. B. *Abwesenheit negativer Lehrkraftreaktionen*) und auf der anderen Seite eher kognitiven Aspekten (z. B. *Analyse von Fehlern*) zuordnen (Steuer & Dresel, 2015). Die Leistung sollte insbesondere mit den stärker kognitiven Aspekten zusammenhängen, die direkt darauf abzielen, Wissen aufzubauen. Erste Evidenz für Effekte des Fehlerklimas auf die Leistung können aus Ergebnissen der DESI-Studie abgeleitet werden, wobei für die Fächer Deutsch und Englisch jeweils positive Zusammenhänge mit Leistungstests gefunden wurden (DESI-Konsortium, 2008). In einer Studie mit 1525 Schülerinnen und Schülern der Sekundarstufe wurde das wahrgenommene Fehlerklima mit Ergebnissen eines Mathematik-Leistungstests in Zusammenhang gebracht (Steuer & Dresel, 2015). Es zeigte sich, dass der übergeordnete Faktor des Fehlerklimas positiv mit der Leistung korrelierte. Zusätzlich zeigten sich auf Ebene der einzelnen Dimensionen einige positive Zusammenhänge. Relativ starke Korrelationen mit der Leistung ergaben sich bei den Dimensionen *Analyse von Fehlern* und *Lernfunktionalität von Fehlern*. Trotz dessen, dass Fehler zwar alltägliche aber dennoch singuläre und zeitlich begrenzte Ereignisse darstellen, scheint der Umgang mit Fehlern in der Klasse mit der Leistung zusammenzuhängen. Offen bleibt allerdings die Frage nach der Wirkrichtung. In verschiedenen Studien zum Klassenklima wirkte sich die Leistung der Schülerinnen und Schüler auf die Wahrnehmung des Klassenklimas aus (z. B. Bessoth, 1989; Walberg, 1990). Dass Schülerinnen und Schüler das Fehlerklima positiver beurteilen, wenn sie bessere Leistungen aufweisen, wäre auch für das Fehlerklima denkbar. Vermutet werden kann entsprechend eine Wirkung in beide Richtungen.

7.3 Bedeutung für die Unterrichtspraxis

In diesem Kapitel konnte herausgestellt werden, dass Fehlerklima und Feedback große Überschneidungsbereiche aufweisen. Dem Umgang mit Fehlern im Unterricht wird häufig wenig Aufmerksamkeit geschenkt. Oft wird Unterricht gar so gestaltet, dass Fehler im laufenden Unterrichtsprozess kaum vorkommen und lediglich bei schriftlichen Arbeiten auftauchen. Das erklärt auch die Befunde, dass im Unterricht die Fehlerhäufigkeit niedrig ist. In verschiedenen Studien wurden durchschnittlich etwa fünf Fehler pro Unterrichtsstunde gezählt (z. B. Heinze, 2004; Meyer et al., 2006; Oser & Spychiger, 2005; Santagata, 2005). Wenn Fehler passieren, wird in der Regel nur wenig Zeit auf diese verwendet. In einer Studie von Schoy-Lutz (2005), in der 18 Unterrichtsstunden videografiert wurden, wurde für keinen einzigen bedeutsamen Fehler (keine Flüchtigkeitsfehler) mehr als zwei Minuten für die Fehleranalyse aufgewendet. Dabei können Fehler hervorragende Lerngelegenheiten sein, sofern sie bereits bei der Unterrichtsplanung mitgedacht wurden und/oder das Lernpotential des Fehlers von der Lehrkraft schnell und präzise eingeschätzt wird (Schoy-Lutz, 2005).

Häufig wird Zeitmangel im Unterricht angegeben, um nicht ausreichende Reaktionen auf Fehler zu begründen. Doch verglichen mit dem mittel- und langfristigen Lerngewinn ist der aktuelle Zeitaufwand durchaus zu rechtfertigen. Insbesondere, weil nicht adressierte Fehler immer wieder gemacht werden und somit immer wieder Zeit kosten – und sei es nur für ein Feedback in Form von Informationen über Korrektheit. Gleichzeitig verschlechtert sich durch benannte, aber nicht bearbeitete Fehler das Fehlerklima in der Klasse, da negative Emotionen sowohl auf Lehrkraftseite als auch auf Schülerseite entstehen (z. B. Hascher & Hagenauer, 2010). Auch die Trennung von »echten« Fehlern und Flüchtigkeitsfehlern (slips), also bearbeitungswürdigen oder nicht bearbeitungswürdigen Fehlern, spart Zeit. Als Flüchtigkeitsfehler werden solche Fehler bezeichnet, bei denen die Intention korrekt und lediglich die Ausführung fehlerhaft ist (Norman, 1981). Solche Fehler werden meist ohnehin von den Schülerinnen und Schülern selbst erkannt (sofern sie die Zeit dafür haben) und bieten somit kaum Lernpotential. Den größten Effekt hat Feedback bei Fehlern, bei denen nicht erwartet wird, dass es ein Fehler ist, sondern die Gewissheit hoch ist, dass die Antwort richtig ist. Hier können Fehlkonzepte aufgedeckt und korrigiert werden (Kulhavy & Stock, 1989). Auch hierfür ist ein positives Fehlerklima hilfreich, das aufgabenfokussiert und nicht wettbewerbsorientiert ist (Hattie & Timperley, 2007). Dieses hilft den Schülerinnen und Schülern, einen adaptiven Umgang mit eigenen Fehlern zu realisieren (Steuer et al., 2013) sowie funktionale Ursachenzuschreibungen zu finden (Mory, 2004).

Ein weiterer Faktor beim Geben von Feedback in der Klasse, der Schwierigkeiten mit sich bringt, ist, dass Feedback von den Schülerinnen und Schülern nicht angenommen werden muss. Es kann auch modifiziert oder abgelehnt werden (vgl. Kulhavy, 1977). Ein positiv wahrgenommenes Fehlerklima kann an dieser Stelle unterstützend wirken, dass Feedback durch die Lehrkraft von den Schülerinnen und Schülern akzeptiert wird.

Für die Lehrkräfte ist die Schaffung und Aufrechterhaltung eines positiven Fehlerklimas durchaus eine komplexe Herausforderung. Es braucht eine positive Grundeinstellung gegenüber Fehlern, diagnostische Fähigkeiten sowie ausgeprägte didaktische Fertigkeiten um adaptiv auf Fehler von Schülerinnen und Schülern reagieren zu können und ihnen zu helfen, den Fehler zu überwinden. Lohnend erscheint der Aufwand für Lehrkräfte auch dadurch zu sein, dass Schülerinnen und

Schüler durch die Anleitung die eigene Einstellung gegenüber Fehlern und den eigenen Umgang mit Fehlern verbessern können.

Die Hinwendung zu Fehlern im Unterricht und die Schaffung eines positiven Fehlerklimas haben vielfältige lern- und leistungsförderliche Effekte und haben es daher verdient, verstärkt in die Aufmerksamkeit von Lehrkräften zu rücken.

Literatur

Althof, W. (Hrsg.) (1999). *Fehlerwelten. Vom Fehlermachen und Lernen aus Fehlern*. Opladen: Leske + Budrich.
Baier, D., Pfeiffer, C., Simonson, J. & Rabold, S. (2009). *Jugendliche in Deutschland als Täter und Opfer von Gewalt. Erster Forschungsbericht zum gemeinsamen Forschungsprojekt des Bundesministeriums des Innern und des KFN* (Forschungsbericht 107). Hannover: Kriminologisches Forschungsinstitut Niedersachsen e.V.
Bessoth, R. (1989). *Verbesserung des Unterrichtsklimas*. Neuwied: Luchterhand.
Blanck, B. (2006). Entwicklung einer Fehleraufsuchdidaktik und Erwägungsorientierung – unter Berücksichtigung von Beispielen aus dem Grundschulunterricht. *Schweizerische Zeitschrift für Bildungswissenschaften, 28*, 63–83.
Brunstein, J. (1990). *Hilflosigkeit, Depression und Handlungskontrolle*. Göttingen: Hogrefe.
Butler, A. C., Godbole, N. & Marsh, E. J. (2012). Explanation feedback is better than correct answer feedback for promoting transfer of learning. *Journal of Educational Psychology, 105*, 290–298.
Chen, X., Rubin, K. H. & Li, D. (1997). Relation between academic achievement and social adjustment: Evidence from Chinese children. *Developmental Psychology, 33*, 518–525.
Clifford, M. M. (1988). Failure tolerance and academic risk-taking in ten- to twelve-year-old students. *British Journal of Educational Psychology, 58*, 15–27.
Dempsey, J. V., Driscoll, M. P. & Swindell, L. K. (1993). Text-based feedback. In J. V. Dempsey & G. O. Sales (Eds.), *Interactive instruction and feedback* (pp. 21–54). Englewood Cliffs, NJ: Educational Technology Publications.
DESI-Konsortium (Hrsg.). (2008). *Unterricht und Kompetenzerwerb in Deutsch und Englisch: Ergebnisse der DESI-Studie*. Weinheim, Germany: Beltz.
Dresel, M., Schober, B., Ziegler, A., Grassinger, R. & Steuer, G. (2013). Affektiv-motivational adaptive und handlungsadaptive Reaktionen auf Fehler im Lernprozess. *Zeitschrift für Pädagogische Psychologie, 27*, 255–271.
Dweck, C. S. & Leggett, E. L. (1988). A social-cognitive approach to motivation and personality. *Psychological Review, 95*, 256–273.
Edmondson, A. C. (1999). Psychological safety and learning behavior in work teams. *Administrative Science Quarterly, 44*, 350–383.
Elwar, M. C. & Corno, L. (1985). A factorial experiment in teachers' written feedback on student homework: Changing teacher behavior a little rather than a lot. *Journal of Educational Psychology, 77*, 162–173.
Hattie, J. & Timperley, H. (2007). The power of feedback. *Review of Educational Research, 77*, 81–112.
Hascher, T. & Hagenauer, G. (2010). Lernen aus Fehlern. In C. Spiel, R. Reimann, B. Schober & P. Wagner (Hrsg.), *Bildungspsychologie* (S. 377–381). Göttingen: Hogrefe.
Heinze, A. (2004). Zum Umgang mit Fehlern im Unterrichtsgespräch der Sekundarstufe I: Theoretische Grundlegung, Methode und Ergebnisse einer Videostudie. *Journal für Mathematik-Didaktik, 25*, 221–244.

Kammermeyer, G. & Martschinke, S. (2003). Schulleistung und Fähigkeitsselbstbild im Anfangsunterricht. Ergebnisse aus dem KILIA-Projekt. *Empirische Pädagogik, 17*, 486–503.

Kluger, A. N. & DeNisi, A. (1996). The effects of feedback interventions on performance: A historical review, a meta-analysis, and a preliminary feedback intervention theory. *Psychological Bulletin, 119*, 254–284.

Kluger, A. N. & DeNisi, A. (1998). Feedback interventions: Toward the understanding of a double-edged sword. *Current Directions in Psychological Science, 7*, 67–72.

Kulhavy, R. W. (1977). Feedback in written instruction. *Review of Educational Research, 47*, 211–232.

Kulhavy, R. W. & Stock, W. A. (1989). Feedback in written instruction: The place of response certitude. *Educational Psychology Review, 1*, 279–308.

Kobi, E. E. (2005). Aus Fehlern wird man klug! Versöhnliche Betrachtungen zu einem pädagogischen Ärgernis. In E. Tatzer, A. Joksch & F. Winter (Hrsg.), *Lob dem Fehler. Störung als Chance: Interdisziplinäre Heil- und Sonderpädagogik in Theorie und Praxis* (S. 29–42). Wien: Krammer.

Kunter, M. (2005). *Multiple Ziele im Mathematikunterricht*. Münster: Waxmann.

Ladd, G. W., Kochenderfer, B. J. & Coleman, C. C. (1997). Classroom peer acceptance, friendship, and victimization. Distinct relational systems that contribute uniquely to children's school adjustment? *Child Development, 68*, 1181–1197.

Lotz, M. & Lipowsky, F. (2015). Die Hattie-Studie und ihre Bedeutung für den Unterricht: Ein Blick auf ausgewählte Aspekte der Lehrer-Schüler-Interaktion. In G. Mehlhorn, F. Schulz & K. Schöppe (Hrsg.), *Begabungen entwickeln & Kreativität fördern* (S. 97–136). München: kopaed.

Melzer, W., Schubarth, W. & Ehninger, F. (2004). *Gewaltprävention und Schulentwicklung. Analysen und Handlungskonzepte*. Bad Heilbrunn: Klinkhardt.

Meyer, L., Seidel, T. & Prenzel, M. (2006). Wenn Lernsituationen zu Leistungssituationen werden: Untersuchung zur Fehlerkultur in einer Videostudie. *Revue suisse des sciences de l'éducation, 28*, 21–41.

Mory, E. H. (2004). Feedback research review. In D. Jonassen (Ed.), *Handbook of research on educational communications and technology* (pp. 745–783). Mahwah, NJ: Lawrence Erlbaum

Noonan, J. V. (1984). Feedback procedures in computer-assisted instruction: Knowledge of results, knowledge of correct response, process explanations, and second attempts after errors. Verfügbar unter: http://hdl.handle.net/2142/68894 (Zugriff am 14.01.2019).

Norman, D. A. (1981). Categorization of action slips. *Psychological Review, 88*, 1–14.

Oser, F. & Spychiger, M. (2005). *Lernen ist schmerzhaft. Zur Theorie des Negativen Wissens und zur Praxis der Fehlerkultur*. Weinheim: Beltz.

Petillon, H. (1982). *Soziale Beziehungen zwischen Lehrern, Schülern und Schülergruppen: Überlegungen und Untersuchungen zu Aspekten der sozialen Interaktion in vierten Grundschulklassen*. Weinheim: Beltz.

Suldo, S. M., Friedrich, A. A., White, T., Farmer, J., Minch, D. & Michalowski, J. (2009). Teacher support and aolescents' subjective well-being: A mixed-methods investigation. *School Psychology Review, 38*, 67–85.

Santagata, R. (2005). Practices and beliefs in mistake-handling activities: A video study of Italian and U.S. mathematics lessons. *Teaching and Teacher Education, 21*, 491–508.

Schoy-Lutz, M. (2005). *Fehlerkultur im Mathematikunterricht: Theoretische Grundlegung und evaluierte unterrichtspraktische Erprobung anhand der Unterrichtseinheit »Einführung in die Satzgruppe des Pythagoras«*. Hildesheim: Franzbecker.

Shute, V. J. (2008). Focus on formative feedback. *Review of Educational Research, 78*, 153–189.

Spychiger, M., Mahler, F., Hascher, T. & Oser, F. (1998). *Fehlerkultur aus Sicht von Schülerinnen und Schülern: Der Fragebogen S-UFS: Entwicklung und erste Ergebnisse*. (Schriftenreihe zum Projekt »Lernen Menschen aus Fehlern? Zur Entwicklung einer Fehlerkultur in der Schule« Nr. 4). Fribourg: Pädagogisches Institut der Universität Fribourg.

Spychiger, M., Oser, F., Hascher, T. & Mahler, F. (1997). *Untersuchung und Veränderung von Fehlerkultur in der Schule: Der Situationsansatz*. Fribourg, Switzerland: University.

Steuer, G. (2014). *Fehlerklima in der Klasse: Zum Umgang mit Fehlern im Mathematikunterricht.* Wiesbaden: Springer VS.

Steuer, G. & Dresel, M. (2015). A constructive error climate as an element of effective learning environments. *Psychological Test and Assessment* Modeling, 57, 262–275.

Steuer, G., Rosentritt-Brunn, G. & Dresel, M. (2013). Dealing with errors in mathematics classrooms: Structure and relevance of perceived error climate. *Contemporary Educational Psychology, 38*, 196–210.

Travers, R. M., van Wagenen, R. K., Haygood, D. H. & McCormick, M. (1964). Learning as a consequence of the learners task involvement under different conditions of feedback. *Journal of Educational Psychology, 55*, 167–173.

Walberg, H. J. (1990). A theory of educational productivity: Fundamental substance and method. In P. Vedder (Hrsg.), *Fundamental studies in educational research* (S. 19–34). Amsterdam/Lisse: Swets & Zeitlinger.

Weinert, F. E. (1999). Aus Fehlern lernen und Fehler vermeiden lernen. In W. Althof (Hrsg.), *Fehlerwelten. Vom Fehlermachen und Lernen aus Fehlern* (S. 101–110). Opladen: Leske + Budrich.

Wild, E. & Möller, J. (2009). *Pädagogische Psychologie.* Berlin: Springer.

Yerushalmi, E. & Polingher, C. (2006). Guiding students to learn from mistakes. *Physics Education, 41*, 532–538.

Zumhasch, C. (2010). *Schulleistungen, Selbstkonzepte sowie unterrichtsklimatische Einstellungen deutscher und italienischer Schüler: Quer- und Längsschnittbefunde zu einem bilingualen Schulversuch.* Bad Heilbrunn: Klinkhardt.

8 Leistungsattributionen und attributionales Feedback

Robert Grassinger

Ein Gespräch zwischen Schülerinnen und Schülern nach Rückgabe einer Klassenarbeit im Fach Englisch:

Peter: »Oh Mann, wieder eine Fünf. Ich bin einfach zu blöd für Englisch.«
Maria: »Das stimmt doch gar nicht. Ich glaube, du hast einfach zu wenig gelernt. Ich habe mich dieses Mal voll reingehängt und eine Zwei geschafft!«
Stefan: »Also ich habe auch total viel gelernt, aber trotzdem nur eine Vier. Ich finde, die Klassenarbeit war einfach viel zu schwer.«
Peter: »Ich denke, Stefan, dass du einfach Pech gehabt und das Falsche gelernt hast. Ansonsten schreibst du doch immer eine Eins oder Zwei.«

Dieses einführende fiktive Gespräch zwischen Peter, Maria und Stefan zeigt auf, dass Schülerinnen und Schüler ganz unterschiedliche Ursachen für ihre schulischen Leistungen erleben. So führen sie diese häufig a) auf Fähigkeiten und Begabungen, b) auf tätigkeitsbezogene Ursachen (z. B. Anstrengung, Lernstrategien und Lerntechniken, Konzentration, Unterstützung durch Dritte wie Lehrkräfte, Klassenkameradinnen und -kameraden, Eltern), c) auf die Schwierigkeit der Aufgabenstellung oder des Faches, d) auf affektive Gründe (z. B. Stimmung, Angst vor der Prüfung) oder e) dem Zufall im Sinne von Glück oder Pech zurück. Gänzlich sind die Ursachen, die Schülerinnen und Schüler für ihre Leistungen erleben, wohl nicht aufzuzählen. Dennoch hat sich eine Klassifikation dieser bewährt, die die Bedeutsamkeit von Leistungsattributionen für schulische Lernprozesse und damit die Funktion attributionalen Feedbacks verstehen lässt. So begünstigen manche Leistungsattributionen die Lern- und Leistungsmotivation sowie positive Lern- und Leistungsemotionen, andere hingegen wirken sich ungünstig darauf aus (▶ Kap. 8.1). Dies wirft die Frage nach Antezedenzien von Leistungsattributionen auf, welcher in Kapitel 8.2 nachgegangen wird. In Kapitel 8.3 schließlich wird der Einsatz attributionalen Feedbacks durch die Lehrkraft diskutiert, welches die Leistungsattributionen der Schülerinnen und Schüler günstig beeinflussen kann.

8.1 Leistungsattributionen und deren Klassifikation sowie Relevanz

Attributionen sind Ursachen, die Individuen zur Erklärung von Ereignissen, Handlungen und Erlebnissen (genereller: Effekten) in verschiedenen Lebensbereichen heranziehen (Försterling & Stiensmeier-Pelster, 1994). Ein Kinofan erklärt sich das besonders schöne Kinoerlebnis beispielsweise durch die gelungene Filmmusik, ein Zugfahrer das Verpassen seines Zuges dadurch, dass er heute auf dem Weg zum Bahnhof besonders häufig an roten Ampeln warten musste, oder ein Casinobesucher den Verlust beim Roulette mit seinem Pech im Spiel. In Lern- und Leistungskontexten sind Leistungsattributionen besonders relevant, also individuell erlebte Ursachen für erbrachte (schulische) Leistungen. Beispiele solcher Leistungsattributionen sind hohe Begabung, Glück, einfache Aufgabenstellung (für Erfolge), mangelndes Wissen, geringe Anstrengung oder ungünstige Umstände (für Misserfolge). Achtziger und Gollwitzer (2010) sowie Heckhausen und Gollwitzer (1987) betonen, dass Leistungsattributionen im chronologischen Handlungsablauf nach Handlungsabschluss oder -abbruch zu verorten sind. Leistende bewerten zuerst, ob ein Zielzustand umfänglich, teilweise oder gar nicht erreicht wurde – mit anderen Worten, in welchem Ausmaß Erfolg oder Misserfolg vorliegt – und schreiben anschließend diesem Erfolg oder Misserfolg Ursachen zu (Möller & Köller, 1997). Wie die Vielfalt an Leistungsattributionen geordnet werden kann und welche Relevanz Leistungsattributionen haben – insbesondere für Leistungsemotionen (z. B. Stolz, Dankbarkeit, Enttäuschung, Ärger) und die Lern- und Leistungsmotivation (z. B. Erfolgserwartung) – ist im Folgenden dargestellt.

8.1.1 Klassifikation von Leistungsattributionen

Eine vielfach zitierte und angesehene Klassifikation von Leistungsattributionen legte Weiner (1985, 1986) vor. Er argumentiert, dass die Wirkung einer Leistungsattribution davon abhängt, inwiefern diese als innerhalb oder außerhalb der Person liegend (Lokation), als zeitlich stabil oder instabil (Stabilität) und als durch die handelnde Person beeinflussbar oder nicht beeinflussbar (Kontrollierbarkeit) erlebt wird. Entlang dieser drei Attributionsdimensionen lassen sich unterschiedliche Leistungsattributionen ordnen, wie in Tabelle 8.1 dargestellt (vgl. Dresel, 2004; Försterling & Stiensmeier-Pelster, 1994; Krampen, 1989).

Tab. 8.1: Klassifikation von Leistungsattributionen entlang der drei Attributionsdimensionen Lokation, Stabilität und Kontrollierbarkeit (Weiner, 1985)

	Internal		External	
	Kontrollierbar	Unkontrollierbar	Kontrollierbar	Unkontrollierbar
Stabil	Gewöhnliche Anstrengung	Begabung	Beliebtheit bei der Lehrkraft	Aufgabenschwierigkeit
Instabil	Aktuelle Anstrengung	Stimmung	Aktuelle Unterstützung durch andere	Zufall

Der Argumentation von Dresel, Schober und Ziegler (2001, 2005) folgend ist dabei zu beachten, dass die einzelnen Attributionsdimensionen als jeweiliges Kontinuum aufzufassen sind, weniger als bipolare Merkmale. Auch ist für das Verständnis wichtig, dass dieses Ordnungssystem zwischen Personen variieren kann, je nachdem wie die Internalität, Stabilität oder Kontrollierbarkeit der einzelnen Ursache individuell erlebt wird. Beispielsweise unterscheiden sich Schülerinnen und Schüler darin, inwiefern sie ihre Begabungen als stabil (wie in Tab. 8.1 dargestellt) oder als veränderbar ansehen (Dweck, 1986). Dresel (2004) resümiert entsprechend:

> »Wesentliches Bestimmungsstück attributionaler Prozesse ist danach die individuelle, d. h. subjektive Position der einzelnen Ursachenfaktoren in dem durch die Dimensionen aufgespannten Ursachenraum. Daraus ergibt sich die genotypische Ähnlichkeit oder Unterschiedlichkeit verschiedener Ursachenfaktoren. Sie eignet sich zur Prädiktion der daraus folgenden kognitiven und emotionalen Konsequenzen besser als eine a priori zugeordnete Position« (ebd., S. 33).

8.1.2 Wirkung von Leistungsattributionen auf Lern- und Leistungsmotivation sowie Leistungsemotionen

Weiners attributionale Theorie der Leistungsmotivation (1979, 1985, 1986) ist in Abbildung 8.1 dargestellt. Diese unterscheidet zwischen ergebnisabhängigen Emotionen wie Zufriedenheit oder Frustration und ursachenabhängigen Emotionen wie Stolz, Dankbarkeit oder Hoffnungslosigkeit (in der Abbildung unter psychologischen Konsequenzen subsummiert). Erstgenannte sind vorwiegend beeinflusst von der Valenz des Ergebnisses (positive Valenz – Erfolg; negative Valenz – Misserfolg). Personen, die eine erbrachte Leistung als Erfolg bewerten, erleben mit hoher Wahrscheinlichkeit Zufriedenheit. Im Gegensatz dazu sind Personen, die ihre Leistung als Misserfolg bewerten, eher frustriert oder traurig. Ursachenabhängige Emotionen hingegen sind von den Attributionsdimensionen Lokation, Stabilität und Kontrollierbarkeit beeinflusst.

Relevanz der Dimensionen Lokation und Kontrollierbarkeit

Wie oben erwähnt bezieht sich die Lokation darauf, ob die Ursache für einen Erfolg oder Misserfolg innerhalb der eigenen Person wahrgenommen wird (z. B. hohe Anstrengung, geringe Begabung) oder außerhalb der eigenen Person (z. B. leichte Aufgabenstellung, Pech). Die attributionale Dimension der Kontrollierbarkeit beschreibt das Ausmaß, in dem die Ursache für einen Erfolg oder Misserfolg als beeinflussbar durch einen selbst oder durch Dritte wahrgenommen wird. Das Zusammenspiel der erlebten Lokation und Kontrollierbarkeit begünstigt das Erleben unterschiedlicher Leistungsemotionen (Pekrun, 2006; Weiner, 1985; ▶ Abb. 8.1 und ▶ Tab. 8.2). Lernende beispielsweise, die gute Leistungen (Erfolge) auf internal kontrollierbare Ursachen wie eine sorgsame Prüfungsvorbereitung zurückführen, erleben verstärkt Stolz. Leistungsattributionen wie einfache Aufgabenstellung der Lehrkraft (external unkontrollierbar) begünstigen das Erleben von Dankbarkeit. Darüber hinaus wirken sich im Erfolgsfall internale Leistungsattributionen positiv auf das Selbstwertgefühl aus. Im Misserfolgsfall schützen externale Leistungsattributionen das Selbstwertgefühl (Weiner, 1985).

III Feedback und Fehlerkultur

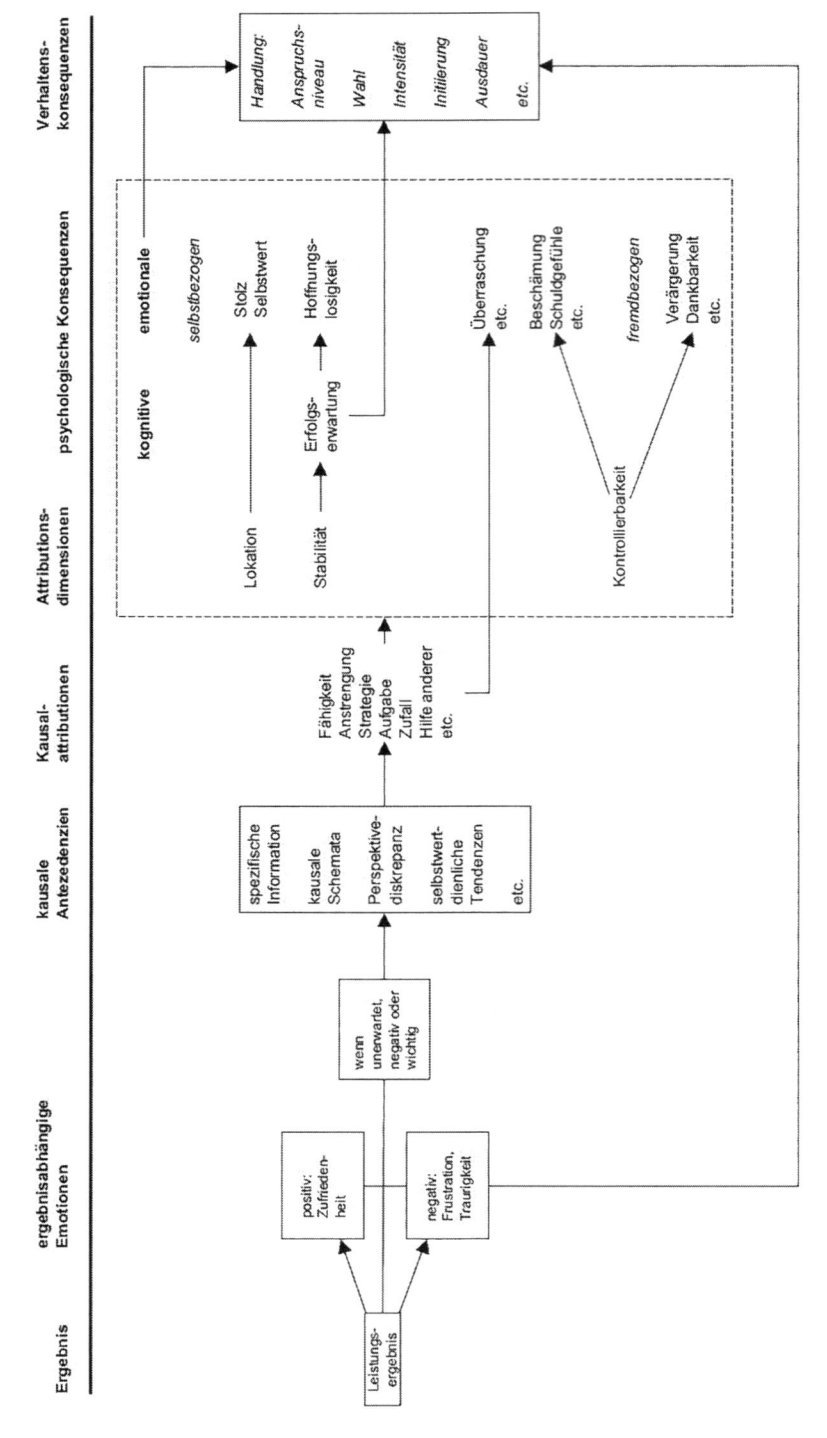

Abb. 8.1: Weiners attributionale Theorie der Leistungsmotivation (Weiner, 1985; zit. n. Dresel, 2004, S. 47; APA is not responsible for the accuracy of this translation)

Tab. 8.2: Einfluss des Erlebens des Wertes (als positiv oder negativ) und der Kontrollierbarkeit (als irrelevant, internal, external) auf Lern- und Leistungsemotionen (nach Pekrun, 2006)

Bewertung ...		Lern- und Leistungsemotion
... des Wertes als ...	... der Kontrolle als ...	
... positiv (Erfolg)	Irrelevant	Freude
	Internal	Stolz
	External	Dankbarkeit
... negativ (Misserfolg)	Irrelevant	Traurigkeit
	Internal	Scham
	External	Ärger

Relevanz der Dimension Stabilität

Das Erleben der Stabilität einzelner Leistungsattributionen beeinflusst insbesondere die Erfolgserwartung in zukünftig ähnlichen (Leistungs-)Situationen sowie das Fähigkeitsselbstkonzept von Personen. Erleben Schülerinnen und Schüler beispielsweise einen Erfolg und begründen diesen mit stabilen Ursachen wie die eigene Begabung, so steigt die Zuversicht oder bleibt weiterhin hoch, auch zukünftig diese Anforderung erfolgreich zu meistern. Bei einem Misserfolg hingegen lassen stabile Ursachen die Erfolgserwartung sinken. Entsprechend werden im Erfolgsfall stabile und im Misserfolgsfall instabile Ursachen als motivational adaptiv angesehen. Noch stärker differenziert argumentieren Dresel (2004) sowie Rosentritt-Brunn und Dresel (2011) dahingehend, dass im Erfolgsfall internal stabile Leistungsattributionen (z. B. hohe Begabung) selbstwertförderlich (im Sinne der Stärkung des Fähigkeitsselbstkonzepts) und internal instabile (z. B. sorgsame Vorbereitung) motivationsförderlich wirken. Im Misserfolgsfall hingegen erweisen sich external instabile Leistungsattributionen (z. B. Pech) als selbstwertförderlich und erneut internal instabile (z. B. mangelnde Vorbereitung) als motivationsförderlich.

> **Exkurs: Ausgewählte empirische Studie zur Wirkung von Leistungsattributionen**
>
> In einer empirischen Studie untersuchten Grassinger und Dresel (2017) unter welchen Bedingungen Schülerinnen und Schüler verstärkt aus individuellen Fehlern in einer Klassenarbeit lernen, im Sinne affektiv-motivational adaptiver (z. B. Stabilisierung der Motivation) und handlungsadaptiver (z. B. erhöhte Anstrengung, ein Fehlkonzept zu verändern) Reaktionen auf Fehler. Unter anderem nahmen sie an, dass internal kontrollierbare instabile Leistungsattributionen (z. B. ungünstige Vorbereitung auf die Klassenarbeit) ein Lernen aus

Fehlern begünstigen. Um diese Annahme zu prüfen, befragten sie 479 Neuntklässlerinnen und Neuntklässler aus 41 verschiedenen gymnasialen Klassen im Fach Mathematik zwei Wochen vor einer Klassenarbeit und bei der Herausgabe der korrigierten Klassenarbeit. Die Auswertung der Daten zeigte, dass Schülerinnen und Schüler sowohl affektiv-motivational als auch handlungsbezogen adaptiver auf Fehler in Klassenarbeiten reagieren und damit verstärkt aus ihren Fehlern lernen, wenn sie diese auf internal instabile Ursachen zurückführen.

8.2 Antezedenzien von Leistungsattributionen

Lernende attribuieren ihre Erfolge und Misserfolge unterschiedlich. Was beeinflusst, ob beispielsweise im Misserfolgsfall verstärkt mangelnde Begabung, zu wenig Anstrengung, zu schwere Aufgaben oder Pech als Ursachen wahrgenommen werden? Nach Dresel (2004) geben situative Informationen zum Konsensus, zur Konsistenz und zur Distinktheit der Leistung (Kovarianzmodell von Kelley, 1972, 1973), Attributionsverzerrungen (z. B. selbstwertdienliche Attributionsmuster), motivationale Prozesse sowie das Geschlecht Antworten auf diese Frage.

8.2.1 Situative Informationen zum Konsensus, zur Konsistenz und zur Distinktheit der Leistung

Kelley (1972, 1973) argumentiert in seinem Kovarianzmodell, dass eine Situation, in der Lernende Erfolge oder Misserfolge erleben, unterschiedliche Informationen bereithält, die diese für Attributionszwecke nutzen. Konkret sind dies Informationen darüber, wie die eigene Leistung im Vergleich zu anderen zu bewerten ist (Konsensusinformation), inwieweit die eigene Leistung in ähnlichen Situationen (z. B. Klassenarbeiten im selben Fach) zeitlich überdauernd ausfällt (Konsistenzinformation), sowie Informationen darüber, inwieweit die eigene Leistung über verschiedene Entitäten hinweg (z. B. Klassenarbeiten in anderen Fächern) unterschiedlich ausgeprägt ist (Distinktheitsinformation). So wird im Kovarianzmodell angenommen, dass Lernende bevorzugt internale Faktoren wie Fähigkeiten oder Anstrengung als Leistungsattributionen heranziehen, wenn die Leistung mit der Person in Zusammenhang steht (niedriger Konsensus – hohe Konsistenz – niedrige Distinktheit). Kovariiert in der Wahrnehmung der Person die Leistung hingegen verstärkt mit der individuellen Situation (niedriger Konsensus – niedrige Konsistenz – hohe Distinktheit) oder mit der Entität (hoher Konsensus – hohe Konsistenz – hohe Distinktheit), so wird diese verstärkt auf instabile oder externe Ursachen wie die individuelle Situation (z. B. Unkonzentriert, da nicht ausgeschlafen) respektive die Entität (z. B. Schwierigkeit des Faches) zurückgeführt. Eine Schülerin, die erlebt, dass sie als eine der wenigen in ihrer Klasse (niedriger Konsensus) zum wiederholten Male (hohe Konsistenz) im Fach Deutsch – und nicht nur dort (niedrige Distinktheit) – eine sehr gute Note erhält, wird dazu neigen, die Ursache für die gute Note bei sich zu sehen (internal). Eine Mitschülerin hingegen mag erleben, dass sie wie die meisten Klassenkameraden (hoher Konsensus) eine eher schlechte Note bekam, dies aber nur dieses Mal (niedrige Konsistenz) und auch nur bei dieser Klassenarbeit (hohe Distinktheit) der Fall war. Diese Schülerin wird dazu tendieren, diesen Misserfolg eher external instabil zu attribuieren. In vielfältigen Studien konnten diese theoretischen Annahmen empirisch bestätigt werden (Fiske & Taylor, 1991; Frieze, 1976; Van Overwalle & Heylighen, 1995).

8.2.2 Attributionsverzerrungen am Beispiel von selbstwertdienlichen Attributionsmustern

Trotz der empirischen Evidenz für das Kovarianzmodell werden Ausnahmen dieser Systematik beobachtet, die als Attributionsverzerrungen bezeichnet werden (Fiske & Taylor, 1991; Heckhausen & Heckhausen, 2010). In Lern- und Leistungssituationen sind besonders selbstwertdienliche Leistungsattributionsmuster relevant. Das Phänomen besteht darin, dass Lernende dazu tendieren, Erfolge internal und Misserfolge external zu attribuieren (Bradley, 1978; Zuckerman, 1979). Die Metaanalyse von Whitley und Frieze (1985) hierzu ergab, dass selbstwertdienliche Leistungsattributionen vor allem im Erfolgsfall zu beobachten sind (z. B. »Das kann ich einfach.«). Dresel (2004) erklärt das Phänomen damit, dass selbstwertdienliche Leistungsattributionen zum einen dem individuellen Selbstwertschutz dienen und zum anderen die Funktion haben, sich gegenüber anderen möglichst positiv darzustellen.

8.2.3 Motivationale Tendenzen und Überzeugungen

Neben der Tendenz, Erfolge und Misserfolge selbstwertdienlich zu attribuieren, scheinen Leistungsattributionen auch abhängig von der Lern- und Leistungsmotivation der Schülerinnen und Schüler. Konkret gibt es empirische Hinweise dahingehend, dass je mehr Schülerinnen und Schüler durch eine Furcht vor Misserfolg und je weniger sie durch eine Hoffnung auf Erfolg motiviert sind, Erfolge eher auf externale sowie weniger auf internale Faktoren zurückführen und Misserfolge eher internal stabil sowie weniger external attribuieren (Jopt & Ermshaus, 1977). Ähnliche Befunde berichten Meyer (1984), Nicholls (1979) oder Skaalvik (1994) für den Einfluss des Fähigkeitsselbstkonzepts auf die Leistungsattribution. So attribuieren Schülerinnen und Schüler mit einem hohen Fähigkeitsselbstkonzept im Unterschied zu Schülerinnen und Schüler mit einem niedrigen Fähigkeitsselbstkonzept Erfolge eher auf hohe Fähigkeiten und Misserfolge eher auf mangelnde Anstrengung. Überdies tendieren Lernende dazu, unerwartete Ergebnisse eher instabil zu attribuieren (Dresel, 2004).

8.2.4 Geschlecht

Weiterhin werden in der Literatur Abhängigkeiten der Leistungsattribution vom Geschlecht berichtet. So fanden Lightbody, Siann, Stocks und Walsh (1996) oder Perrez, Schröder, Schattenburg und Plancherel (1994) in ihren empirischen Arbeiten heraus, dass Jungen im Vergleich zu Mädchen schulische Erfolge eher auf hohe Fähigkeiten und weniger auf hohe Anstrengung sowie schulische Misserfolge seltener auf mangelnde Fähigkeiten zurückführen. Dieses Phänomen tritt verstärkt in mathematisch-naturwissenschaftlich-technischen Fächern auf (Beerman, Heller & Menacher, 1992; Dresel, Heller, Schober & Ziegler, 2001).

8.3 Attributionales Feedback

Attributionales Feedback ist definiert als »[...] Feedback, das motivationsförderliche Ursachenerklärungen enthält und darauf abzielt, Motivation und Leistung zu verbessern« (Rosentritt-Brunn & Dresel, 2011, S. 9). Im schulischen Kontext kommentieren Lehrkräfte aktuelle Leistungen ihrer Schülerinnen und Schüler (z. B. in Klassenarbeiten, in Gruppendiskussionen, bei Referaten, im Unterrichtsgespräch) und bieten so attributionales Feedback an. Vielfältige Studien geben Hinweise darauf, dass dadurch Leistungsattributionen von Schülerinnen und Schülern beeinflusst werden können (Dresel & Ziegler, 2006; Robertson, 2000). Die Wirkung attributionalen Feedbacks basiert zum einen darauf, was inhaltlich rückgemeldet wird, zum anderen wie Feedback dargeboten wird.

Tab. 8.3: Günstiges attributionales Feedback mit Anmerkungen zum Einsatz (Rosentritt-Brunn, G. & Dresel, M. (2011). Attributionales Feedback und Reattributionstrainings. In W. H. Honal, D. Graf & F. Knoll (Hrsg.), *Handbuch der Schulberatung* (S. 1–21). München: Olzog.)

Erfolgsattribution	Beispiele	Anmerkung zum Einsatz
Hohe Fähigkeit	»Texte zu schreiben liegt dir offensichtlich«; »Man sieht du verfügst über die notwendigen Fähigkeiten«	Diese Rückmeldungen sollten erst ab einer mittleren Aufgabenschwierigkeit eingesetzt werden, da sonst paradoxe Effekte auftreten können.
Hohe Anstrengung	»Man merkt, dass du dich ausführlich mit dem Text befasst hast«; »Die gute Leistung liegt daran, dass du konzentriert gearbeitet hast«	Diese Rückmeldung sollte nur eingesetzt werden, wenn sicher ist, dass tatsächlich Anstrengung aufgewendet wurde.

Tab. 8.3: Günstiges attributionales Feedback mit Anmerkungen zum Einsatz (Rosentritt-Brunn, G. & Dresel, M. (2011). Attributionales Feedback und Reattributionstrainings. In W. H. Honal, D. Graf & F. Knoll (Hrsg.), *Handbuch der Schulberatung* (S. 1–21). München: Olzog.) – Fortsetzung

Richtiger Strategieeinsatz	»Wie du siehst, zahlt sich die Technik aus, zuerst jeden Abschnitt in einem Satz zusammenzufassen«; »Du bist genau richtig an die Aufgabenstellung herangegangen«	Diese Rückmeldungen müssen die tatsächlich verwendete Strategie enthalten oder die richtige Herangehensweise als solche thematisieren.

Misserfolgsattribution	Beispiele	Anmerkungen zum Einsatz
Mangelnde Anstrengung	»Du hast dich nicht richtig angestrengt«; »Wenn du noch genauer arbeitest, wird's perfekt«	Diese Rückmeldungen dürfen nur eingesetzt werden, wenn tatsächlich geringe Anstrengungen vorliegen. Falls dies nicht der Fall ist, sind Erklärungen durch mangelnden oder falschen Strategieeinsatz vorzuziehen.
Mangelnder oder falscher Strategieeinsatz	»Rechne die für dich schwierigen Aufgaben erst Schritt für Schritt auf einem Blatt Schmierpapier. Dann wirst du die Aufgaben besser lösen können«; »Du hast die Vokabeln falsch gelernt. Besser ist es, wenn du immer nur ganz wenige Wörter so lange übst, bis du sie mehr als sicher beherrschst. Erst dann solltest du zu den nächsten Vokabeln weitergehen«	Diese Rückmeldungen müssen eine effektive Strategie enthalten und es muss feststehen, dass diese tatsächlich nicht verwendet wurde. Um dies sicherzustellen, hilft vor der eigentlichen Rückmeldung eine Frage der folgenden Art: »Wie viel und mit welcher Technik hast du gelernt?«

8.3.1 Günstige Inhalte attributionalen Feedbacks

Gemäß Weiners attributionaler Theorie der Leistungsmotivation (1979, 1985, 1986) sind im Erfolgsfall insbesondere internal-kontrollierbare (z. B. hohe Anstrengung) sowie internal-stabile (z. B. hohe Begabung) und im Misserfolgsfall vor allem internal-kontrollierbare (z. B. geringe Anstrengung) sowie external-instabile (z. B. Pech) Leistungsattributionen als günstig zu bezeichnen (▶ Kap. 8.1). Werden im Feedback durch die Lehrkraft solch günstige Ursachen für Erfolge oder Misserfolge direkt benannt, so werden die genannten Ursachen Schülerinnen und Schülern salienter, was wiederum begünstigt, dass diese ihre Leistungen entsprechend attribuieren. In Tabelle 8.3 sind – zitiert nach Rosentritt-Brunn und Dresel (2011, S. 11) – günstige Leistungsattributionen exemplarisch illustriert und mit Hinweisen zu deren Einsatz versehen.

Dem Kovarianzmodell von Kelley (1972, 1973) zufolge beeinflussen Informationen über den Konsens, die Konsistenz und die Distinktheit Leistungsattributionen (▶ Kap. 8.2). Da im Erfolgsfall vorwiegend internale und im Misserfolgsfall insbesondere external-instabile Leistungsattributionen als günstig angesehen werden, sind im Erfolgsfall Informationen hinsichtlich hoher Konsistenz sowie niedriger Konsensus und im Misserfolgsfall niedrige Konsistenz und hoher Konsensus als adaptiv zu bezeichnen. In Analogie dazu, Ursachen für Leistungen direkt zu benennen, muss auch attributionales Feedback mit Informationen über den Konsensus, die Konsistenz und die Distinktheit weitgehend realistisch sein. Tabelle 8.4 enthält Beispiele für Feedback, welches die Wahrnehmung hoher bzw. niedriger Konsistenz und hohem bzw. niedrigem Konsensus durch Schülerinnen und Schüler begünstigt und in Konsequenz deren Leistungsattribution positiv beeinflusst.

Tab. 8.4: Günstiges Feedback im Erfolgs- und Misserfolgsfall mit Informationen zur Konsistenz und zum Konsensus

Günstige Rückmeldung im Erfolgsfall	Beispiele
Hohe Konsistenz	»Wie die letzten Male auch hast du bis auf sehr wenige Ausnahmen alle Aufgaben fehlerfrei bearbeitet«; »Wieder einmal eine gute und überzeugende Arbeit«
Niedriger Konsensus	»Als eine der Wenigen hast du die Aufgaben sehr gut bis gut gemeistert«; »Eine sehr schöne Arbeit, die nicht allen so gut gelungen ist«
Günstige Rückmeldung im Misserfolgsfall	**Beispiele**
Niedrige Konsistenz	»Im Gegensatz zu deinen früheren Leistungen bei mir im Fach hat es dieses Mal nicht so gut geklappt«; »Das war offensichtlich ein Ausrutscher, von dir bin ich ganz anderes gewohnt«
Hoher Konsensus	»Wie auch bei deinen Mitschülerinnen und Mitschülern eine nicht so gute Leistung«; »Kaum jemand anderer hat die Aufgabe besser gelöst«

8.3.2 Günstige Darbietung attributionalen Feedbacks

Dresel (2004) sowie Dresel und Ziegler (2006) argumentieren, dass internal-stabile Erfolgsattributionen (z. B. hohe Begabung) sich aufgrund der wahrgenommenen Stabilität auch ungünstig auf die Lern- und Leistungsmotivation auswirken können. Gedanken wie »Warum soll ich mich anstrengen, ich kann es eh« illustrieren dies. Ebenso können internal-instabile Erfolgsattributionen den Selbstwert reduzieren, wenn sie sich in Gedanken wie »Weil ich mich besonders anstrengen muss, bin ich wohl nicht so begabt« manifestieren. Die empirischen Studien der zitierten Autoren geben Hinweise darauf, dass attributionales Feedback besonders dann und auch dauerhaft wirkt, wenn zu Beginn einer Lehreinheit Anstrengungsfeedback gegeben wird (z. B. »Das hast du gut verstanden, weil du gut und konsequent mitgearbeitet hast«) und erst ab etwa der Hälfte der thematischen Bearbeitung Fähigkeitsfeedback gegeben wird (z. B. »Ich sehe, das Thema liegt dir«).

Zudem ist zu reflektieren, dass die bisher getroffene stete dichotome Unterscheidung zwischen Erfolg und Misserfolg stark vereinfachend ist. In der Praxis erbringen Schülerinnen und Schüler häufig Leistungen mit sowohl erfolgreichen als auch fehlerhaften Anteilen. Welches attributionale Feedback erweist sich bei solchen ambivalenten Leistungen als günstig? Die Antwort liegt in der Kombination von Erfolgs- und Misserfolgsrückmeldungen, die Hinweise auf hohe Fähigkeiten bzw. Kompetenzen kombiniert mit Informationen zu mangelnder Anstrengung (Rosentritt-Brunn & Dresel, 2011). »Du hast den Lehrstoff überwiegend gut verstanden, wenn du dich in der Vorbereitung auf die Klassenarbeit noch mehr anstrengst, erzielst du eine noch bessere Leistung«, »Dein Aufsatz enthält viele gute Ideen und ist sehr phantasiereich. Wenn du noch stärker auf die Rechtschreibung und auf einen schönen Spannungsbogen achtest, wird er perfekt«, oder »Mir ist aufgefallen, dass du die schriftlich dargebotene Aufgabenstellung sehr gut in eine mathematische Gleichung übertragen kannst. Diese allerdings löst du dann etwas schlampig. Wenn du dich hier stärker konzentrierst, erreichst du zukünftig eine bessere Note« sind Beispiele für günstiges attributionales Feedback bei ambivalenten Leistungen.

8.3.3 Reattributionstrainings

Attributionales Feedback ist eine bewährte Möglichkeit, im schulischen Alltag die Lern- und Leistungsmotivation von Schülerinnen und Schülern zu stärken. Vereinzelt attribuieren Schülerinnen und Schüler sehr ausgeprägt maladaptiv, so dass sie ihre Handlungsmöglichkeiten stark unterschätzen und hilflos schulischen Anforderungen begegnen. Solche Fälle manifestieren sich unter anderem in Aussagen wie »Egal wie stark ich mich anstrenge, das verstehe ich einfach nicht« oder »Ob ich etwas für Französisch tue oder nicht ist egal, irgendwie bin ich zu blöd dafür«. Hier sind Reattributionstrainings indiziert, deren Wirkung auf den bisher formulierten Prinzipien basiert und sich empirisch wiederholt bewährte (Försterling & Stiensmeier-Pelster, 1994; Ziegler & Finsterwald, 2008; Ziegler & Schober, 2001).

> **Exkurs: Ausgewählte empirische Studie zur Wirkung von Reattributionstrainings**
>
> In einer empirischen Studie untersuchte Dresel (2000) inwieweit die Wirkung eines Reattributionstrainings von motivationalen Orientierungen der Schülerinnen und Schüler abhängig ist. Unterschieden wurde hierbei zwischen Aufgaben-Orientierung (eine Aufgabe wird bearbeitet, um Lernfortschritte zu erzielen), Ich-Orientierung (sachfremde, auf die Handlungsfolgen gerichtete Ziele werden verfolgt) und einer Anstrengungsvermeidungstendenz (Tendenz, schulische Anforderungen mit einer möglichst geringen eigenen Anstrengung zu

erledigen). Erwartet wurde, dass eine Aufgaben-Orientierung die Wirkung eines Reattributionstrainings begünstigt, eine Ich-Orientierung sowie eine Anstrengungsvermeidungstendenz hingegen reduziert. Um diese Hypothese zu prüfen, wurde an vier Realschulen im Physikunterricht der achten Jahrgangsstufe über vier Monate hinweg ein Reattributionstraining implementiert (N = 92 Schülerinnen und Schüler). Es bestand aus der schriftlichen und mündlichen Kommentierung von Leistungshandlungen der Schülerinnen und Schüler. Analysiert wurde die Wirkung des Reattributionstrainings bei Schülerinnen und Schülern mit ungünstigen Attributionen. Es zeigte sich, dass nur bei geringer Ich-Orientierung und geringer Anstrengungsvermeidungstendenz die angestrebten Veränderungen in der Attribution erfolgreicher Leistungen erzielt wurden. Auf die Attributionen von Misserfolgen wirkte das Reattributionstraining unabhängig der motivationalen Orientierungen.

Techniken von Reattributionstrainings

Neben der Darbietung attributionalen Feedbacks als Kommentierung von Leistungen werden in Reattributionstrainings die Modellierung und die operante Konditionierung als weitere Techniken eingesetzt.

Die Modellierung basiert auf der sozial-kognitiven Lerntheorie (Bandura, 1991), die Lernvorgänge auf Basis der Beobachtung des Verhaltens anderer Personen (Modelle) beschreibt. Bei der Modellierungstechnik verbalisieren Personen (z. B. Lehrkräfte) günstige attributionsrelevante Informationen (z. B. in Bezug auf Konsensus) oder erwünschte Attributionen in Bezug auf ihre Leistungen und dienen so als Modelle. Wenn eine Lehrerin davon erzählt, welche Schwierigkeiten sie als Schülerin bei diesen Aufgaben hatte, aber durch regelmäßige Anstrengung diese dann erfolgreich gemeistert hat, ist dies ein Beispiel einer Modellierung. Ein weiteres Beispiel ist, wenn ein Lehrer eigene Fehler beim Tafelanschrieb kommentiert mit »Ich muss mich hier wohl mehr konzentrieren«. Zu betonen ist, dass für den effektiven Einsatz der Modellierungstechnik das Modell glaubwürdig sein, Identifikationsmöglichkeiten für Schülerinnen und Schüler bieten und Leistungssituationen thematisieren sollte, die für die Schülerinnen und Schüler bedeutsam sind.

Gemäß der operanten Konditionierung zeigen Personen ein Verhalten häufiger, wenn diesem eine für sie positive Konsequenz folgt (Gazzaniga, Heatherton & Halpern, 2017). Bieten Lehrkräfte Schülerinnen und Schülern für günstige Leistungsattributionen eine positive Konsequenz dar, zum Beispiel in Form von Lob, Belohnung oder zustimmender Mimik, verstärken sie dieses Verhalten.

Phasen von Reattributionstrainings

Nach Ziegler und Dresel (2009) umfasst ein Reattributionstraining drei Phasen: eine Diagnosephase, die dem Training vorangestellt ist und in der maladaptive

Leistungsattributionen und damit assoziierte motivationale Überzeugungen und Haltungen identifiziert werden. Basierend darauf werden günstige Leistungsattributionen in der Modifikationsphase trainiert. Dem schließt sich eine Phase der Wirksamkeitskontrolle an, die auch zeitlich ausgedehnt sein kann, um neben der kurzfristigen Wirksamkeit auch anhaltende Effekte zu prüfen.

8.4 Zusammenfassung

Resümierend zeigen die theoretischen Überlegungen und empirischen Befunde, dass attributionales Feedback dazu beitragen kann, dass Schülerinnen und Schüler adaptive Ursachen für ihre schulischen Leistungen wahrnehmen und in Konsequenz verstärkt positive Lern- und Leistungsemotionen sowie eine höhere Lern- und Leistungsmotivation erleben. Dies ist eher dann der Fall, wenn gegenüber erfolgreichen Schülerinnen und Schülern durch attributionales Feedback auf glaubwürdige Art und Weise internal-kontrollierbare (z. B. hohe Anstrengung) sowie internal-stabile (z. B. hohe Begabung) Leistungsattributionen thematisiert werden sowie auf hohe Konsistenz und niedrigen Konsensus der guten Leistung hingewiesen wird. Erleben Schülerinnen und Schüler einen Misserfolg, empfiehlt sich gemäß der Literatur Feedback, dass realistisch internal-kontrollierbare (z. B. geringe Anstrengung) sowie external-instabile (z. B. Pech) Leistungsattributionen thematisiert und auf niedrige Konsistenz und auf hohen Konsensus der gezeigten Leistung hingewiesen wird. In Fällen ambivalenter schulischer Leistungen von Schülerinnen und Schülern erweist sich attributionales Feedback als günstig, das sowohl Hinweise auf Fähigkeiten bzw. Kompetenzen gibt als auch auf mangelnde Anstrengung oder zu verbesserndes Lernverhalten hinweist. Schließlich finden sich in der Literatur Empfehlungen dahingehend, zu Beginn einer Lehreinheit Schülerinnen und Schülern verstärkt Anstrengungsfeedback zu geben und ab der Hälfte der thematischen Bearbeitung bei guten Leistungen stärker Fähigkeitsfeedback darzubieten.

Literatur

Achtziger, A. & Gollwitzer, P. M. (2010). Motivation und Volition im Handlungsverlauf. In J. Heckhausen & H. Heckhausen (Hrsg.), *Motivation und Handeln* (4. Aufl.) (S. 309–335). Heidelberg: Springer.
Bandura, A. (1991). *Sozial-kognitive Lerntheorie*. Stuttgart: Klett-Cotta.
Beerman, L., Heller, K. A. & Menacher, P. (1992). *Mathe: nichts für Mädchen? Begabung und Geschlecht am Beispiel von Mathematik, Naturwissenschaft und Technik*. Bern: Huber.
Bradley, G. (1978). Self-serving biases in the attribution process: a reexamination of the fact or fiction question. *Journal of Personal and Social Psychology, 36*, 56–71.

Dresel, M. (2000). Der Einfluß der motivationalen Orientierung auf den Erfolg eines Reattributionstrainings im Unterricht. *Zeitschrift für Entwicklungspsychologie und Pädagogische Psychologie, 32,* 192–206.

Dresel, M. (2004). *Motivationsförderung im schulischen Kontext.* Göttingen: Hogrefe.

Dresel, M. & Ziegler, A. (2006). Langfristige Förderung von Fähigkeitsselbstkonzept und impliziter Fähigkeitstheorie durch computerbasiertes attributionales Feedback. *Zeitschrift für Pädagogische Psychologie, 20,* 49–63.

Dresel, M., Heller, K. A., Schober, B. & Ziegler, A. (2001). Geschlechtsunterschiede im mathematisch-naturwissenschaftlichen Bereich: Motivation- und selbstwertschädliche Einflüsse der Eltern auf Ursachenerklärungen ihrer Kinder in Leistungskontexten. In C. Finkbeiner & G. W. Schnaitmann (Hrsg.), *Lehren und Lernen im Kontext empirischer Forschung und Fachdidaktik* (S. 270–288). Donauwörth: Auer.

Dresel, M., Schober, B. & Ziegler, A. (2001). Auswirkungen subjektiver Dimensionierungen von spezifischen Attributionen. In A. Zimmer (Hrsg.), *Experimentelle Psychologie im Spannungsfeld von Grundlagenforschung und angewandter Forschung* (S. 129–136). Regensburg: UB.

Dresel, M., Schober, B. & Ziegler, A. (2005). Nothing More Than Dimensions? Evidence for the surplus meaning of specific attributions? *The Journal of Educational Research, 99,* 31–44.

Dweck, C. (1986). Motivational processes affecting learning. *American Psychologist, 41,* 1040–1048.

Fiske, S. T. & Taylor, S. E. (1991). *Social Cognition.* New York: McGraw-Hill.

Försterling, F. & Stiensmeier-Pelster, J. (1994). *Attributionstheorie. Grundlagen und Anwendungen.* Göttingen: Hogrefe.

Frieze, I. H. (1976). Causal Attributions and Information Seeking to Explain Success and Failure. *Journal of Research in Personality, 10,* 293–305.

Gazzaniga, M., Heatherton, T. & Halpern, D. (2017). *Psychologie.* Weinheim: Beltz.

Grassinger, R. & Dresel, M. (2017). Who learns from errors on a class test? Antecedents and profiles of adaptive reactions to errors in a failure situation. *Learning and Individual Differences, 53,* 61–68.

Heckhausen, H. & Gollwitzer, P. M. (1987). Thought contents and cognitive functioning in motivational versus volitional states of mind. *Motivation and Emotion, 11,* 101–120.

Heckhausen, J. & Heckhausen, H. (2010). *Motivation und Handeln.* Berlin: Springer.

Jopt, U. J. & Ermshaus, W. (1977). Wie generalisiert ist das Selbstkonzept eigener Fähigkeit? Eine motivationspsychologische Untersuchung zur Aufgabenabhängigkeit der Fähigkeitswahrnehmung. *Zeitschrift für Experimentelle und Angewandte Psychologie, 24,* 578–601.

Kelley, H. H. (1972). *Causal schemata and the attribution process.* New York: General Learning Press.

Kelley, H. H. (1973). The process of causal attribution. *American Psychologist, 28,* 107–128.

Krampen, G. (1989). *Diagnostik von Attributionen und Kontrollüberzeugungen.* Göttingen: Hogrefe.

Lightbody, P., Siann, G., Stocks, R. & Walsh, D. (1996). Motivation and attribution at secondary school: The role of gender. *Educational Studies, 22,* 13–25.

Meyer, W. U. (1984). *Das Konzept der eigenen Begabung.* Stuttgart: Huber.

Möller, J. & Köller, O. (1997). Nicht nur Attributionen: Gedanken von Schülerinnen und Schülern zu Ergebnissen in Klassenarbeiten. *Psychologie in Erziehung und Unterricht, 44,* 125–134.

Nicholls, J. G. (1979). Development of perception of own attainment and causal attributions for success and failure in reading. *Journal of Educational Psychology, 71,* 94–99.

Pekrun, R. (2006). The Control-Value Theory of Achievement Emotions: Assumptions, Corollaries, and Implications for Educational Research and Practice. *Educational Psychology Review, 18,* 315–341.

Perrez, M., Schröder, H., Schattenburg, L. & Plancherel, B. (1994). Der Einfluß des Geschlechts von Stimuluspersonen, Kultur und Bildung auf das Kausalattributionsverhalten. *Schweizerische Zeitschrift für Psychologie, 53,* 26–38.

Robertson, J. S. (2000). Is attribution training a worthwhile classroom intervention for K-12 students with learning difficulties? *Educational Psychology Review, 12,* 111–134.

Rosentritt-Brunn, G. & Dresel, M. (2011). Attributionales Feedback und Reattributionstrainings. In W. H. Honal, D. Graf & F. Knoll (Hrsg.), *Handbuch der Schulberatung* (S. 1–21). München: Olzog.

Skaalvik, E. M. (1994). Attribution of perceived achievement in school in general and in maths and verbal areas: Relations with academic self-concept and self-esteem. *British Journal of Educational Psychology, 64,* 133–143.

Van Overwalle, F. J. & Heylighen, F. P. (1995). Relating covariation information to causal dimensions through principles of contrast and invariance. *European Journal of Social Psychology, 25,* 435–455.

Weiner, B. (1979). A Theory of Motivation for Some Classroom Experiences. *Journal of Educational Psychology, 71,* 3–25.

Weiner, B. (1985). An Attributional Theory of Achievement Motivation and Emotion. *Psychological Review, 92,* 548–573.

Weiner, B. (1986). *An attributional theory of motivation and emotion.* New York, NY: Springer.

Whitley, B. E. & Frieze, I. H. (1985). Children's causal attributions for success and failure in achievement settings: A meta-analysis. *Journal of Educational Psychology, 77,* 608–616.

Wigfield, A. & Eccles, J. (2000). Expectancy-Value Theory of Achievement Motivation. *Contemporary Educational Psychology, 25,* 68–81.

Ziegler, A. & Dresel, M. (2009). Motivationstraining. In V. Brandstätter & J. H. Otto (Hrsg.), *Handbuch der Allgemeinen Psychologie* (S. 392–402). Göttingen: Hogrefe.

Ziegler, A. & Finsterwald, M. (2008). Attrubutionstraining. In W. Schneider & M. Hasselhorn (Hrsg.), *Handbuch Pädagogische Psychologie* (S. 416–427). Göttingen: Hogrefe.

Ziegler, A. & Schober, B. (2001). *Theoretische Grundlagen und praktische Anwendungen von Reattributionstrainings.* Regensburg: Roderer.

Zuckerman, M. (1979). Attribution of success and failure revisited, or: The motivational bias is alive and well in attribution theory. *Journal of Personality, 47,* 245–287.

IV Feedback in der Lehreraus- und -fortbildung

9 Zur Handlungskompetenz von Lehramtsstudierenden beim Erteilen von Feedback – Effekte der Strukturiertheit bei der Analyse eigener Videoaufnahmen

Miriam Hess & Frank Lipowsky

9.1 Einleitung

Der Arbeit mit Videos wird ein hohes Potenzial für das Lehramtsstudium zugeschrieben. Insbesondere bei der Arbeit mit eigenen Videos können Studierende ihre Lehrkompetenzen erproben, trainieren und reflektieren (z. B. Krammer, 2014). Trotz insgesamt zunehmender Forschungsaktivitäten zum Einsatz von Videos in der Lehrerinnen- und Lehrerbildung weiß man bislang wenig darüber, unter welchen Einsatzbedingungen die Arbeit mit Videofällen wirksam ist. Außerdem stehen als abhängige Variablen häufig der Wissenszuwachs, die Analysekompetenz bzw. situationsspezifische Fähigkeiten oder auch der selbsteingeschätzte Kompetenzzuwachs im Fokus – nur sehr selten wird analysiert, ob durch die Arbeit mit Videos auch tatsächlich eine Verbesserung der Handlungskompetenz erreicht werden kann (zsf. Steffensky & Kleinknecht, 2016).

Im Projekt ProFee (*Pro*fessionell *Fee*dback geben – Lernen mit Videos) wurden daher Studierende sowohl vor als auch nach Seminaren zum Thema Feedback in einer Interaktionssituation mit einem Schüler oder einer Schülerin videografiert, um die Entwicklung ihrer Handlungskompetenz untersuchen zu können. Die Studierenden wurden für das Treatment in drei Gruppen aufgeteilt: Während eine Gruppe ein Seminar zum Thema Feedback ohne Videoeinsatz besuchte, wurden in den beiden weiteren Seminaren die eigenen Videos jeweils im Tandem analysiert. Dabei unterschieden sich allerdings die Vorgaben für die Analyse: Eine Gruppe sollte die Videos systematisch kriterial auswerten. Die andere Gruppe erhielt einen deutlich offeneren Arbeitsauftrag und sollte in einer freien Diskussion Stärken und Schwächen im Feedbackverhalten identifizieren. Der folgende Beitrag geht der Frage nach, wie sich die Handlungskompetenz der untersuchten Studierenden entwickelt und ob sich dabei Unterschiede zwischen den drei Seminargruppen zeigen.

9.2 Hintergrund

Da im Projekt ProFee das Feedbackverhalten von Studierenden gegenüber Schülerinnen und Schülern durch die Arbeit mit eigenen Videos gefördert werden soll, werden zunächst Merkmale lern- und motivationsförderlichen Feedbacks skizziert. Anschließend wird auf das Lernen mit Videos im Lehramtsstudium eingegangen, wobei insbesondere der Forschungsstand zur Veränderung der Handlungskompetenz durch die Arbeit mit Videos thematisiert wird.

9.2.1 Zur Bedeutsamkeit und Qualität von Feedback

Feedback dient im Allgemeinen dazu, die Diskrepanz zwischen der momentanen Leistung und dem gewünschten Lernziel zu verringern (Hattie & Timperley, 2007). Insbesondere die Hattie-Studie (2009) unterstreicht die große Bedeutung von Feedback für das Lernen. Auch auf die Motivation, die Metakognition und die Selbstregulation kann Feedback einen bedeutsamen Einfluss ausüben (z. B. Narciss, 2004), weshalb es zu den zentralen Merkmalen der Unterrichtsqualität gezählt werden sollte (z. B. Hess, in Druck; Lipowsky, 2015; Pianta, La Paro & Hamre, 2008).

Der Forschungsstand zur Effektivität von Feedback kann hier aus Platzgründen lediglich skizziert werden. Eine empfehlenswerte, detailliertere Darstellung hierzu findet sich beispielsweise bei Hattie und Timperley (2007). An dem Feedback-Modell, das dort dargestellt wird, orientiert sich auch die vorliegende Studie in weiten Teilen. Gutes Feedback sollte den Lernenden demnach die drei Fragen nach dem Ziel (Feed Up), nach den nächsten Schritten (Feed Forward) und nach dem bisherigen und aktuellen Vorankommen (Feed Back) beantworten. Außerdem sollte es sich auf die konkreten Aufgaben, den Prozess und/oder die Selbstregulation beziehen, wohingegen die Ebene der Person möglichst nicht adressiert werden sollte (▶ Kap. 2.3.2).

Eine weitere Grundlage für die Analysen im Rahmen dieser Studie stellt eine Systematisierung von Narciss (2006) dar. Sie unterscheidet Feedback als Verstärker korrekter Antworten, Feedback als Informationsquelle zur Korrektur von Fehlern, Feedback als Motivationsquelle beim Lernen sowie Feedback als Tutor bei der Bearbeitung von Lernaufgaben und thematisiert damit die vielfältigen Funktionen, die Feedback einnehmen kann.

Mit dem für die vorliegende Studie entwickelten Analysesystem soll auch untersucht werden, inwiefern es gelingt, die Studierenden dafür zu sensibilisieren, dass gutes Feedback ein Hineinversetzen in das Denken der Schülerinnen und Schüler erfordert. Nur eine Lehrperson, die versucht, die Gedankengänge der Lernenden wirklich nachzuvollziehen und deren Lernen »sichtbar« zu machen und zu ergründen (Hattie, 2009), ist in der Lage, auch gezielte, individuelle und adaptive Rückmeldung zu erteilen, die den Lernenden innerhalb seiner Zone der proximalen Entwicklung (Wygotski, 1987) voranbringen.

Empirische Studien zeigen, dass die dargestellten Anforderungen an die Qualität von Feedback nur selten in der Unterrichtspraxis erfüllt werden (z. B. Hattie & Timperley, 2007; Kobarg & Seidel, 2007; Lotz, 2015). Insbesondere der Informationsgehalt von Feedback ist im Unterricht häufig eher gering. Dies verdeutlicht, wie bedeutsam es ist, das Thema bereits in der ersten Phase der Lehrerinnen- und Lehrerbildung gezielt einzubeziehen und Lerngelegenheiten für Studierende zu schaffen, sich mit dem eigenen Feedbackverhalten gegenüber Schülerinnen und Schülern auseinanderzusetzen.

9.2.2 Zur Veränderung der Handlungskompetenz durch die Arbeit mit Videos

Insgesamt kann bereits in vielen Studien die Wirksamkeit videobasierter Lernumgebungen für die professionelle Kompetenz, das unterrichtliche Handeln und teilweise auch für die Kompetenzentwicklung der Schülerinnen und Schüler nachgewiesen werden (zsf. z. B. Gaudin & Chaliès, 2015; Seidel & Thiel, 2017; Sherin & van Es, 2009; Steffensky & Kleinknecht, 2016).

Zur Veränderung der Handlungskompetenz existieren allerdings bislang vergleichsweise wenige Studien. Analysen von Santagata und Yeh (2013) zeigen aber, dass Studierende, die im Rahmen des Praktikums Videos von sich selbst aufgezeichnet und kommentiert hatten, ihre Schülerinnen und Schüler im Unterricht häufiger aufforderten, Aussagen zu begründen und ihre Ideen zu erläutern. Dies sind Aspekte, die sich dem »Sichtbarmachen von Lernprozessen« zuordnen lassen (Hattie, 2009). Der Fokus der Studierenden wurde durch eine gezielte Instruktion auf diese Verhaltensweisen gelenkt *(»Select clip(s) that demonstrate how you engage students in understanding mathematical concepts and in participating in mathematical discourse.«*; Santagata & Yeh, 2013, S. 13). Auch bei Sun und van Es (2015) zeigte sich, dass Studierende, die Videofälle mit Hilfe vorgegebener Analyseschemata (Hiebert et al., 2007) ausgewertet hatten, schülerzentrierter arbeiteten und mehr Gelegenheiten schufen, Schülervorstellungen erläutern zu lassen und Begründungen einzufordern. Allerdings lag der Fokus der Studierenden auch nach dem Training vor allem auf der Bestätigung korrekter Antworten und es fiel ihnen weiterhin schwer, die Vorstellungen der Lernenden wirklich aufzugreifen und weiterzuentwickeln. Dieses Ergebnis deutet darauf hin, dass sich einige Verhaltensweisen leichter (über Videos) erlernen lassen als andere. Insbesondere Verhaltensweisen, die auch spontane Reaktionen erfordern, bedürfen vermutlich noch viel zusätzlicher Übung und Erfahrung und lassen sich allein durch die Arbeit mit Videos nicht ausreichend fördern (zsf. Steffensky & Kleinknecht, 2016).

Obwohl generell positive Effekte videobasierter Lernumgebungen auf die Handlungskompetenz nachweisbar sind, sind die Ergebnisse dazu, welche Lernumgebung für welche Kompetenzfacette von Lehramtsstudierenden förderlich ist, noch wenig eindeutig (zsf. Steffensky & Kleinknecht, 2016). Generell muss aber davon ausgegangen werden, dass Videos an sich lediglich Medien darstellen, die nur durch eine geeignete Lernumgebung ihre volle Wirksamkeit entfalten können (Brophy, 2004). Eine Grundfrage, die sich beim Einsatz von Videos stellt, ist, wie viele Vorgaben und Strukturierungshilfen die Lernenden benötigen, um am meisten aus und mit den Videos lernen zu können. Krammer und Kollegen (2008) sprechen sich hierbei für eine klare »Fokussierung auf relevante thematische Gesichtspunkte und auf die Lernenden« (S. 192) aus:

> »Damit die Auseinandersetzung mit dem Unterricht nicht auf der Beschreibung der Oberflächenstruktur resp. der Inszenierungs- und Interaktionsformen verbleibt, sondern sich auch auf die Zieldimension des Unterrichts bezieht, braucht es Arbeitsimpulse, welche die Reflexion über das Denken und Lernen der Schülerinnen und Schüler im beobachteten Unterricht anregen« (Krammer et al., 2008, S. 192/193).

Hiebert et al. (2007) empfehlen beispielsweise ein Vorgehen anhand der Leitfragen »*Was sollen die Schülerinnen und Schüler lernen?*«, »*Was haben die Schülerinnen und Schüler gelernt?*«, »*Inwiefern hat der Unterricht das Lernen der Schüler (nicht) unterstützt?*« und »*Wie könnte der Unterricht die Schüler effektiver beim Lernen unterstützen?*«.

Steffensky und Kleinknecht (2016) fassen den Forschungsstand zu verschiedenen Lehr-Lernkonzepten zur Arbeit mit Videos zusammen und gehen dabei insbesondere auf problembasiertes Lernen im Vergleich zu anderen Ansätzen ein. Beim problembasierten Lernen (z. B. Borko et al., 2011) werden Videobeispiele als Anlass zur Analyse und Diskussion genutzt. Bei dieser insgesamt eher wenig gelenkten Methode wird empfohlen, dennoch möglichst strukturiert vorzugehen und die Lernenden als Moderator/in gezielt zu unterstützen (Krammer, 2014; zsf. Steffensky & Kleinknecht, 2016).

Seidel, Blomberg und Renkl (2013) unterscheiden ein instruktional-deduktives (rule-example) von einem problembasiert-induktiven (example-rule) Lernen. Während bei ersterem Vorgehen zunächst die Theorie behandelt und die Videoanalyse exemplarisch vorgenommen wird, woraufhin die Studierenden diese selbst anwenden, werden im Rahmen des example-rule-Ansatzes die Konzepte anhand von Videoanalysen selbst erarbeitet. In einer vergleichenden Untersuchung, in der alle weiteren Aspekte möglichst konstant gehalten wurden, war das strukturiertere Vorgehen nach dem rule-example-Ansatz überlegen, was die Lernzuwächse der Studierenden im Wissen und der Analysekompetenz betrifft. Die Planung einer Unterrichtsstunde gelang allerdings der example-rule-Gruppe besser (Seidel et al., 2013). Diese Ergebnisse verdeutlichen, dass sich die Effekte von Lernumgebungen auch je nach interessierender abhängiger Variable unterscheiden können. Die Handlungskompetenz im engeren Sinn wurde hier allerdings nicht untersucht.

Ergebnisse weiterer Studien zu problembasiertem vs. direkt-instruktionalem Vorgehen (z. B. Syring et al., 2016) deuten darauf hin, dass bei der Arbeit mit Videos, die per se oft eine hohe Komplexität aufweisen, strukturierte Instruktionen und Komplexitätsreduktionen zur Verbesserung der Analysefähigkeit geeigneter sind als offenere, komplexere Settings (zsf. Blomberg et al., 2013; Steffensky & Kleinknecht, 2016). Dies spricht dafür, dass die Vorgabe eines Analyseschwerpunktes im Sinne der Cognitive-Load-Theorie eine Überforderung verhindern kann (Blomberg et al., 2013; Schworm & Renkl, 2007).

9.3 Fragestellungen

Bisher gibt es nur wenige (quasi-)experimentelle Studien, die als abhängige Variable für den Erfolg von Lehrkonzepten zum Lernen mit Videos in der Lehrerinnen- und Lehrerbildung auch die Entwicklung der Handlungskompetenz von (angehenden) Lehrpersonen videobasiert erfassen. Auch das Thema Feedback steht in bisherigen Studien nicht explizit im Fokus.

Im Folgenden steht daher die Frage im Vordergrund, wie sich die Handlungskompetenz von Lehramtsstudierenden im Bereich Feedback durch den Besuch von Seminaren zum Thema Feedback entwickelt. Dabei wird untersucht, ob eine sehr stark vorstrukturierte, kriteriale Analyse eigener Videos lernförderlicher ist als eine offene, reflektierende Auseinandersetzung mit den eigenen Videos. Außerdem können durch den Einbezug einer Kontrollgruppe Aussagen zum Effekt des Lernens mit Videos im Vergleich zum Lernen ohne Videos getroffen werden.

Da die drei untersuchten Seminare in ihrer Struktur und auch in den Inhalten bewusst vergleichbar gestaltet wurden, besteht die einzige Variation im konkreten Arbeitsauftrag für die Analyse der eigenen Videos, während alle anderen Bedingungen im Sinne eines experimentellen Designs möglichst konstant gehalten wurden. Einerseits ist denkbar, dass gerade Studierende, die noch über vergleichsweise wenig Vorwissen und Erfahrung verfügen, von vorgegebenen Kriterien profitieren, an denen sie sich bei der Analyse der Videos orientieren können (Krammer et al., 2008). Sie werden durch die Kriterien dazu angehalten, sich auf die bedeutsamen Tiefenstrukturen ihrer Interaktion mit den Lernenden zu fokussieren (Fischler, 2007). Andererseits könnte ein stark strukturierter Zugang dazu verleiten, lediglich die Kategorien »abzuarbeiten« und dabei die Komplexität der Situation und deren sinnhafte Beurteilung aus den Augen zu verlieren.

9.4 Datengrundlage: das Projekt ProFee und die drei Lernumgebungen

Zur Analyse der Fragestellungen werden Daten aus dem Projekt ProFee[1] (Professionell Feedback geben – Lernen mit Videos) verwendet, einer Studie mit quasi-experimentellem Prä-Post-Kontrollgruppendesign, in deren Rahmen die Wirksamkeit dreier unterschiedlicher Lernumgebungen auf die professionellen Kompetenzen von Lehramtsstudierenden im Bereich Feedback untersucht wird (Hess, Werker & Lipowsky, 2018). Dabei wird das Lernen mit eigenen Videos mit dem Lernen ohne Videos verglichen und es wird untersucht, welches Ausmaß an Strukturiertheit bei der Arbeit mit den Videos am lernförderlichsten ist. Im Fokus der Begleitforschung zu den Seminaren steht die Untersuchung des konzeptuellen Wissens der Studierenden, ihrer professionellen Wahrnehmung von Feedback-Situationen sowie ihrer Handlungskompetenz beim Erteilen von Feedback. Abbildung 9.1 stellt das Projektdesign im Überblick dar (die weißen Pfeile verdeutlichen zeitliche Abfolgen, die grauen Pfeile stellen dar, worauf sich die Erhebungen beziehen).

In einer Vorbesprechung (MZP 1) erhielten die Studierenden zunächst Informationen zum Seminar und die Aufgabe, ein Video von sich und einem einzelnen

---

[1] Das Projekt ProFee wird von Miriam Hess geleitet und wurde von Juli 2015 bis November 2016 von der Zentralen Lehrförderung der Universität Kassel gefördert.

IV Feedback in der Lehreraus- und -fortbildung

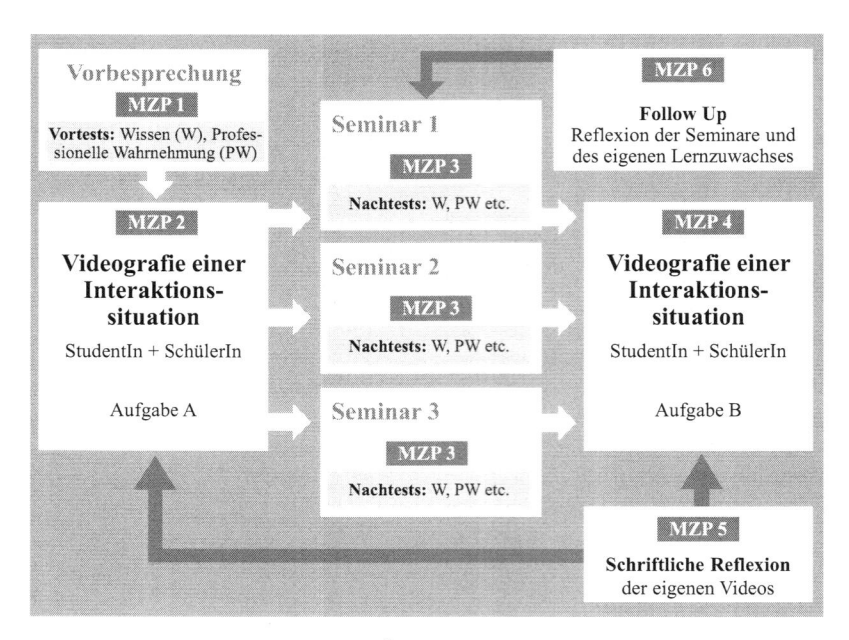

Abb. 9.1: Design des Projekts ProFee im Überblick (Hess et al., 2018, S. 251)

Schüler oder einer einzelnen Schülerin bei der Bearbeitung einer Mathematikaufgabe aufzeichnen zu lassen (MZP 2). Anschließend fanden die Seminare statt, wobei die Studierenden nicht wussten, dass es sich dabei um drei unterschiedliche Seminarkonzepte handelte. Das Wissen und die professionelle Wahrnehmung wurden zum ersten und dritten Messzeitpunkt erhoben. Nach den Seminaren wurden die Studierenden wieder in einer tutoriellen Lehr-Lern-Situation mit demselben Schüler/derselben Schülerin zu einer anderen mathematischen Aufgabe videografiert (MZP 4). Im Anschluss an die Seminare reflektierten die Studierenden noch einmal ihre beiden Videoaufnahmen (MZP 5), ihren Lernzuwachs und die Seminare (MZP 6). Für den vorliegenden Beitrag sind vorwiegend die Videoaufnahmen zum zweiten und vierten Messzeitpunkt sowie die drei unterschiedlichen Seminarkonzepte relevant.

Abbildung 9.2 skizziert die Gemeinsamkeiten und Unterschiede der drei Seminarkonzepte. Der erste der drei Seminartage wurde in allen Seminaren gleich gestaltet. Alle Studierenden erhielten hier eine Einführung in die theoretischen Grundlagen zum Verständnis, zur Bedeutsamkeit sowie zu zentralen Merkmalen lern- und motivationsförderlichen Feedbacks.

Am zweiten Tag unterschied sich dann das Treatment in den drei Gruppen. In Kurs 1 wurde das theoretische Wissen über Text- und Gruppenarbeiten sowie Rollenspiele und Reflexionen zu den Merkmalen guten Feedbacks vertieft – es wurden keine Videos eingesetzt. In Kurs 2 und Kurs 3 setzten sich die Studierenden mit ihren eigenen Videoaufnahmen auseinander, indem jeweils zwei Studierende im Tandem ihre beiden Videos des zweiten Messzeitpunkts (▶ Abb. 9.1) betrachteten und analysierten. Dazu hatten sie den gesamten zweiten Seminartag Zeit.

Was sich zwischen Kurs 2 und Kurs 3 unterschied, war die konkrete Instruktion zur Analyse der Videos. In Kurs 2 sollten die Studierenden jedes einzelne Feedback in ihren Videos identifizieren und mithilfe vorgegebener Items in einer vorbereiteten Excel-Tabelle kategorisieren. So sollte beispielsweise für jedes Feedback bestimmt werden, ob es eine der drei Fragen nach Hattie und Timperley beantwortet und auf welcher der vier Ebenen es eingeordnet werden kann. Dieses Vorgehen entspricht einer niedrig inferenten Kodierung – einer klassischen Methode der systematischen, quantitativen Videoanalyse (z. B. Hess & Denn, 2018; Lotz, Berner & Gabriel, 2013). In Kurs 3 erhielten die Studierenden hingegen einen weniger vorstrukturierten Arbeitsauftrag. Sie sollten ihre Videos anhand einiger Leitfragen zu zweit intensiv reflektieren. Der Fokus sollte auf der Identifikation von Stärken und Schwächen im Feedbackverhalten liegen (»*An welchen Stellen habe ich lernförderliches Feedback gegeben?*«, »*An welchen Stellen habe ich motivierendes Feedback gegeben?*«, »*Was würde ich im Nachhinein anders machen?*«).

Tag 1		
Einführung: theoretische Grundlagen zum Verständnis, zur Bedeutsamkeit sowie zu Merkmalen lern- und motivationsförderlichen Feedbacks		
Tag 2		
Kurs 1	Kurs 2	Kurs 3
• Seminar ohne Einsatz von Videos • Vertiefung theoretischen Wissens zum Thema Feedback	• Analyse der eigenen Videos im Tandem • strukturiert-systematische Beobachtung anhand einer niedrig inferenten Kodierung	• Analyse der eigenen Videos im Tandem • offen-reflektierende Beobachtung anhand von Leitfragen
Tag 3		
Zielsetzungen für die zweite Videoaufnahme Nacherhebungen		

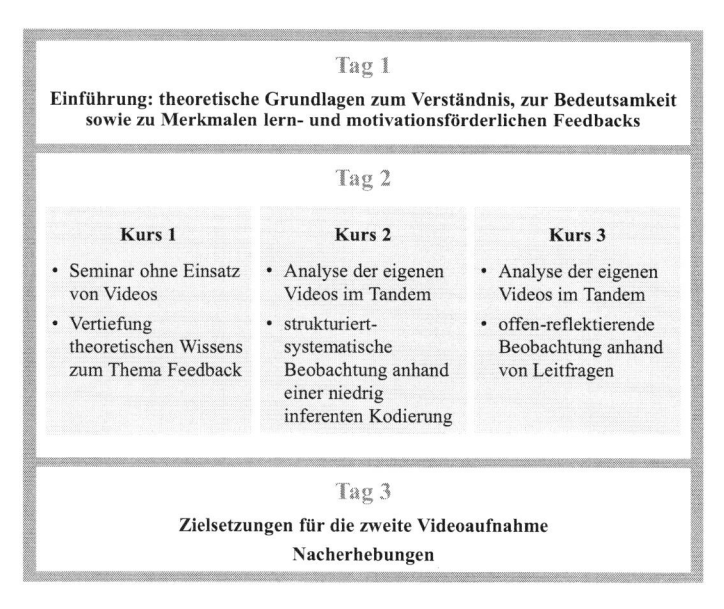

Abb. 9.2: Die drei Seminarkonzepte des ProFee-Projekts

Der dritte Seminartag verlief in allen drei Kursen wieder weitgehend gleich. Die Studierenden sollten hier noch einmal das an den beiden Vortagen Gelernte reflektieren und sich auf dieser Basis Ziele für ihre zweite Videoaufnahme setzen. Außerdem wurden einige Nachtests zu weiteren (hier nicht im Fokus stehenden) Aspekten der professionellen Kompetenzen im Bereich Feedback durchgeführt (Hess, Werker & Lipowsky, 2017; 2018).

9.5 Methodisches Vorgehen

9.5.1 Zur Erfassung der Handlungskompetenz der Studierenden

Die Studierenden wurden sowohl vor (MZP 2) als auch nach dem Seminar (MZP 4) in einer 1:1-Situation mit einem Schüler oder einer Schülerin der dritten bis achten Jahrgangsstufe unter standardisierten Bedingungen videografiert. Sie sollten dazu jeweils eine mathematische Aufgabe vorbereiten, an der sie mit dem Schüler ca. 30 Minuten arbeiten sollten. Dabei sollten sie versuchen, die Lernenden durch möglichst gutes Feedback zu unterstützen. Die beiden mathematischen Aufgaben wurden so gewählt, dass sie sich mit Schülerinnen und Schülern unterschiedlicher Jahrgangsstufen bearbeiten lassen, da sie zwar lediglich die Kenntnis der Grundrechenarten erfordern, sich aber auf unterschiedlichen Niveaus bearbeiten lassen. Zu MZP 2 wurden Aufgaben zur Subtraktion zweistelliger Zahlen von ihrer Spiegelzahl thematisiert (Lipowsky & Lotz 2015; http://www.mathematik.tu-dortmund.de/ieem/cms/de/lehre.html), zu MZP 4 Aufgaben zu Zahlenhäusern (»Zahlen ziehen um«; Müller & Wittmann, 1994). Bei beiden Aufgabenformaten sollten zunächst Aufgaben gerechnet werden, anschließend galt es, Muster in den Ergebnissen zu entdecken und diese Muster zu erklären oder zu beweisen. Zu beiden Aufgaben erhielten die Studierenden sowohl eine Erläuterung im Seminar als auch ein ausführliches Skript zur fachlichen und fachdidaktischen Vorbereitung der Interaktionssituation mit den Lernenden.

Das System, das speziell zur Auswertung der Studierendenvideos entwickelt wurde (▶ Abb. 9.3), besteht aus insgesamt 21 sechsstufigen Items, wobei »1« jeweils die geringste Ausprägung, »6« die höchste Ausprägung beschreibt, sodass hohe Werte für ein aus theoretischer Sicht qualitativ hochwertiges Feedback stehen. Jedes Item wird durch eine Leitfrage, eine Grundidee, die Beschreibung von Positiv- und Negativindikatoren, Beispiele und Ankerformulierungen zur Vergabe der Ratingstufen charakterisiert. Das System besteht aus 18 Einzelitems, die sowohl die Qualität von Feedback mit Blick auf das Verhalten der/des Studierenden als auch dessen beobachtbare Wirkung auf die Schüler/-innen fokussieren. Abschließend werden noch drei globale Einschätzungen zur Feedbackqualität vorgenommen. Die Items wurden deduktiv aus der Theorie und dem Forschungsstand zu lern- und motivationsförderlichem Feedback abgeleitet und durch die Analyse einiger Videos aus einer Pilotierungsstudie induktiv ergänzt. Das vollständige Beobachtungssystem findet sich bei Hess (in Druck).

Die Videos der Studierenden wurden nach einer Schulung von drei trainierten Beobachterinnen unabhängig voneinander mit Hilfe eines hoch inferenten Ratingsystems ausgewertet. Den Beobachterinnen war nicht bekannt, an welchem der drei Kurse der/die jeweilige Studierende teilgenommen hatte. Zur Prüfung der Interraterreliabilität wurden der Generalisierbarkeitskoeffizient sowie die Varianzkomponenten berechnet (für Informationen hierzu vgl. Lotz et al., 2013). Der relative Generalisierbarkeitskoeffizient liegt im Mittel über alle Items hinweg bei $g_{relativ} = .87$ und übertrifft damit bei allen Items den vorab festgelegten Mindestwert von $g_{relativ} \geq .70$.

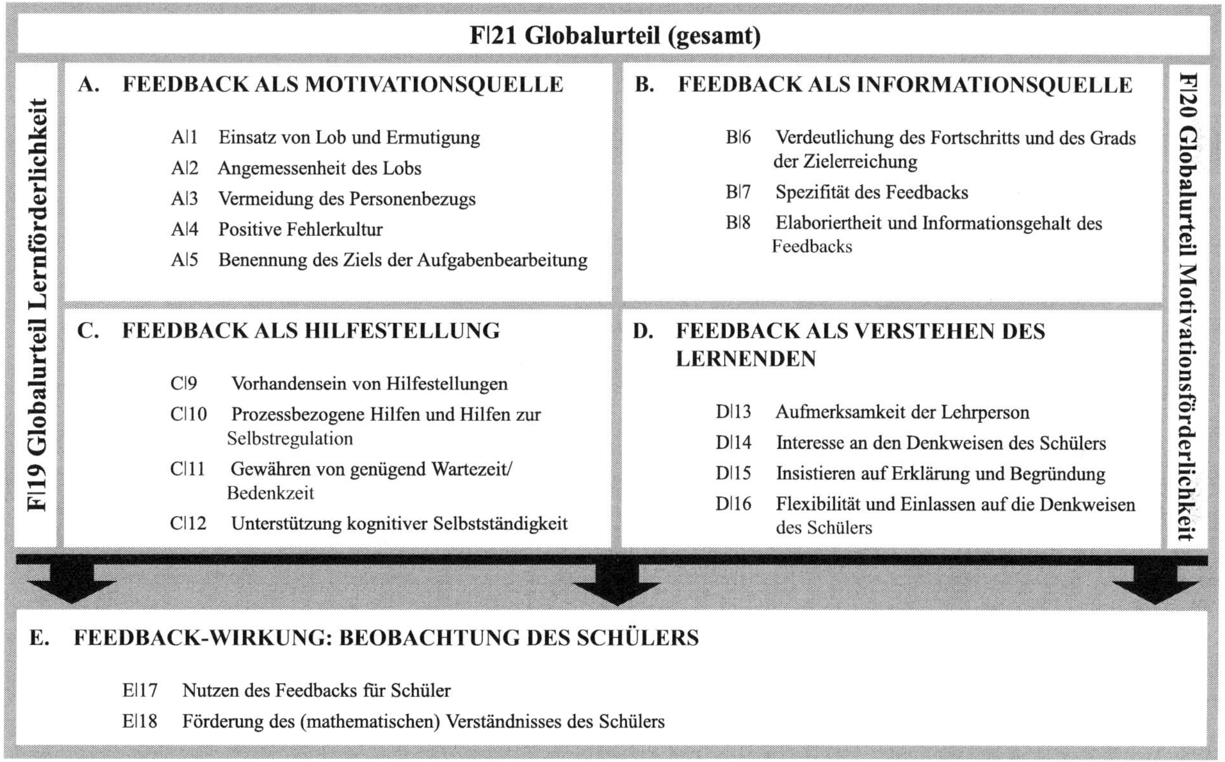

F|21 Globalurteil (gesamt)

F|20 Globalurteil Motivationsförderlichkeit

A. FEEDBACK ALS MOTIVATIONSQUELLE

- A|1 Einsatz von Lob und Ermutigung
- A|2 Angemessenheit des Lobs
- A|3 Vermeidung des Personenbezugs
- A|4 Positive Fehlerkultur
- A|5 Benennung des Ziels der Aufgabenbearbeitung

B. FEEDBACK ALS INFORMATIONSQUELLE

- B|6 Verdeutlichung des Fortschritts und des Grads der Zielerreichung
- B|7 Spezifität des Feedbacks
- B|8 Elaboriertheit und Informationsgehalt des Feedbacks

C. FEEDBACK ALS HILFESTELLUNG

- C|9 Vorhandensein von Hilfestellungen
- C|10 Prozessbezogene Hilfen und Hilfen zur Selbstregulation
- C|11 Gewähren von genügend Wartezeit/ Bedenkzeit
- C|12 Unterstützung kognitiver Selbstständigkeit

D. FEEDBACK ALS VERSTEHEN DES LERNENDEN

- D|13 Aufmerksamkeit der Lehrperson
- D|14 Interesse an den Denkweisen des Schülers
- D|15 Insistieren auf Erklärung und Begründung
- D|16 Flexibilität und Einlassen auf die Denkweisen des Schülers

E. FEEDBACK-WIRKUNG: BEOBACHTUNG DES SCHÜLERS

- E|17 Nutzen des Feedbacks für Schüler
- E|18 Förderung des (mathematischen) Verständnisses des Schülers

F|19 Globalurteil Lernförderlichkeit

Abb. 9.3: Überblick über das Beobachtungssystem zur Einschätzung der Handlungskompetenz im Bereich Feedback (Hess, in Druck)

Der größte Anteil der Varianz in den Einschätzungen geht auf Unterschiede in den Videos selbst zurück (durchschnittlich 69 %). Damit kann von einer zufriedenstellenden Reliabilität der Beobachtungsdaten ausgegangen werden. Für alle weiteren Analysen werden die Mittelwerte der drei Beobachterinnen verwendet.

9.5.2 Zur Stichprobe

Die Seminare konnten von Lehramtsstudierenden der Universität Kassel im Rahmen eines Wahlpflichtmoduls im Hauptstudium des lehramtsübergreifenden erziehungswissenschaftlichen Kernstudiums besucht werden. An den drei Seminaren nahmen insgesamt 54 Lehramtsstudierende (87 % weiblich) des Lehramts an Grundschulen (20 %), Haupt- und Realschulen (35 %), Gymnasien (37 %) sowie beruflichen Schulen (8 %) teil, wobei 43 % der Studierenden u. a. Mathematik als Fach belegten. Durchschnittlich befanden sie sich zum Zeitpunkt des Seminars im sechsten Semester und waren 24 Jahre alt. Ein gesamtes Seminar zum Thema Feedback hatte vorab noch niemand besucht. Lediglich 17 % wurden vorab schon einmal beim Unterrichten gefilmt. 63 % der Studierenden arbeiteten zum Zeitpunkt des Seminars oder vorher mit Kindern oder Jugendlichen zusammen – meist in Form von Nachhilfeunterricht.

Eine möglichst parallele Verteilung der Studierenden auf die drei Kurse wurde angestrebt, konnte aber aufgrund terminlicher Einschränkungen der Studierenden sowie kurzfristiger Abmeldungen nur bedingt erreicht werden. Dadurch unterscheiden sich auch die Kursgrößen (Kurs 1: 17 Studierende; Kurs 2: 24 Studierende; Kurs 3: 13 Studierende) sowie teilweise die Zusammensetzung der Studierenden in den einzelnen Kursen. Daher wurde für alle dargestellten Personenvariablen (Art des Lehramtsstudiums, Semester, Vorerfahrungen) geprüft, ob sie systematisch mit den Leistungen im Vortest zusammenhängen. Hier zeigte sich lediglich ein signifikanter Zusammenhang: Studierende mit dem Fach Mathematik schnitten im Vortest zur Handlungskompetenz signifikant besser ab. Allerdings unterscheidet sich der Lernzuwachs nicht zwischen Studierenden mit und ohne Mathematik als Fach. Alle weiteren Variablen stehen in keinem Zusammenhang zur Vortestleistung.

9.5.3 Zu den Analysemethoden

Für die Beantwortung der Fragestellungen werden die Ergebnisse von Varianzanalysen mit Messwiederholung berichtet. Da die Anwendung dieses Verfahrens aufgrund der insgesamt kleinen Stichprobe kritisch betrachtet werden kann, wurden alle Ergebnisse zusätzlich non-parametrisch überprüft. Da die Ergebnisse beider Analysemethoden vergleichbar sind, können sie als robust eingeschätzt werden. Als abhängige Variablen werden sowohl die 21 Einzelitems des hoch inferenten Beobachtungssystems (▶ Abb. 9.3) verwendet als auch ein Summenscore, der aus den 18 Items zur Qualität des Feedbacks (ohne die drei Globalbeurteilungen) gebildet wurde. Die Summenscores erreichen zwar zufriedenstellende Reliabilitäten ($\alpha_{Prätest} = .71$; $\alpha_{Posttest} = .84$) und sind normalverteilt, zielen aber nicht darauf ab, eine homogene Skala darzustellen, sondern werden lediglich genutzt, um neben den

Einzelitems einen Gesamtwert für die Qualität des Feedbacks abbilden zu können. Dabei ist durchaus plausibel, dass einige Items weitgehend unabhängig voneinander sind und Studierende nicht in allen Items positive oder negative Werte erzielen. Die Faktorenstruktur der Items könnte in weiteren Analysen anhand einer größeren Stichprobe systematisch überprüft werden.

9.6 Ergebnisse

Zunächst wird die Entwicklung der videobasiert erfassten Handlungskompetenz anhand der einzelnen Items des hoch inferenten Ratings dargestellt, anschließend anhand des gebildeten Summenscores. Dabei wird immer sowohl auf die Gesamtstichprobe als auch auf die drei einzelnen Seminargruppen eingegangen.

9.6.1 Analysen anhand der Einzelitems

Abbildung 9.4 stellt zunächst die Mittelwerte der insgesamt 21 Items zur Beurteilung der Handlungskompetenz im Vergleich zwischen Prä- und Posttest dar. Generell fällt auf, dass für die meisten Items die Profillinie des Nachtests etwas über der des Vortests liegt, dass die Linien aber weitestgehend parallel verlaufen. Signifikante Unterschiede zwischen Prä- und Posttest sind in der Grafik markiert. Über alle drei Kurse hinweg fand bei acht Items eine bedeutsame Verbesserung statt (»4. Vermeidung des Personenbezugs«, »5. Positive Fehlerkultur«, »6. Verdeutlichung des Fortschritts und des Grads der Zielerreichung (Feed-Back)«, »7. Spezifität des Feedbacks«, »8. Elaboriertheit und Informationsgehalt des Feedbacks«, »11. Gewähren von genügend Wartezeit/Bedenkzeit«, »15. Insistieren auf Erklärung und Begründung« und »21. Qualität des Feedbacks: Globalurteil«), bei zwei Items allerdings auch eine Verschlechterung (»2. Einsatz von Lob und Ermutigung« und »3. Angemessenheit des Lobs«). Alle übrigen Werte unterscheiden sich nicht signifikant zwischen Vor- und Nachtest.

Auch für die einzelnen Gruppen wurden die Unterschiede zwischen Prä- und Posttest auf Signifikanz geprüft. Diese werden in Tabelle 9.1 im Überblick aufgeführt. Dabei wird deutlich, dass die beiden Items, die sich in der Gesamtstichprobe tendenziell verschlechtern, auf den Kurs 1 (Theorieseminar) und teilweise auf Kurs 3 (offene Beobachtung der eigenen Videos) zurückzuführen sind. Alle weiteren signifikanten Unterschiede sind Verbesserungen von Vor- zu Nachtest. Während in Kurs 1 für sechs Items signifikante Verbesserungen feststellbar sind, sind es in Kurs 2 (strukturierte Beobachtung der eigenen Videos) elf Items – also etwa die Hälfte. Auch fallen die Unterschiede hier meist deutlicher aus. In Kurs 3 lassen sich lediglich drei signifikante Verbesserungen feststellen. Bei der Interpretation der Ergebnisse muss allerdings beachtet werden, dass sich die Stichprobengrößen der drei Kurse unterscheiden ($n_{Kurs1}=17$; $n_{Kurs2}=24$; $n_{Kurs3}=13$).

IV Feedback in der Lehreraus- und -fortbildung

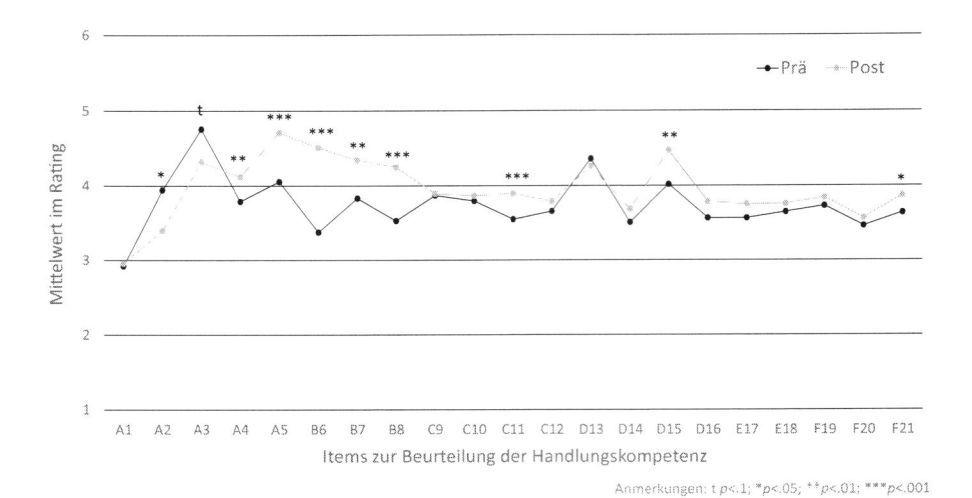

Abb. 9.4: Ausprägung der einzelnen Items im Vergleich zwischen Prä- und Posttest für die Gesamtstichprobe

Tab. 9.1: Unterschiede in der Ausprägung der einzelnen Items zwischen Prä- und Posttest

Items		Kurs 1			Kurs 2			Kurs 3		
		Prä	Post	p	Prä	Post	p	Prä	Post	p
A1	Benennung des Ziels der Aufgabenbearbeitung (Feed-Up)	3.24	3.06		2.71	3.13	*	2.90	2.51	
A2	Einsatz von Lob und Ermutigung	4.06	3.45	t	3.65	3.31		4.33	3.51	t
A3	Angemessenheit des Lobs	4.92	4.24	t	4.82	4.28		4.44	4.51	
A4	Vermeidung des Personenbezugs	3.96	4.45	*	3.78	4.04		3.59	3.82	
A5	Positive Fehlerkultur	4.27	4.86	**	4.04	4.56	**	3.79	4.79	***
B6	Verdeutlichung des Fortschritts ...	3.45	4.33	**	3.36	4.74	***	3.31	4.33	**
B7	Spezifität des Feedbacks	3.73	4.43	t	3.96	4.50	*	3.74	3.95	
B8	Elaboriertheit und Informationsgehalt des Feedbacks	3.67	4.29	t	3.46	4.38	***	3.49	3.95	t
C9	Vorhandensein von Hilfestellungen (Feed-Forward)	3.88	3.84		3.89	3.90		3.82	3.95	
C10	Prozessbezogene Hilfen und Hilfen zur Selbstregulation	3.78	3.88		3.76	3.88		3.87	3.82	

Tab. 9.1: Unterschiede in der Ausprägung der einzelnen Items zwischen Prä- und Posttest – Fortsetzung

Items		Kurs 1 Prä	Kurs 1 Post	p	Kurs 2 Prä	Kurs 2 Post	p	Kurs 3 Prä	Kurs 3 Post	p
C11	Gewähren von genügend Wartezeit/Bedenkzeit	3.67	4.02	*	3.44	3.90	**	3.59	3.72	
C12	Unterstützung kognitiver Selbstständigkeit	3.56	3.71		3.69	3.90		3.73	3.69	
D13	Aufmerksamkeit der Lehrperson	4.38	4.41		4.54	4.38		4.00	3.85	
D14	Interesse an den Denkweisen des Schülers	3.71	3.82		3.33	3.56		3.58	3.73	
D15	Insistieren auf Erklärung und Begründung	4.18	4.47		3.88	4.63	**	4.08	4.19	
D16	Flexibilität und Einlassen auf die Denkweisen des Schülers	3.59	3.79		3.54	3.83		3.58	3.69	
E17	Nutzen des Feedbacks für Schüler	3.79	3.68		3.44	3.75	*	3.50	3.85	
E18	Förderung des (mathematischen) Verständnisses des Schülers	3.91	3.76		3.42	3.73	t	3.73	3.81	
F19	Qualität des Feedbacks: Lernförderlichkeit	4.00	3.85		3.60	3.83	t	3.62	3.85	
F20	Qualität des Feedbacks: Motivationsförderlichkeit	3.56	3.68		3.33	3.42		3.58	3.69	
F21	Qualität des Feedbacks: Globalurteil	3.85	3.97		3.44	3.90	**	3.73	3.69	

Anmerkungen: t $p<.10$; *$p<.05$; **$p<.01$; ***$p<.001$

9.6.2 Analysen anhand der Summenscores

In Tabelle 9.2 sind sowohl für die Gesamtstichprobe als auch für die einzelnen Kurse die deskriptiven Statistiken für den Summenscore dargestellt, der aus den 18 Items (ohne Globalurteile) jeweils für Vor- und Nachtest gebildet wurde. Zunächst wurden die Werte im Vortest auf Unterschiede zwischen den Gruppen getestet. Diese sind nicht signifikant ($F=1.08$; $p=.35$).

Insgesamt verbessern sich die Mittelwerte in allen drei Gruppen. Die Varianzanalysen mit Messwiederholung ergeben für alle Gruppen signifikante Effekte der Zeit, wobei der Zuwachs bei den Studierenden aus Kurs 2 am deutlichsten ausfällt ($\eta^2=0.68$; $p<.001$). In einer zusätzlichen Varianzanalyse mit Messwiederholung und der Kurszugehörigkeit als Zwischensubjektfaktor ergibt sich eine bedeutsame Interaktion zwischen Kurs und Messzeitpunkt ($F=3.35$; $p\leq.05$; $\eta^2=0.12$).

Tab. 9.2: Entwicklung der Handlungskompetenz (Summenscore) von Vor- zu Nachtest

Kurs		Min	Max	M	SD	F	p	η^2
Gesamtstichprobe	Prä	50.50	81.17	67.75	6.80	45.84	<.001	0.46
	Post	52.17	84.83	71.77	7.50			
Kurs 1	Prä	56.67	77.17	69.75	6.23	6.64	<.05	0.29
	Post	60.50	84.83	72.51	6.96			
Kurs 2	Prä	50.67	81.17	66.71	6.09	47.72	<.001	0.68
	Post	52.17	84.83	72.37	7.76			
Kurs 3	Prä	50.50	77.67	67.06	8.53	5.18	<.05	0.30
	Post	57.00	81.67	69.68	7.86			

9.7 Diskussion

Die Ergebnisse zeigen, dass sich die Handlungskompetenz der Studierenden sowohl in der Gesamtstichprobe als auch in den drei einzelnen Kursen insgesamt verbessert. Die deutlichsten positiven Veränderungen sind bei den Studierenden zu verzeichnen, die mit Videos gearbeitet und diese kriterial ausgewertet haben. Dies bestätigt die Annahme, dass Novizen eher von einer stärkeren Strukturierung profitieren. In den anderen beiden Kursen ist zwar jeweils auch eine Verbesserung nachweisbar, allerdings fällt diese geringer aus. Anhand der Analyse der Einzelitems wird deutlich, dass sich auf deskriptiver Ebene zwar bei fast allen Items ein Zuwachs von Vor- zu Nachtest abzeichnet, dass dieser aber bei nur acht von insgesamt 21 Items signifikant ausfällt. Dass die Veränderungen nicht noch deutlicher ausfallen, kann eventuell daran liegen, dass zum einen zwischen dem Abschluss des Seminars und der Videoaufzeichnung für die Nacherhebung eine Zeitspanne von etwa zwei Monaten lag. Außerdem melden viele Studierende in einer abschließenden Reflexion zurück, dass sie zwar viel aus den Seminaren »mitnehmen« konnten, dass ihnen die konkrete, praktische Umsetzung aber dennoch schwerfiel, obwohl ihnen teilweise bewusst war, was man aus theoretischer Sicht hätte anders machen sollen. Dieses Wissen in einer Interaktionssituation, in der spontanes Handeln erforderlich ist, aber sowohl abzurufen als auch adaptiv umzusetzen, ist für Studierende noch sehr herausfordernd. So schreibt ein Student in seiner Seminarreflexion (MZP 5; ▶ Abb. 9.1):

> »Abschließend ist zu sagen, dass es nicht einfach ist, die vielen Faktoren zu beachten, um informatives und lernförderliches Feedback zu geben. Vor diesem Hintergrund wäre es daher wünschenswert, solche Situationen im Rahmen des Lehramtsstudiums regelmäßig zu simulieren und anschließend zu analysieren.«

9 Zur Handlungskompetenz von Lehramtsstudierenden beim Erteilen von Feedback

Dass in einigen Bereichen ein höherer Lernzuwachs als in anderen erzielt werden konnte, ist vermutlich auch darauf zurückzuführen, dass einige Qualitätskriterien vergleichsweise leicht realisierbar sind. Bei Kriterien wie »Vermeidung des Personenbezugs«, »Gewähren von genügend Wartezeit/Bedenkzeit« oder »Insistieren auf Erklärung und Begründung« ist gut vorstellbar, dass viele Studierende vorab gar nicht wissen/nicht daran denken, dass diese Aspekte in der Interaktion bedeutsam sind. Sobald man es weiß, lässt es sich aber relativ einfach umsetzen. Bei anderen Items hingegen kommt es vielmehr auf spontanes und adaptives Handeln an, was mit wenig Erfahrung und Übungsmöglichkeiten schwerfallen kann. Bei einigen der erfassten Feedbackaktivitäten handelt es sich vermutlich um deutlich komplexere Tätigkeiten, die z. B. die Analyse des Lernstands und darauf abgestimmte Feedbackhandlungen umfassen. Dies ist bei Items wie »Angemessenheit des Lobs« gut vorstellbar.

Dass sich einige Aspekte eventuell einfacher beeinflussen lassen als andere, deuten auch die sehr unterschiedlich ausfallenden Rangkorrelationen zwischen Vor- und Nachtest an. Hohe Korrelationen bedeuten hier, dass die Leistungen der Studierenden im Vor- und Nachtest relativ rangstabil sind, d. h. Studierende, die im Vortest ein Merkmal gut umsetzen, gehören auch im Nachtest zu denjenigen, die darin eher gut abschneiden. Die Einzelitems mit den höchsten Korrelationen sind die »Angemessenheit des Lobs« ($r=.47**$), die »Aufmerksamkeit der Lehrperson« ($r=.53**$) und der »Einsatz von Lob und Ermutigung« ($r=.77**$). Sehr geringe Zusammenhänge zwischen Vor- und Nachtest finden sich hingegen beispielsweise bei den Items »Prozessbezogene Hilfen und Hilfen zur Selbstregulation« ($r=-.17$), »Verdeutlichung des Fortschritts und des Grads der Zielerreichung« ($r=-.01$) und »Insistieren auf Erklärung und Begründung« ($r=.02$). Berliner (2004) beschreibt das Handeln von Berufsanfängern als in der Regel noch eher unflexibel. Es ist für sie noch schwierig, Situationen holistisch wahrzunehmen, sich bewusst für eine von mehreren Handlungsalternativen zu entscheiden und Abläufe sinnvoll zu planen. Dies kann zum Teil durch ein stark strukturiertes Vorgehen unterstützt werden, aber auch zusätzliche Übungsmöglichkeiten und individuelle Hilfestellungen dürften hilfreich sein.

Auch wenn die Ergebnisse aufgrund der Stichprobengröße lediglich vorsichtig interpretiert werden sollten, deuten die Lernzuwächse, die in Kurs 2 am deutlichsten ausfallen, darauf hin, dass Studierende bei der Videoanalyse von einer kriterialen Herangehensweise profitieren. Der Einsatz von Videos – ohne für die Analyse genaue Kriterien vorzugeben – hat in der vorliegenden Studie keine stärkeren Effekte als die Arbeit ohne Videos. Dabei muss bedacht werden, dass natürlich in allen drei Seminaren am ersten Tag die Merkmale guten Feedbacks behandelt wurden. Das bedeutet, dass auch in Kurs 3 die Studierenden die Gelegenheit gehabt hätten, diese besprochenen Qualitätsmerkmale selbstständig zur Analyse der Videos heranzuziehen. Ohne die explizite Aufforderung dazu anhand eines gut strukturierten Arbeitsauftrags haben die Studierenden des Kurses 3 diese Gelegenheit jedoch eventuell nicht ergriffen. Dies deutet darauf hin, wie wichtig auch in der Lehrerinnen- und Lehrerbildung explizite Instruktionen und Arbeitsanregungen sind.

Betrachtet man Abbildung 9.4, so fällt auf, dass die Zuwächse rein deskriptiv natürlich immer noch verbesserungswürdig erscheinen. Daher ist es wichtig, neben der Art der Strukturiertheit auch noch weitere Bedingungen zu identifizieren, die den Zuwachs in der Handlungskompetenz noch weiter befördern und v.a. auch nachhaltig positiv beeinflussen können. Hier ist v.a. an vermehrte Übungssituationen zu denken. Dies könnte beispielsweise durch die Einbettung des Seminarkonzepts in eine Praxisphase erfolgen (z. B. Praktikum, Praxissemester oder Vorbereitungsdienst in der zweiten Phase der Lehrerinnen- und Lehrerbildung). In solchen Kontexten wäre es auch möglich, zunächst mehrfach fremde Videos zu analysieren, um anschließend mehrere eigene Lehrversuche durchzuführen und diese schrittweise systematisch zu reflektieren.

Methodische Einschränkungen, die bei der Interpretation der Ergebnisse berücksichtigt werden müssen, sind v.a. die geringe Stichprobengröße sowie die ungleichen Gruppengrößen. Die angestrebte parallelisierte Verteilung der Studierenden auf die drei Seminargruppen gelang leider nicht, da einige Studierende sich nach der Seminarvorbesprechung aufgrund des vergleichsweise hohen Arbeitsaufwands gegen die Seminarteilnahme entschieden oder aufgrund von Terminschwierigkeiten den Kurs tauschten. Daher sollten die Ergebnisse anhand einer größeren Stichprobe überprüft werden, insbesondere wenn es um differenzielle Effekte der Lernumgebungen auf Subgruppen von Studierenden (z. B. anhand des Vorwissens) geht. Außerdem muss berücksichtigt werden, dass die Studierenden im Nachtest zum einen den Schüler bzw. die Schülerin bereits aus der ersten Interaktionssituation kannten und dass eine andere Mathematikaufgabe bearbeitet wurde. Zwar wurde die Aufgabe bewusst so ausgewählt, dass ähnliche Kompetenzbereiche angesprochen und damit auch ähnliche Möglichkeiten für das zu erteilende Feedback eröffnet werden. Dennoch ist nicht auszuschließen, dass einige Studierenden mehr Zugang zu einer der beiden Aufgabe hatten.

Aktuell wird das Projekt ProFee an der Universität Erlangen-Nürnberg mit Studierenden des Grundschullehramts fortgesetzt. Hier arbeiten die Studierenden im Seminar allerdings mit fremden Videos. Zusätzlich zu den drei hier beschriebenen Gruppen gibt es noch eine weitere Seminarbedingung mit mittlerer Strukturiertheit (Hess, in Druck). Hier erhalten die Studierenden auch Kriterien zur Beurteilung der Feedbackqualität, allerdings wird nicht jedes einzelne Feedback kleinschrittig kategorisiert, sondern es erfolgt für jedes Kriterium eine hoch inferente Qualitätseinschätzung über das gesamte Video. Durch die größere Stichprobe (ca. 60 Studierende pro Bedingung) und eine gleichmäßige Aufteilung auf die vier Seminarbedingungen sind hier noch genauere Analysen möglich. So kann beispielsweise der Frage nachgegangen werden, ob Studierende mit weniger Vorwissen von einer stärkeren Strukturierung der Videoanalysen mehr profitieren als Studierende mit höherem Vorwissen. Auch in diesem Folgeprojekt wird nicht nur die Handlungskompetenz fokussiert, sondern auch das konzeptuelle Wissen über Feedback, die professionelle Wahrnehmung von Feedbacksituationen sowie die selbsteingeschätzten professionellen Kompetenzen. Eine interessante Frage ist dabei, ob eines der vier Seminarkonzepte den anderen generell für alle Zielkriterien überlegen ist oder aber ob es vielmehr auf die jeweiligen abhängigen Variablen ankommt.

Literatur

Berliner, D.C. (2004). Expert Teachers: Their characteristics, development and accomplishments. In R. Batllori i Obiols, A.E. Gomez Martinez, M. Oller i Freixa & J. Pages i Blanch (Hrsg.), *De la teoria...a l'aula: Formacio del professorat ensenyament de las ciències socials* (S. 13–28). Barcelona, Spain: Departament de Didàctica, Universitat Autònoma de Barcelona.
Blomberg, G., Renkl, A., Gamoran Sherin, M., Borko, H. & Seidel, T. (2013). Five research-based heuristics for using video in pre-service teacher education. *Journal for Educational Research Online, 5*(1), 90–114.
Borko, H., Koellner, K., Jacobs, J. & Seago, N. (2011). Using video representations of teaching in practice-based professional development programs. *ZDM, 43*, 175–187.
Brophy, J. (2004). *Using video in teacher education*. Oxford: Elsevier.
Fischler, H. (2007). Videographierte Unterrichtsszenen als Reflexionsanstöße. In D. Höttecke (Hrsg.), *Naturwissenschaftlicher Unterricht im internationalen Vergleich* (S. 512–514). Münster: LIT.
Gaudin, C. & Chaliès, S. (2015). Video viewing in teacher education and professional development: A literature review. *Educational Research Review, 16*, 41–67.
Hattie, J. (2009). *Visible Learning. A synthesis of over 800 meta-analyses relating to achievement.* London: Routledge.
Hattie, J. & Timperley, H. (2007). The power of feedback. *Review of Educational Research, 77*(1), 81–112.
Hess, M. (in Druck). Die Handlungskompetenz von Lehrpersonen beim Erteilen von Feedback beurteilen. Ein Beurteilungssystem für unterrichtliche Interaktionssituationen. In: K. Schöppe & F. Schulz (Hrsg.): *Kreativität & Bildung – Nachhaltiges Lernen*. München: kopaed.
Hess, M. & Denn, A.-K. (2018). Methodenworkshop: Hoch und niedrig inferente Methoden der Videoanalyse. *Zeitschrift für Soziologie der Erziehung und Sozialisation, 38*(2), 212–222.
Hess, M., Werker, K. & Lipowsky, F. (2018). Professionell Feedback geben – Welchen Beitrag leisten Videos? Anlage und erste Ergebnisse des Projekts ProFee. In A. Krüger, F. Radisch, A. S. Willems, T. Häcker & M. Walm (Hrsg.), *Empirische Bildungsforschung im Kontext von Schule und Lehrer*innenbildung* (S. 249–264). Bad Heilbrunn: Klinkhardt.
Hess, M., Werker, K. & Lipowsky, F. (2017). Was wissen Lehramtsstudierende über gutes Feedback? Zur Erfassung konzeptuellen Wissens und zu dessen Zusammenhang mit der Selbsteinschätzung der Studierenden. *Jahrbuch für Allgemeine Didaktik, 11*–29.
Hiebert, J., Morris, A.K., Berk, D. & Jansen, A. (2007). Preparing teachers to learn from teaching. *Journal of Teacher Education, 58*(1), 47–61.
Kobarg, M. & Seidel, T. (2007): Prozessorientierte Lernbegleitung – Videoanalysen im Physikunterricht der Sekundarstufe I. *Unterrichtswissenschaft, 35*(2), 148–168.
Krammer, K. (2014). Fallbasiertes Lernen mit Unterrichtsvideos in der Lehrerinnen- und Lehrerbildung. *Beiträge zur Lehrerinnen- und Lehrerbildung, 32*(2), 164–175.
Krammer, K., Schnetzler, C.L., Ratzka, N., Reusser, K., Pauli, C., Lipowsky, F. & Klieme, E. (2008). Lernen mit Unterrichtsvideos: Konzeption und Ergebnisse eines netzgestützten Weiterbildungsprojekts mit Mathematiklehrpersonen aus Deutschland und der Schweiz. *Beiträge zur Lehrerbildung, 26*(2), 178–197.
Lipowsky, F. (2015). Unterricht. In E. Wild & J. Möller (Hrsg.), *Pädagogische Psychologie* (S. 69–105). Heidelberg: Springer.
Lipowsky, F. & Lotz, M. (2015). Ist Individualisierung der Königsweg zum Lernen? Eine Auseinandersetzung mit Theorien, Konzepten und empirischen Befunden. In G. Mehlhorn, Schöppe, K. & F. Schulz (Hrsg.), *Begabungen entwickeln & Kreativität fördern* (S. 155–219). München.
Lotz, M. (2015). *Kognitive Aktivierung im Leseunterricht der Grundschule. Eine Videostudie zur Gestaltung und Qualität von Leseübungen im ersten Schuljahr*. Wiesbaden: VS.

Lotz, M., Berner, N. & Gabriel, K. (2013). Auswertung der PERLE-Videostudien und Überblick über die Beobachtungsinstrumente. In M. Lotz, F. Lipowsky & G. Faust (Hrsg.), *Technischer Bericht zu den PERLE-Videostudien* (S. 83–103). Frankfurt am Main: GFPF.

Müller, G.N. & Wittmann, E.C. (1994). *Handbuch produktiver Rechenübungen. Band 1. Vom Einspluseins zum Einmaleins.* Leipzig: Klett.

Narciss, S. (2004). The impact of informative tutoring feedback and self-efficacy on motivation and achievement in concept learning. In *Experimental Psychology, 51*(3), 214–228.

Narciss, S. (2006). *Informatives tutorielles Feedback. Entwicklungs- und Evaluationsprinzipien auf der Basis instruktionspsychologischer Erkenntnisse.* Münster: Waxmann.

Pianta, R.C., La Paro, K.M. & Hamre, B.K. (2008). *Classroom assessment scoring system manual CLASS K-3.* Baltimore: Brookes.

Santagata, R. & Yeh, C. (2013). Learning to teach mathematics and to analyze teaching effectiveness: Evidence from a video- and practice-based approach. *Journal of Mathematics Teacher Education, 17,* 491–514.

Schworm, S. & Renkl, A. (2007). Learning argumentation skills through the use of prompts for self-explaining examples. *Journal of Educational Psychology, 99*(2), 285–296.

Seidel, T., Blomberg, G. & Renkl, A. (2013). Instructional strategies for using video in teacher education. *Teaching and Teacher Education, 34,* 56–65.

Seidel, T. & Thiel, F. (2017). Standards und Trends der videobasierten Lehr-Lernforschung. *Zeitschrift für Erziehungswissenschaft, 20*(1), 1–21.

Sherin, M.G. & Es, E.A. van (2009). Effects of video club participation on teachers' professional vision. *Journal of Teacher Education, 60*(1), 20–37.

Steffensky, M. & Kleinknecht, M. (2016): Wirkungen videobasierter Lernumgebungen auf die professionelle Kompetenz und das Handeln (angehender) Lehrpersonen. Ein Überblick zu Ergebnissen aus aktuellen (quasi-)experimentellen Studien. *Unterrichtswissenschaft, 44,* 305–321.

Sun, J. & van Es, E.A. (2015). An exploratory study of the influence that analyzing teaching has on preservice teachers' classroom practice. *Journal of Teacher Education, 66*(3), 201–214.

Syring, M., Kleinknecht, M., Bohl, T., Kuntze, S., Rehm, S. & Schneider, J. (2016). How problem-based or direct instructional case-based learning environments influence preservice teachers' cognitive load, motivation and emotions: A quasi-experimental intervention study in teacher education. *Journal of Education and Human Development, 4*(4), 115–129.

Wygotski, L.S. (1987). *Arbeiten zur psychischen Entwicklung der Persönlichkeit (Ausgewählte Schriften).* Köln: Pahl-Rugenstein.

10 Feedback durch Coaching – eine zentrale Komponente wirksamer Lehrkräftefortbildungen

Daniela Rzejak & Frank Lipowsky

10.1 Einleitung

Die Fortbildung von Lehrkräften kann vielfältige Ziele verfolgen, intendiert letztlich aber zumeist, die Qualität von Unterricht und das Lernen von Schülerinnen und Schülern zu verbessern. Dass Fortbildungen das Potenzial haben, sich auf das Lernen der Schülerinnen und Schüler positiv auszuwirken, zeigen die Ergebnisse aus verschiedenen Studien und Metaanalysen (z. B. Darling-Hammond et al., 2017; Lipowsky & Rzejak, 2017; Timperley et al., 2007).

Mit diesen positiven Ergebnissen rückt die Frage in den Mittelpunkt, welche Merkmale erfolgreiche Fortbildungen kennzeichnen. Als wirksamkeitsförderliche Komponenten unterrichtsbezogener Fortbildungen gelten u. a. die inhaltliche Orientierung an Befunden der Schul- und Unterrichtsforschung, die Fokussierung auf die Lern- und Verstehensprozesse von Schülerinnen und Schülern, die Verdeutlichung der engen Beziehung zwischen dem unterrichtlichen Lehrkrafthandeln und dem Lernen der Schülerinnen und Schüler, eine fachliche Fokussierung, die Möglichkeit zur Erprobung von Fortbildungsinhalten sowie die Gelegenheiten zur Reflexion dieser Erfahrungen. Auch unterrichtsbezogenes Feedback und Coaching zählen zu den förderlichen Merkmalen von Lehrkräftefortbildungen (z. B. Carlisle & Berebitsky, 2011; Desimone & Pak, 2017; Fussangel et al., 2016; Garet et al., 2008; Rolff, 2014; Tinoca, 2004).

Dieser Beitrag greift diese beiden Komponenten – Feedback und Coaching – auf: Nach einer kurzen Erläuterung beider Komponenten werden verschiedene Studien exemplarisch vorgestellt, in denen Lehrkräfte während einer Fortbildung Feedback durch Coaching erhalten haben.

10.2 Feedback und Coaching: eine begriffliche Annäherung

Feedback und Coaching stehen in einer engen Beziehung zueinander, beschreiben aber nicht das Gleiche: Während man sich ein Coaching ohne Feedback kaum vorstellen kann, beinhaltet Feedback nicht zwingend eine Coachingsituation. Feedback kann demnach als ein konstitutives Element von Coaching verstanden werden, während umgekehrt Feedbackformen existieren, die nicht mit einer 1:1-Beratung und einem Coaching einhergehen. Lehrkräfte können bspw. auch Feedback erhalten, indem ihnen Leistungen der Schülerinnen und Schüler rückgemeldet werden (Parr et al., 2007; Souvignier & Förster, 2011) oder sie selbständig Daten zum Lernverlauf ihrer Schülerinnen und Schüler erfassen und auswerten. Eine andere Form des Feedbacks besteht darin, dass Lehrkräfte über Videoaufzeichnungen Feedback zu ihrem eigenen Unterricht erhalten (z. B. Gaudin & Chaliès, 2015; Gröschner et al., 2018; Major & Watson, 2018; Taylor et al., 2017).

10.2.1 Feedback

Hattie und Timperley (2007) stellen in ihrem Review den Forschungsstand zu Feedback für Schülerinnen und Schüler dar. Das auf der Grundlage des Forschungsstands entwickelte Modell zum effektiven Feedback lässt sich als ein heuristisches Modell auf die Lehrkräfteprofessionalisierung übertragen, auch wenn das Lernfeld von Lehrkräften – etwa die Weiterentwicklung des eigenen unterrichtlichen Handelns – vielfach komplexer sein dürfte als der Erwerb schulischen Wissens durch Schülerinnen und Schüler.

Feedback definieren die Autoren als »information provided by an agent (e.g., teacher, peer, book, parent, self, experience) regarding aspects of one's performance or understanding« (Hattie & Timperley, 2007, S. 81). Demnach ist Feedback eine Form der Rückkopplung, die Informationen zu einer vorausgegangenen Handlung enthält. Das übergeordnete Ziel dieser Rückkopplung ist eine Verringerung von Abweichungen, die zwischen einem aktuellen Istzustand und einem gewünschten Zielzustand bestehen (ebd.). Damit Feedback in diesem Sinne lernwirksam ist, ist es nach dem Feedbackmodell von Hattie und Timperley (2007) erforderlich, dass dem Lernenden – hier der an einer Fortbildung teilnehmenden Lehrkraft – durch das Feedback drei Fragen beantwortet werden, die sich auf das anvisierte *Ziel*, den eigenen *Fortschritt* bzw. *Prozess* und das *weitere Vorgehen* zur Zielerreichung beziehen (▶ Kap. 2.3.1).

Feedback sollte klar formuliert, zielgerichtet, bedeutungsvoll und mit dem Vorwissen des Feedbackempfängers vereinbar sein. Im Kontext von Lehrkräftefortbildungen bedeutet dies, dass ein Fortbildner/eine Fortbildnerin klare Vorstellungen davon haben sollte, welche Weiterentwicklungen und Ziele mit der Fortbildung verbunden sind, also z. B. welches Wissen die Lehrkräfte im Rahmen der Fortbildung erwerben sollen und/oder wie sich der Unterricht der an der Fortbildung teilnehmenden Lehrkräfte konkret und beobachtbar verändern soll.

Wirkungsvolles Feedback ist jedoch nicht nur mit Merkmalen des Feedbackgebers und des Feedbacks selbst verbunden, sondern hängt auch vom Lernenden, hier von der an der Fortbildung teilnehmenden Lehrkraft, ab. Die an der Fortbildung teilnehmende Lehrkraft sollte demnach zur Wahrnehmung und aktiven Verarbeitung der Informationen, die mit dem Feedback zugänglich gemacht werden, angeregt werden (Hattie & Timperley, 2007; Mayer, 1995). Feedback wird also nicht passiv empfangen, sondern erfordert eine aktive Nutzung, was Anforderungen an die affektiv-motivationalen und kognitiven Voraussetzungen des Lernenden stellt. Wenn eine Lehrkraft Feedback z. B. als kontrollierend, bewertend und/oder bedrohend wahrnimmt und/oder wenn sie die Feedbackinformationen nicht integrieren und hieraus Konsequenzen ableiten kann, dann dürfte auch bei einem effektiv gestalteten Feedback eine positive Wirkung ausbleiben (Hattie & Timperley 2007; Mayer, 1995).

10.2.2 Coaching

In der Literatur existiert keine einheitliche Definition von Coaching (z. B. Desimone & Pak, 2017; Devine et al., 2013; Netolicky, 2016; Staub, 2014; Stormont et al., 2015). In dem vorliegenden Beitrag wird Coaching als ein nicht-evaluativer situierter Prozess verstanden, bei dem eine Lehrkraft – oder auch mehrere Lehrkräfte – durch einen Coach Feedback, Beratung und/oder Unterstützung bei der Weiterentwicklung der eigenen Lehrkraftprofessionalität erhält bzw. erhalten (Showers, 1985; Stormont et al., 2015; Stormont & Reinke, 2013). Feedback gehört demnach zusammen mit einem ko-konstruktiven Dialog, mit Demonstrationen, unterrichtlichen Beobachtungen und einem gemeinsamen Auswerten von Daten zu den Kernelementen von Coaching (Hattie, 2012; Huguet et al., 2014).

In der Professionalisierung von Lehrkräften lassen sich – in Abhängigkeit von den Zielen des Coachings und dem Status des Coaches – verschiedene Coachingansätze unterscheiden, welche in der Praxis häufig auch kombiniert auftreten.

Beim *Cognitve Coaching* wird die Lehrkraft, die das Coaching erhält, darin unterstützt, über das eigene unterrichtliche Handeln zu reflektieren und die eigenen Überzeugungen zu erkennen, die hinter ihrem Handeln stehen (Devine et al., 2013; Knight, 2009). Vom Coach werden insbesondere die Gesprächstechniken des Paraphrasierens und Hinterfragens genutzt, um den Lernprozess der Lehrkraft zu fördern (Netolicky, 2016).

Content-Focused Coaching zielt insbesondere auf die Weiterentwicklung fachdidaktischer Kompetenzen der gecoachten Lehrkraft ab, um auf diese Weise das Lernen der Schülerinnen und Schüler zu fördern (Hirt & Mattern, 2014). Im deutschsprachigen Raum werden für dieses Coaching auch die Begriffe *Fachunterrichtscoaching, fachspezifisches-pädagogisches Coaching* und *fachspezifisches Unterrichtscoaching* verwendet (Staub, 2014). Coach und Coachee planen und reflektieren im Content-Focused Coaching gemeinsam den Unterricht und übernehmen für diesen die geteilte Verantwortung. Im Mittelpunkt stehen dabei die Lernprozesse von Schülerinnen und Schülern. Aufgrund der gemeinsamen Verantwortungsübernahme für den Unterricht wird bei der Hospitation und Reflexion nicht allein die gecoachte Lehrkraft ins Zentrum gestellt. Insofern kann diese Form des Coachings auch als unterrichtsbezogene Kooperation verstanden werden. Zudem beschränkt sich die Aufgabe des Coaches während des Unterrichts nicht auf das Beobachten, sondern er fungiert auch als Modell, indem er Handlungen demonstriert und Phasen des Unterrichts übernimmt (Staub, 2014). Ähnlichkeiten mit dem Content-Focused Coaching weist das *Instructional*

Coaching auf, durch das die gecoachte Lehrkraft darin unterstützt werden soll, evidenzbasierte Lehr-Lernmethoden in den eigenen Unterricht zu integrieren (Desimone & Pak, 2017; Devine et al., 2013). Auch hier zählen Modeling, Beobachtung, Feedback und die Anleitung eines reflexiven Dialogs zu den zentralen Aufgaben des Coaches (Huguet et al., 2014). Im Content-Focused Coaching und Instructional Coaching finden sich somit in gewisser Weise einzelne Elemente des Cognitive Apprenticeship-Ansatzes wieder (Collins et al., 1989). Im Mittelpunkt dieses Ansatzes, der ursprünglich erfolgreiche Lehr-Lernprozesse von Meister und Lehrling im Rahmen der handwerklichen Ausbildung beschreibt, steht die praxisnahe Anleitung in zunehmend komplexer werdenden Lernsituationen. Zentrale Schritte sind u. a. Modeling, Coaching, Scaffolding und Fading (Collins et al., 1989; Reinmann-Rothmeier & Mandl, 2006; Rzejak & Lipowsky, 2018). Kennzeichnend für diesen Ansatz ist z. B., dass der Experte die intendierten unterrichtlichen Verhaltensweisen demonstriert und dabei seine Handlungsschritte und Überlegungen (kognitiven Prozesse) erläutert, sodass der Lernende diese nachvollziehen kann. Anschließend führt der Lernende die Handlung schrittweise selbstständig durch, erhält hierbei Feedback und wird bei Bedarf von dem Experten unterstützt (Coaching). Bei Schwierigkeiten mit der Umsetzung der intendierten Verhaltensweisen bietet der Experte weitere Hinweise und Hilfen als Orientierungsgerüst an (Scaffolding). Fading meint, dass mit zunehmender Handlungskompetenz des Lernenden die Unterstützungen durch den Experten reduziert werden.

Nicht in allen Coachingansätzen besitzt der Coach in dem Bereich, auf den sich das Coaching bezieht, einen Expertenstatus. Auch Lehrkräfte mit vergleichbarer Expertise können sich gegenseitig coachen. Man spricht in diesem Fall von *Peer Coaching* oder *Collegial Coaching*. Lehrkräfte teilen hierbei ihre Erfahrungen und Praxis, reflektieren gemeinsam über Unterricht und bieten sich Unterstützung, Feedback und Ermutigungen an (Devine et al., 2013; Showers, 1985).

Coaching kann für sich genommen bereits mehrere Merkmale wirksamer Lehrkräftefortbildungen aufweisen (z. B. enger Fachbezug, Blick auf Lern- und Verstehensprozesse der Schülerinnen und Schüler, Erprobung und Reflexion, Feedback), sodass es als eigenständiges und erfolgversprechendes Konzept der Lehrkräftefortbildung betrachtet werden kann (Carlisle & Berebitsky, 2011; Killion, 2009). In Professionalisierungsmaßnahmen wird Coaching gleichwohl häufig bspw. um Präsenzveranstaltungen ergänzt, die den Auftakt einer Fortbildung bilden und/oder den Professionalisierungsprozess flankieren.

Im folgenden Abschnitt werden empirische Befunde zur Wirksamkeit von Coaching als Ansatz der Lehrkräftefortbildung vorgestellt. Hierbei werden zunächst Befunde von Reviews und einer Metaanalyse präsentiert, bevor einzelne Studien beispielhaft erläutert werden.

10.3 Befunde zum Coaching in Lehrkräftefortbildungen

10.3.1 Übersichtsarbeiten zur Wirksamkeit von Coaching für Lehrkräfte

Die Forschung zur Wirksamkeit von Coaching für Lehrkräfte hat in den letzten Jahren deutlich zugenommen. Mittlerweile liegen auch Reviews und Metastudien zu dieser Thematik vor (z. B. Cornett & Knight, 2009; Darling-Hammond et al., 2017; Kraft et al., 2018; Kretlow & Bartholomew, 2010; Stormont et al., 2015). Cornett und Knight (2009) analysierten für ein Review über 200 Publikationen und kamen zu dem Ergebnis, dass Coaching positive Effekte auf die Einstellungen und das unterrichtliche Handeln von Lehrkräften haben kann. Jedoch merken die Autoren auch an, dass viele der Studien nicht den aktuellen wissenschaftlichen Standards genügen. Strengere Kriterien für den Einschluss von Studien legten Kretlow und Bartholomew (2010) für ihr Review an: Die Studien mussten die Wirkungen von Coaching auf die unterrichtliche Praxis von Lehrkräften quantitativ erfasst haben, zwischen 1989 und 2009 in einer Zeitschrift mit peer-review-Verfahren veröffentlicht worden sein und ein experimentelles, quasi-experimentelles oder single-subject Design aufweisen. Von 457 ausgewerteten Artikeln erfüllten 13 Studien die Einschlusskriterien. In allen Studien zeigen sich positive Effekte von Coaching auf das unterrichtliche Handeln von Lehrkräften. Effekte auf der Ebene der Schülerinnen und Schüler wurden lediglich in sieben Studien untersucht. Als Wirksamkeitskriterium diente überwiegend das Engagement oder Lernverhalten der Schülerinnen und Schüler, mit dem Ergebnis, dass Coaching hierauf einen positiven Einfluss haben kann. Nur in zwei Studien wurden Wirkungen auf Leistungen analysiert, wobei lediglich in einer Studie ein bedeutsamer positiver Effekt auf die Leistungen der Schülerinnen und Schüler ermittelt werden konnte.

Darling-Hammond et al. (2017) nahmen 35 Fortbildungsstudien genauer in den Blick, welche zum einen ein experimentelles oder quasi-experimentelles Design aufwiesen oder auf anderem Wege Einflussfaktoren auf das Lernen der Schülerinnen und Schüler kontrollierten und welche zum anderen einen positiven Effekt des Besuchs der Fortbildung auf das Lehrkrafthandeln bzw. die Unterrichtsqualität und auf Veränderungen im Lernen der Schülerinnen und Schüler nachweisen konnten. Von den 35 wirksamen Fortbildungskonzepten beinhalteten 30 Angebote eine Coaching-Komponente.

Einen Einblick in die Forschung zur Wirksamkeit von Coaching gibt auch die Metaanalyse von Kraft et al. (2018), in die Ergebnisse von insgesamt 60 Einzelstudien mit experimentellem oder quasi-experimentellem Design einflossen. Insgesamt wurden 186 Effekte aus 43 Studien auf die unterrichtliche Praxis von Lehrkräften bzw. die Unterrichtsqualität und 113 Effekte aus 31 Studien auf Leistungen von Schülerinnen und Schülern analysiert. Ergebnisse der Analyse sind, dass sowohl positive Effekte auf die Qualität von Unterricht (0,49 SD) als auch auf die Leistungen von Schülerinnen und Schülern (0,18 SD) nachgewiesen werden können. Wenn das Coaching mit einem zusätzlichen Workshop verbunden war, fielen diese Effekte höher aus. Der zeitliche Umfang des Coachings bzw. der gesamten Professionalisierungsmaßnahme hatte hingegen keinen Einfluss auf die Wirkungen.

10.3.2 Zur Wirksamkeit von Coaching: ein Blick auf einzelne Studien

In den folgenden Abschnitten wird ein detaillierterer Blick auf Einzelstudien geworfen, um so ein genaueres Bild davon zeichnen zu können, auf welche Art und Weise Coaching umgesetzt werden kann, das die Professionalisierung von Lehrkräften unterstützt und fördert. Hierbei liegt ein Schwerpunkt auf Fortbildungen, in denen Content-Focused Coachings, Peer Coachings und virtuelle, technologiegestützte Coachings implementiert und durchgeführt wurden.

Content-Focused Coaching

Die Wirkungen eines etwa neunmonatigen fachspezifisch-pädagogischen Coachings zur Förderung adaptiver Lehrkompetenzen im naturwissenschaftlichen Unterricht wurde in einer quasi-experimentellen Studie in der Schweiz untersucht (Beck et al., 2008; Vogt & Rogalla, 2009). Insgesamt wurden 49 Lehrkräfte der Primarstufe (4./5. Jahrgang) und der Sekundarstufe (7./8. Jahrgang) sowie deren Schülerinnen und Schüler in die Studie einbezogen. Die Lehrkräfte der Kontrollgruppe verfolgten individuell gewählte Fortbildungsaktivitäten. Die Lehrkräfte der Interventionsstudie nahmen zunächst an einer zweitägigen Fortbildungsveranstaltung teil, in der pädagogisch-psychologisches Grundwissen zur adaptiven Lehrkompetenz vermittelt wurde. Hieran schlossen sich neun fachspezifisch-pädagogische Coachings an. Diese dauerten jeweils ca. drei Stunden und umfassten die gemeinsame Vorbesprechung, Durchführung und Nachbesprechung von Unterricht. Die ermittelten Wirkungen unterscheiden sich für die Primarstufe und die Sekundarstufe: Während für die Primarstufe keine positiven Effekte zugunsten der Interventionsgruppe nachgewiesen werden konnten, ergaben sich für die Lehrkräfte der Sekundarstufe positive Effekte auf die Planungskompetenzen der Lehrkräfte und auf die naturwissenschaftlichen Leistungen der Schülerinnen und Schüler.

Eine weitere Studie zum Content-Focused Coaching wurde in den USA von Matsumura et al. (2013) durchgeführt. Gegenstand der Fortbildung war die Weiterentwicklung von Unterrichtsgesprächen, um die Leseleistungen von Schülerinnen und Schülern der vierten und fünften Jahrgangsstufe zu verbessern. Für die Längsschnittstudie wurden 29 Schulen (157 Lehrpersonen, 2983 Schülerinnen und Schüler) zufällig der Interventions- oder Kontrollbedingung zugeordnet. Die Interventionsgruppe erhielt ein von der Forschergruppe entwickeltes Content-Focused Coaching durch spezifisch geschulte Coaches. Das einmal im Monat stattfindende Coaching zielte auf die Förderung von Lehrstrategien und Fragetechniken ab, mit denen Schülerinnen und Schüler im Unterrichtsgespräch über

Texte kognitiv aktiviert werden können. Während des Coachings wurde gemeinsam Unterricht geplant, durchgeführt und nachbesprochen. Im Unterricht wurde das intendierte unterrichtliche Handeln entweder durch den Coach demonstriert, Coach und Coachee führten den Unterricht gemeinsam durch und/oder der Coach nahm nur beobachtend am Unterricht teil. Zusätzlich führten die Lehrkräfte wöchentliche Treffen in Klassenstufenteams durch, die ebenfalls von einem Coach begleitet wurden. Die Lehrkräfte der Kontrollgruppe erhielten ein Literacy Coaching, das zu den standardmäßigen Fortbildungsangeboten für Schulen in der Region gehörte.

Am Ende des Coachings zeigten die Schülerinnen und Schüler von Lehrkräften, die nach dem Ansatz des Content-Focused Coaching fortgebildet wurden, bessere Leseleistungen als die Lernenden, deren Lehrkräfte das übliche Coaching erhielten. Dieser positive Einfluss des Content-Focused Coachings fiel für Schülerinnen und Schüler, deren Muttersprache nicht Englisch ist, größer aus als für muttersprachliche Schülerinnen und Schüler. Darüber hinaus konnte ein positiver Effekt des Content-Focused Coaching auf die Qualität der Unterrichtsgespräche ermittelt werden. Diese Qualität der Gespräche erwies sich wiederum als Mediator des Einflusses des Coachings auf die Leseleistungen der Schülerinnen und Schüler.

Im Folgenden werden spezifische fachbezogene Coachings näher vorgestellt, die sich entweder auf den sprachlichen oder den mathematischen Bereich beziehen.

Coaching im sprachlichen Bereich

Eine Vielzahl von Studien, in denen die Wirksamkeit von Coaching untersucht wurde, kann dem sprachlichen Bereich zugeordnet werden (z. B. Domitrovich et al., 2009; Garet et al., 2008; Landry et al., 2009). Exemplarisch werden hier die Studien von Sailors und Price (2010, 2015) sowie eine Studie von Carlisle und Berebitsky (2011) vorgestellt.

Sailors und Price (2010, 2015) verglichen in beiden Studien die Wirksamkeit einer zweitägigen Fortbildung zu Lesestrategien mit und ohne Coaching. Die Kontrollgruppe der beiden Studien nahm jeweils nur an der zweitägigen Fortbildung teil, während die Lehrkräfte der Interventionsgruppe zusätzlich ein Unterrichtscoaching erhielten. Die Umsetzung des Coachings unterschied sich zwischen der ersten Studie (Sailors & Price, 2010) und der zweiten Studie (Sailors & Price, 2015): In der Studie von 2010 wurde jede Lehrkraft der Interventionsgruppe im Mittel ca. 5,5 Stunden gecoacht. Zu den Bestandteilen des Coachings gehörten, dass der Coach in dem Unterricht der gecoachten Lehrkraft unterrichtete, um unterrichtliches Handeln zur Förderung von Lesestrategien zu demonstrieren, dass er gemeinsam mit der gecoachten Lehrkraft unterrichtete oder hospitierte und dass er dem Coachee Feedback zu dessen Unterricht gab. Das weiterentwickelte Coaching in der Studie von 2015 sah vor, dass jede Lehrkraft, die zur Interventionsgruppe gehörte, über den einjährigen Projektverlauf hinweg zwei Unterrichtscoachings pro Monat erhielt. Im Vorfeld dieser Unterrichtsbesuche klärten Coach und Coachee telefonisch oder per Mail, welche Lesestrategie den Gegenstand der nächsten Unterrichtsstunde bilden wird und die gecoachte

Lehrkraft konnte festlegen, in welcher Form der Coach an dem Unterricht teilnehmen soll: a) der Coach unterrichtet eine Stunde und der Coachee hospitiert mit einem spezifischen Beobachtungsauftrag (guided observation), b) Coach und Coachee planen und unterrichten die Stunde gemeinsam (co-teaching), c) der Coach hospitiert in der Unterrichtsstunde und dokumentiert diese für eine anschließende Reflexion ausführlich (guided reflection) und d) Coach und Coachee diskutieren über Herausforderungen, denen der Coachee beim Unterrichten von Lesestrategien begegnet (guided conversation).

Die Ergebnisse der beiden Studien entsprechen einander: Die Autoren können zeigen, dass in dem Unterricht der gecoachten Lehrkräfte Lesestrategien häufiger thematisiert und expliziter gefördert werden als im Unterricht der Lehrkräfte, die nur an der Präsenzveranstaltung teilnahmen. Mehrebenenanalytisch wurde zudem ermittelt, dass Schülerinnen und Schüler, deren Lehrkräfte gecoacht wurden, einen größeren Zuwachs in den Leseleistungen erzielten als Schülerinnen und Schüler, deren Lehrkräfte nur an der zweitägigen Fortbildung teilgenommen hatten.

In der quasi-experimentellen Studie von Carlisle und Berebitsky (2011) nahmen Grundschullehrkräfte im ersten Fortbildungsjahr an neun Seminaren (27 h) teil, die auf dem Programm *Language Essentials for Teachers of Reading and Spelling (LETRS)* aufbauten. Durch die Seminare erweiterten die Lehrkräfte ihr eigenes Wissen über Lesen und Leseförderung und lernten Methoden der Lernverlaufsdiagnostik kennen, um die Wirksamkeit ihres Unterrichts überprüfen zu können. Im zweiten Jahr der Studie bekamen Lehrkräfte, die an Reading First Schulen[1] unterrichten, ein Literacy Coaching, während die andere Gruppe der Lehrkräfte kein Coaching erhielt.

Ein Ergebnis der Studie ist, dass die gecoachten Lehrkräfte ihre Schülerinnen und Schüler häufiger in Kleingruppenphasen unterrichteten als Lehrkräfte, die kein Literacy Coaching erhielten. Kein signifikanter Unterschied zeigte sich darin, wie intensiv die Lehrkräfte die phonologische Bewusstheit und die Lautanalyse in ihrem Unterricht förderten, aber Schülerinnen und Schüler von gecoachten Lehrkräften zeigten eine deutlichere Leistungsverbesserung von der ersten Erhebung im Herbst bis zur zweiten Erhebung im Frühjahr. Für eine Teilgruppe der Schülerinnen und Schüler, sogenannte Risikoschülerinnen und -schüler, konnte zudem gezeigt werden, dass sich deren Wahrscheinlichkeit reduzierte, bei der zweiten Erhebung im Frühjahr erneut als Risikoschülerin oder Risikoschüler eingestuft zu werden, wenn deren Lehrkräfte ein Coaching erhalten hatten.

Coaching im mathematischen Bereich

In einem deutlich geringeren Umfang als die Wirksamkeit von Literacy Coaching wurde bislang die Wirksamkeit von Coaching im mathematischen Bereich untersucht (Kraft et al., 2018). Zwei Studien sollen im Folgenden beispielhaft erläutert werden.

---

1 Reading First ist eine große Maßnahme, die im Kontext des No Child Left Behind Gesetzes von 2002 initiiert wurde, durch die Grundschulen bei der Entwicklung und Einführung von empiriegestützten Curricula zur Lese- und Schreibförderung unterstützt werden sollten.

In der Studie von Newman et al. (2012) ist das Coaching ein Bestandteil der *Alabama Math, Science, and Technology Initiative (AMSTI)*, die darauf abzielt, den Unterricht stärker an gültige bundes- und landesweite Standards anzupassen und so das Lernen von Schülerinnen und Schülern zu verbessern. An der Studie nahmen Lehrkräfte von Schülerinnen und Schülern des vierten bis achten Jahrgangs teil, die randomisiert der Interventionsgruppe oder der Wartekontrollgruppe zugeteilt wurden. Die zweijährige Professionalisierungsmaßnahme sah für die Lehrkräfte der Untersuchungsgruppe einen Sommerworkshop (10–20 Tage)[2], weiterführende Fortbildungsveranstaltungen während eines Schuljahres, Zugang zu Materialien sowie ein bedarfsorientiertes Mentoring und Coaching zur Umsetzung der intendierten Lehrstrategien vor. Bedarfsorientiert meint in diesem Fall, dass das Programm keine Vorgaben dazu machte, wie häufig ein Coaching erfolgen sollte, sondern die Lehrkräfte dies nach Bedarf anfragen konnten. Die Lehrkräfte der Wartekontrollgruppe führten im ersten Jahr der Studie ihre gängige unterrichtliche Praxis fort, stiegen im zweiten Jahr aber in das *AMSTI*-Programm ein. Aus diesem Grund wird hier nur der Effekt des ersten Interventionsjahres auf die mathematischen Leistungen der Schülerinnen und Schüler berichtet. Schülerinnen und Schüler, deren Lehrkräfte an dem *AMSTI*-Programm teilgenommen hatten, zeigten bessere mathematische Leistungen als Lernende, deren Lehrkräfte zur Wartekontrollgruppe gehörten. Der Leistungsunterschied beträgt 0,05 *SD*, was als Leistungsvorsprung von ca. einem Monat zugunsten der Schülerinnen und Schüler von *AMSTI*-Lehrkräften interpretiert werden kann.

Eine weitere Studie zum Coaching im mathematischen Bereich, die sich über einen Zeitraum von insgesamt drei Jahren erstreckte, stammt von Campbell und Malkus (2011). Im Vorfeld des Coachings wurden die Coaches über ein Jahr hinweg in unterschiedlichen mathematischen Inhalten fortgebildet. Während des ersten Jahres, in dem das Coaching in den Schulen erfolgte, nahmen die Coaches zudem an einem Führungs- und Coachingseminar teil. Die teilnehmenden Schulen der Interventionsgruppe bekamen für den Zeitraum von drei Jahren einen Coach an die Seite gestellt, der im Mittel für ca. 37 Stunden pro Woche anwesend war. Im Vergleich mit Schülerinnen und Schülern von Schulen, die keinen Coach hatten, zeigten die Schülerinnen und Schüler von Schulen der Interventionsgruppe über den dreijährigen Untersuchungszeitraum hinweg positivere Entwicklungen in den mathematischen Leistungen. Eine nach den Interventionsjahren differenzierende Analyse führte zu dem Ergebnis, dass in dem ersten Jahr des Coachings keine Unterschiede zwischen Schulen mit und ohne Coach bestehen, sondern unterschiedliche Entwicklungen erst ab dem zweiten Jahr auftraten. Von den Autoren wird dieser Befund dahingehend interpretiert, dass sich erst eine Systematik und Routine zwischen einem Coach und den Lehrkräften einer Schule entwickeln muss, bevor Coaching positive Wirkungen entfalten kann.

---

2 Die Grundschullehrkräfte erhielten eine Fortbildung über insgesamt zehn Tage, wobei jeweils fünf Tage für Mathematik und fünf Tage für Naturwissenschaften vorgesehen waren. Für Mittelstufenlehrkräfte umfasste die Fortbildung pro Fach zehn Tage.

Peer Coaching

Einem umfassenderen Angebot von Coaching wird entgegengesetzt, dass dies eine kostspielige und aufwändige Form der Lehrkräftefortbildung darstellt, da Coaching häufig in 1:1-Settings stattfindet und somit der personelle und zeitliche Bedarf an hoch qualifizierten Coaches groß ist. Eine Alternative zu einem individuellen Expertencoaching kann Peer Coaching darstellen. Einen Überblick zum Thema Peer Coaching geben z. B. Ackland (1991), Hooker (2013) und Brennan (2017). Im Folgenden wird die Studie von Biancarosa et al. (2010) vorgestellt, auch wenn das Peer Coaching in der Studie in einer besonderen Form umgesetzt wurde, da die Coaches im Vorfeld zunächst eine umfassende einjährige Vorbereitung erhielten. Die Coaches waren demnach gleichzeitig Peers und Experten. Gegenstand der Professionalisierungsmaßnahme war die Lese-, Schreib- und Sprachförderung von Kindern. Die das Coaching erhaltenden Lehrkräfte absolvierten zunächst eine insgesamt 40-stündigen Fortbildung zur Sprachförderung, die ein Coach ihrer Schule leitete. In den folgenden drei Jahren nahmen die Lehrkräfte pro Jahr an kürzeren Fortbildungssitzungen (zehn bis zwölf Stunden) und am unterrichtlichen Coaching teil. Im Verlauf des Coachings hospitierten die Coaches bei den Coachees und demonstrierten die Umsetzung von Strategien zur Lese- und Sprachförderung im Unterricht. Um die Wirksamkeit des Programms zu überprüfen, wurden die Lernzuwächse von Schülerinnen und Schülern der gecoachten Lehrkräfte mit den Zuwächsen einer Baseline-Kontrollgruppe von Lernenden verglichen, die ein Jahr vor dem Start des Programms ermittelt wurden. Es zeigt sich, dass die Lernzuwächse der Schülerinnen und Schüler in den Klassen der am Programm teilnehmenden Lehrkräfte höher ausfielen als die der Baseline-Kontrollgruppe.

Virtuelles, technologiegestütztes Coaching

Neben dem Peer Coaching kann auch ein (teilweise) virtuell durchgeführtes Coaching (z. B. Allen et al., 2011; Garet et al., 2016; Powell et al., 2010) eine Möglichkeit sein, um die hohen ressourciellen Anforderungen von Coaching zu reduzieren und eine größere zeitliche und räumliche Flexibilität im Coachingprozess zu ermöglichen.

Powell et al. (2010) untersuchten ein Literacy Coaching, dass im Rahmen des Head Start Programms[3] durchgeführt wurde. Mit dem Programm *Classroom Links to Early Literacy* ist intendiert, dass Lehrkräfte mehr evidenzbasierte Methoden zur Sprachförderung anwenden und sich die Leistungen der Vorschülerinnen und -schüler im Lesen und Schreiben verbessern. Die Studie untersuchte die Verbesserung der Unterrichtsqualität und Leistungsentwicklung von Vorschulkindern im Vergleich mit einer unbehandelten Wartekontrollgruppe und verglich die Wirkungen eines realen Vor-Ort-Coachings und eines online Videocoachings. Die Zuordnung zu einer der beiden Interventionsbedingungen (Vor-Ort-Coaching vs. online Videocoaching) und zur Wartekontrollgruppe erfolgte randomisiert.

---

3 Das Head Start Programm wurde in den USA eingeführt, um benachteiligten Kindern und Jugendlichen eine kompensatorische Förderung anzubieten.

Alle Lehrkräfte, die die Intervention erhielten, nahmen zunächst an einem zweitägigen Workshop (16 h) teil, der ihnen einen Überblick über die Inhalte des Programms (Förderung der Sprachfähigkeit, Dekodierfähigkeit, Buchstabenkenntnis und phonologische Bewusstheit) gab. Die Lehrkräfte bekamen darin unterrichtliche Beispiele präsentiert und lernten evidenzbasierte Strategien der Sprachförderung kennen. In beiden Interventionsgruppen erhielten die Lehrkräfte im Rahmen des Coachings schriftliches Feedback über die Korrektheit der Umsetzung von Lehrmethoden und Empfehlungen zur Weiterentwicklung des Unterrichts. Für beide Gruppen waren sieben Coachings über einen Zeitraum von 15 Wochen vorgesehen.

Das online Videocoaching sah vor, dass die gecoachten Lehrkräfte jeweils eine etwa 15-minütige Videosequenz einer Instruktionsphase aus ihrem Unterricht ihrem Coach über eine Onlineplattform zur Verfügung stellten. Von dem Coach wurden einzelne Sequenzen ausgewählt, zu denen die Lehrkräfte eine Rückmeldung erhielten. Zusammen mit dem Feedback erhielten die Coachees Links zu zwei- bis dreiminütigen videobasierten Unterrichtsbeispielen, welche das intendierte Verhalten modellhaft zeigten, sowie zu erläuternden und zu weiterführenden Artikeln.

Bei den Lehrkräften, die das Vor-Ort-Coaching erhielten, nahm ein Coach für jeweils ca. 90 Minuten am Unterricht teil, gefolgt von einem ca. 30-minütigen Auswertungsgespräch, in dem Coach und Coachee darüber reflektierten, was bereits gut gelungen ist und welche Verbesserungsmöglichkeiten bestehen.

Im Vergleich mit der unbehandelten Wartekontrollgruppe zeigten sich unter Berücksichtigung der hierarchischen Datenstruktur positive Effekte für das Coaching.[4] In dem Unterricht der gecoachten Lehrkräfte verbesserten sich die allgemeine Unterrichtsqualität und die Förderung der Sprachentwicklung. Auf der Ebene der Schülerinnen und Schüler zeigten sich positive Effekte auf die Buchstabenkenntnis, auf Vorläuferfähigkeiten zur Lautsynthese, auf die Schreibfähigkeiten und auf das konzeptuelle Wissen über Schriftsprache. Der Vergleich der beiden Coachingansätze führte zu keinem eindeutigen Ergebnis: So zeigten die Lehrpersonen, die das Vor-Ort-Coaching erhalten hatten, häufiger eine sogenannte »code-focused instruction«, durch die die Lernenden z. B. zur Auseinandersetzung mit der Lautung eines Buchstabens und/oder Wortes angeregt werden. Hingegen zeigten aber die Kinder der Lehrkräfte, die das online Videocoaching erhielten, positivere Entwicklungen des rezeptiven Wortschatzes und erkannten mit einer höheren Wahrscheinlichkeit die Anfangslaute eines Wortes korrekt.

Positive Wirkungen eines virtuellen Coachings zeigte auch die Studie von Allen et al. (2011), in der die Wirksamkeit des *My Teaching Partner–Secondary Programms* (*MTP*) untersucht wurde. Die Fortbildung zielte auf die Weiterentwicklung der Lehrer-Schüler-Interaktion im Unterricht ab und fokussierte hierbei insbesondere auf die Autonomie- und Kompetenzunterstützung der Schülerinnen und Schüler sowie auf einen verständnisorientierten und kognitiv herausfordernden

---

4 Für diese Analysen wurden die beiden Interventionsbedingungen gemeinsam betrachtet.

Unterricht. Das Programm bestand aus Präsenzveranstaltungen und einem einjährigen Coaching. Wie bei Powell et al. (2010) wurde für den sogenannten MTP-Cycle eine webbasierte Plattform genutzt, auf die die gecoachten Lehrkräfte zweimal im Monat Videoausschnitte aus dem eigenen Unterricht einstellten. Der Coach wählte mit Zuhilfenahme des *Classroom Assessment Scoring System-Secondary* (CLASS-S) jeweils kürzere Sequenzen aus den videografierten Unterrichtsstunden aus. Im Unterschied zum *Classroom Links to Early Literacy Programm* (Powell et al., 2010) gab der Coach im MTP-Cycle jedoch kein direktes Feedback zu den ausgewählten Sequenzen, sondern regte die Lehrkräfte mit Fragen zur Analyse und Reflexion an, wobei die Sequenzen so ausgewählt wurden, dass sie den Zusammenhang zwischen Lehrkrafthandeln und Reaktionen der Schülerinnen und Schüler verdeutlichten. Die gecoachten Lehrkräfte betrachteten die Ausschnitte aus dem eigenen Unterricht und beantworteten die Fragen des Coaches hierzu. Anschließend führten Coach und Coachee ein ca. 30-minütiges Telefonat, um gemeinsam eine Strategie zur Weiterentwicklung der Lehrer-Schüler-Interaktion zu entwerfen.

Durch die Begleitforschung zum MTP-Programm konnten Veränderungen im unterrichtlichen Verhalten der fortgebildeten Lehrkräfte nachgewiesen werden. Diese Veränderungen führten dazu, dass sich die Schülerinnen und Schüler der fortgebildeten Lehrkräfte nach der Fortbildung engagierter am Unterricht beteiligten und bessere Lernleistungen erzielten als Schülerinnen und Schüler einer Kontrollgruppe, deren Lehrkräfte an einer alternativen Fortbildung teilgenommen hatten (Allen et al., 2011; Gregory et al., 2014).

10.4 Wirksames Lehrkräftecoaching?! Resümee und Ausblick

»In truth, to say that ›research shows that coaching works‹ is a bit like saying ›research shows that teaching works‹« (Cornett & Knight, 2009, S. 193). Dieses einleitende Zitat weist auf einen wichtigen Punkt hin, der in der Diskussion über die Wirksamkeit von Coaching nicht vergessen werden sollte: Coaching ist kein einheitlich umgesetztes Konzept, sondern es existieren verschiedene Ansätze, die zwar konzeptionelle Gemeinsamkeiten aufweisen, sich aber auch in zentralen Aspekten unterscheiden. Es ist daher simplifizierend, von *der* Wirksamkeit von Coaching zu sprechen. Gleichzeitig ist es auf Basis der aktuellen Forschungslage bislang nicht möglich, zwischen den unterschiedlichen Ansätzen zu differenzieren und/oder datengestützte Aussagen darüber zu treffen, welche Elemente für die positiven Wirkungen von Coaching maßgeblich sind. Erste Untersuchungen (z. B. Darling-Hammond et al., 2017; Kraft et al., 2018) analysierten einzelne Elemente von Coaching bzw. Fortbildungen genauer, um deren Bedeutung für die Wirksamkeit eines Professionalisierungsangebots zu identifizieren. Dennoch sind weitere Studien in diesem Bereich erforderlich, um daraus datengestützte Schlussfolgerungen für die Praxis ableiten zu können. Es ist jedoch auch anzunehmen, dass Lehrkräfte sich darin unterscheiden dürften, wie sie ein Coachingangebot wahrnehmen und es für die eigene Professionalisierung nutzen können. An dieser Stelle dürfte es allerdings ein wesentlicher Vorteil von Coaching sein, dass sich eine Anpassung an die besonderen Voraussetzungen und Bedürfnisse einzelner Lehrkräfte leichter realisieren lässt als dies bei Fortbildungen mit größeren Gruppen oder ganzen Kollegien möglich ist.

Coaching-Ansätze weisen auch Parallelen zu anderen Professionalisierungskonzepten auf. So sind in bestimmten Spielarten der *Lesson Studies* und *Learning Studies* (z. B. Lewis, 2002; Lo, 2015; Posch, 2016) und auch in der Arbeit in *Professionellen Lerngemeinschaften* (z. B. Bolam et al., 2005; Bonsen & Rolff, 2006) Elemente wiederzufinden, die als kennzeichnend für Coaching gelten.

Insgesamt deuten die Befunde der hier vorgestellten Studien darauf hin, dass Coaching ein vielversprechender Ansatz für die Fortbildung von Lehrkräften sein kann. Gleichwohl gibt es auch Studien, die keine positiven Effekte für eine Fortbildung mit Coaching im Vergleich zu einer Fortbildung ohne Coaching feststellen konnten (z. B. Garet et al., 2008). Eine wichtige Forschungsfrage ist demnach, unter welchen Bedingungen ein ergänzendes Coaching zu den gewünschten Effekten führen kann. Auf welche Art und Weise sollte Coaching in ein größeres Fortbildungsprogramm integriert sein? Für welche Fortbildungsziele ist Coaching eine effektive Strategie? Bezogen auf die letzte Frage bietet der aktuelle Forschungsstand bereits erste Hinweise, denen in zukünftigen Studien weiter nachzugehen ist: So scheint Coaching insbesondere dann eine wirkungsvolle Form der Fortbildung zu sein, wenn die Weiterentwicklung von unterrichtlichen Handlungsroutinen intendiert ist. Coaching eignet sich, um den Transfer von Fortbildungsinhalten in die eigene unterrichtliche Praxis der Lehrkräfte zu unterstützen und somit entgegenzuwirken, dass Lehrkräfte bei der Umsetzung auf sich allein gestellt sind und Anregungen zur Weiterentwicklung des eigenen Unterrichts deshalb versanden.

In der aktuellen Fortbildungslandschaft im deutschsprachigen Raum spielt Coaching allerdings eher eine untergeordnete Rolle (z. B. Kunz Heim et al., 2017; Müller et al., 2018). Einem flächendeckenderen Angebot von Coaching stehen u. a. die damit verbundenen Ressourcen und die erforderliche Anzahl an gut ausgebildeten Coaches entgegen (Fussangel et al., 2016). Peer Coaching und virtuelle, technologiegestütze Coachingformate könnten an dieser Stelle vielversprechende Umsetzungsformen darstellen. Die Studien von Powell et al. (2010) und von Allen et al. (2011) sind nur zwei Beispiele dafür, wie es durch die Einbindung digitaler Medien gelingen kann, eine intensive und wirkungsvolle bilaterale Zusammenarbeit zwischen einem Coach und Coachee zu realisieren, ohne dass diese Kooperation an feste Zeiten und Orte gebunden ist.

Aus Sicht der Forschung ist es auch bedeutsam, in zukünftigen Studien näher zu betrachten, welche Elemente von Coaching zur Wirksamkeit beitragen. Gerade weil Coaching häufig in einem intensiven dyadischen Setting stattfindet, erscheint es darüber hinaus wichtig, die Voraussetzungen und Merkmale des Coaches und des Coachees und deren Einflüsse auf den Prozess und die Wirksamkeit von Coaching in weiteren Studien genauer zu untersuchen.

Literatur

Ackland, R. (1991). A review of the peer coaching literature. *The Journal of Staff Development 12* (1), 22–27.
Allen, J. P., Pianta, R. C., Gregory, A., Mikami, A. Y. & Lun, J. (2011). An interaction-based approach to enhancing secondary school instruction and student achievement. *Science 333* (6045), 1034–1037.
Altrichter, H., Moosbrugger, R. & Zuber, J. (2016). Schul- und Unterrichtsentwicklung durch Datenrückmeldung. In H. Altrichter & K. Maag Merki (Hrsg.), *Handbuch Neue Steuerung im Schulsystem* (S. 235–277). Wiesbaden: Springer.
Antoniou, P. & Kyriakides, L. (2011). The impact of a dynamic approach to professional development on teacher instruction and student learning: Results from an experimental study. *School Effectiveness and School Improvement 22* (3), 291–311.
Antoniou, P. & Kyriakides, L. (2013). A dynamic integrated approach to teacher professional development: Impact and sustainability of the effects on improving teacher behaviour and student outcomes. *Teaching and Teacher Education 29*, 1–12.
Beck, E., Baer, M., Guldimann, T., Bischoff, S., Brühwiler, C., Müller, P., Niedermann, R., Rogalla, M. & Vogt F. (2008). *Adaptive Lehrkompetenz. Analyse und Struktur, Veränderbarkeit und Wirkung handlungssteuernden Lehrerwissens.* Münster: Waxmann.
Biancarosa, G., Bryk, A. S. & Dexter, E. R. (2010). Assessing the value-added effects of literacy collaborative professional development on student learning. *Elementary School Journal 111* (1), 7–34.
Bolam, R., McMahon, A., Stoll, L., Thomas, S. & Wallace, M. (2005). *Creating and sustaining effective professional learing communities.* (Research report, no. 637). Annesley: DFES Publications.
Bonsen, M. & Rolff, H.-G. (2006). Professionelle Lerngemeinschaften von Lehrerinnen und Lehrern. *Zeitschrift für Pädagogik, 52* (2), 167–184.
Brennan, K. M. (2017). *Examining the effects of expert peer coaching as professional development model and training tool for special education teachers.* Dissertation, University of Pittsburgh.
Campbell, P. F. & Malkus, N. N. (2011). The impact of elementary mathematics coaches on student achievement. *The Elementary School Journal 111* (3), 430–454.
Carlisle, J. F. & Berebitsky, D. (2011). Literacy coaching as a component of professional development. *Reading and Writing 24* (7), 773–800.
Collins, A., Brown, J. S. & Newman, S. E. (1989). Cognitive apprenticeship: Teaching the crafts of reading, writing, and mathematics. In L. B. Resnick (Hrsg.), *Knowing, learning, and instruction* (S. 453–494). Hilldale: Erlbaum.
Cornett, J. & Knight, J. (2009). Research on Coaching. In J. Knight, J. Killion, C. A. Toll, J. Ellison, C. Hayes, W. M. Reinke, K. Reiss, R. Sprick, S. A. Toll & L. West (Hrsg.), *Coaching approaches and perspectives* (S. 192–216). Thousand Oaks: Corwin Press.
Darling-Hammond, L., Hyler, M. E. & Gardner, M. (2017). *Effective teacher professional development.* Palo Alto: Learning Policy Institute.
Decker, A.-T. (2015). *Veränderung berufsbezogener Überzeugungen bei Lehrkräften.* Dissertation, Johann Wolfgang Goethe-Universität.
Desimone, L. M. & Pak, K. (2017). Instructional coaching as high-quality professional development. *Theory Into Practice 56* (1), 3–12.
Devine, M., Meyers, R. & Houssemand, C. (2013). How can coaching make a positive impact within educational settings? *Procedia – Social and Behavioral Sciences 93*, 1382–1389.
Domitrovich, C. E., Gest, S. D., Gill, S., Bierman, K. L., Welsh, J. A. & Jones, D. (2009). Fostering high-quality teaching with an enriched curriculum and professional development support: The head start REDI program. *American Educational Research Journal 46* (2), 567–597.

Fussangel, K., Rürup, M. & Gräsel, C. (2016). Lehrerfortbildung als Unterstützungssystem. In H. Altrichter & K. Maag Merki (Hrsg.), *Handbuch Neue Steuerung im Schulsystem* (S. 361–384). Wiesbaden: Springer.

Garet, M. S., Cronen, S., Eaton, M., Kurki, A., Ludwig, M., Jones, W., Uekawa, K., Falk, A., Bloom, H. S., Doolittle, F., Zhu, P., Sztejnberg, L. & Silverberg, M. (2008). *The impact of two professional development interventions on early reading instruction and achievement* (NCEE 2008-4030). Washington: National Center for Education Evaluation and Regional Assistance, Institute of Education Sciences, U.S. Department of Education.

Garet, M. S., Heppen, J. B., Walters, K., Parkinson, J., Smith, T. M., Song, M., Garrett, R., Yang, R. & Borman, G. D. (2016). *Focusing on mathematical knowledge: The impact of content-intensive teacher professional development* (NCEE 2016-4010). Washington: National Center for Education Evaluation and Regional Assistance, Institute of Education Sciences, U.S. Department of Education.

Gaudin, C. & Chaliès, S. (2015). Video viewing in teacher education and professional development: A literature review. *Educational Research Review 16*, 41–67.

Gregory, A., Allen, J. P., Mikami, A. Y., Hafen, C. A. & Pianta, R. C. (2014). Effects of a professional development program on behavioral engagement of students in middle and high school. *Psychology in the Schools 51* (2), 143–163.

Gröschner, A., Schindler, A.-K., Holzberger, D., Alles, M. & Seidel, T. (2018). How systematic video reflection in teacher professional development regarding classroom discourse contributes to teacher and student self-efficacy. *International Journal of Educational Research 90*, 223–233.

Hattie, J. (2012). *Visible learning for teachers. Maximizing impact on learning.* London: Routledge Taylor & Francis Group.

Hattie, J. & Timperley, H. (2007). The power of feedback. *Review of Educational Research 77* (1), 81–112.

Hirt, U. & Mattern, K. (Hrsg.). (2014). *Coaching im Fachunterricht. Wie Unterrichtsentwicklung gelingt.* Weinheim: Beltz.

Hooker, T. (2013). Peer coaching: A review of the literature. *Waikato Journal of Education 18* (2), 129–139.

Huguet, A., Marsh, J. A. & Farrell, C. (2014). Building teachers' data-use capacity: insights from strong and developing coaches. *Education Policy Analysis Archives 52* (22), 1–28.

Killion, J. (2009). Coaches' roles, responsibilities, and reach. In J. Knight, J. Killion, C. A. Toll, J. Ellison, C. Hayes, W. M. Reinke et al. (Hrsg.), *Coaching approaches and perspectives* (S. 192–216). Thousand Oaks: Corwin Press.

Knight, J. (2009). *Coaching. Journal of Staff Development 30* (1). Verfügbar unter: http://rapps.pbworks.com/f/NSDC-Coaching.pdf. (Zugriff am: 17.01.2019).

Kraft, M. A., Blazar, D. & Hogan, D. (2018). The effect of teacher coaching on instruction and achievement: A meta-analysis of the causal evidence. *Review of Educational Research 88* (4), 547–588.

Kretlow, A. G. & Bartholomew, C. C. (2010). Using coaching to improve the fidelity of evidence-based practices: A review of studies. *Teacher Education and Special Education 33* (4), 279–299.

Kunz Heim, D., Trachsler, E., Rindlisbacher, S. & Nido, M. (2017). *Schulen als Lernumgebungen für Lehrerinnen und Lehrer. Zusammenhänge zwischen Schulkontext, persönlichen Merkmalen und dem Weiterlernen von Lehrpersonen.* Pädagogische Hochschule, Fachhochschule Nordwestschweiz.

Landry, S. H., Anthony, J. L., Swank, P. R. & Monseque-Bailey, P. (2009). Effectiveness of comprehensive professional development for teachers of at-risk preschoolers. *Journal of Educational Psychology 101* (2), 448–465.

Latham, G. P. & Locke, E. A. (1991). Self-regulation through goal setting. *Organizational Behavior and Human Decision Processes 50* (2), 212–247.

Lewis, C. (2002). *Lesson study: A handbook of teacher-led instructional change.* Philadelphia: Research for Better Schools.

Lipowsky, F. & Rzejak, D. (2017). Fortbildungen für Lehrkräfte wirksam gestalten. Erfolgsversprechende Wege und Konzepte aus Sicht der empirischen Bildungsforschung. *Bildung und Erziehung 70* (4), 379–399.

Lo, M. L. (2015). *Lernen durch Variation: Implementierung der Variationstheorie in Schule und Bildungsforschung.* Münster: Waxmann.

Major, L. & Watson, S. (2018). Using video to support in-service teacher professional development: The state of the field, limitations and possibilities. *Technology, Pedagogy and Education 27* (1), 49–68.

Matsumura, L. C., Garnier, H. E. & Spybrook, J. (2013). Literacy coaching to improve student reading achievement: A multi-level mediation model. *Learning and Instruction 25*, 35–48.

Mayer, R. E. (1995). Feedback. In L. W. Anderson (Hrsg.), *International encyclopedia of teaching and teacher education* (S. 249–251). Oxford: Pergamon.

Müller, F. H., Soukup-Altrichter, K. & Andreitz, I. (2018). Lehrer/innenfortbildung in Österreich. Konzepte, Befunde und Trends. In H. Altrichter, B. Hanfstingl, K. Krainer, M. Krainz-Dürr, E. Messner & J. Thonhauser (Hrsg.), *Baustellen in der österreichischen Bildungslandschaft. Zum 80. Geburtstag von Peter Posch* (S. 144–160). Münster: Waxmann.

Netolicky, D. M. (2016). Coaching for professional growth in one australian school: »oil in water«. *International Journal of Mentoring and Coaching in Education 5* (2), 66–86.

Newman, D., Finney, P. B., Bell, S., Turner, H., Jaciw, A. P., Zacamy, J. L. & Feagans Gould, L. (2012). *Evaluation of the effectiveness of the Alabama Math, Science, and Technology Initiative (AMSTI)* (NCEE 2012-4008). Washington: National Center for Education Evaluation and Regional Assistance, Institute of Education Sciences, U.S. Department of Education.

Parr, J., Timperley, H., Reddish, P., Jesson, R. & Adams, R. (2007). *Literacy Professional Development Project. Identifying effective teaching and professional development practices for enhanced student learning.* Wellington: Learning Media.

Posch, P. (2016). Selbstevaluation durch Lesson- und Learning Studies. Neue Ansätze der Entwicklung von Professionalität. *Pädagogik 68* (6), 44–47.

Powell, D. R., Diamond, K. E., Burchinal, M. R. & Koehler, M. J. (2010). Effects of an early literacy professional development intervention on head start teachers and children. *Journal of Educational Psychology 102* (2), 299–312.

Reinmann-Rothmeier, G. & Mandl, H. (2006). Unterrichten und Lernumgebungen gestalten. In A. Krapp & B. Weidenmann (Hrsg.), *Pädagogische Psychologie: ein Lehrbuch* (S. 613–658). Weinheim: Beltz.

Rolff, H.-G. (2014). Wirksame fachliche Unterrichtsentwicklung – Konzepte und empirische Befunde. In U. Hirt & K. Mattern (Hrsg.), *Coaching im Fachunterricht. Wie Unterrichtsentwicklung gelingt* (S. 16–38). Weinheim: Beltz.

Rzejak, D. & Lipowsky, F. (2018). Was Leitungs- und Führungskräfte an Schulen über wirksame Lehrerfortbildungen wissen sollten. In B. Korda, K. Oechslein & T. Prescher (Hrsg.), *Das große Handbuch Personal & Führung in der Schule* (S. 109–139). Köln: Wolters Kluwer.

Sailors, M. & Price, L. R. (2010). Professional development that supports the teaching of cognitive reading strategy instruction. *Elementary School Journal 110* (3), 301–322.

Sailors, M. & Price, L. R. (2015). Support for the improvement of practices through intensive coaching (SIPIC): A model of coaching for improving reading instruction and reading achievement. *Teaching and Teacher Education 45*, 115–127.

Showers, B. (1985). Teachers coaching teachers. *Educational Leadership 42* (7), 43–48.

Souvignier, E. & Förster, N. (2011). Effekte prozessorientierter Diagnostik auf die Entwicklung der Lesekompetenz leseschwacher Viertklässler. *Empirische Sonderpädagogik 3* (3), 243–255.

Staub, F. C. (2014). Fachunterrichtscoaching auf der Grundlage des Content-Focused Coaching. In U. Hirt & K. Mattern (Hrsg.), *Coaching im Fachunterricht. Wie Unterrichtsentwicklung gelingt* (S. 39–52). Weinheim: Beltz.

Stormont, M. & Reinke, W. M. (2013). Providing performance feedback for teachers to increase treatment fidelity. *Intervention in School and Clinic 49* (4), 219–224.

Stormont, M., Reinke, W. M., Newcomer, L., Marchese, D. & Lewis, C. (2015). Coaching teachers' use of social behavior interventions to improve children's outcomes. *Journal of Positive Behavior Interventions 17* (2), 69–82.

Taylor, J. A., Roth, K., Wilson, C. D., Stuhlsatz, M. A. M. & Tipton, E. (2017). The effect of an analysis-of-practice, videocase-based, teacher professional development program on elementary students' science achievement. *Journal of Research on Educational Effectiveness 10* (2), 241–271.

Timperley, H., Wilson, A., Barrar, H. & Fung, I. (2007). *Teacher professional learning and development. Best evidence synthesis iteration (BES)*. Wellington: Ministry of Education.

Tinoca, L. F. (2004). *From professional development for science teachers to student learning in science*. Dissertation, University of Texas.

Vogt, F. & Rogalla, M. (2009). Developing adaptive teaching competency through coaching. *Teaching and Teacher Education 25* (8), 1051–1060.

Autorinnen und Autoren

Prof. Dr. Frederike Bartels ist Juniorprofessorin an der Universität Vechta. Ihre Arbeitsschwerpunkte sind Selbstkonzept und implizite Fähigkeitstheorien von Kindern im Vor- und Grundschulalter, Lehrerfeedback, Erwartungen von Eltern und pädagogischen Fachkräften an Bildungsinstitutionen und die Professionalisierung von Elementar- und Primarpädagog*innen.

Julius Busch forscht als Doktorand seit 2018 im Rahmen seines Promotionsstipendiums an der Universität Vechta im Fachbereich der Grundschulpädagogik. Zudem ist er als Lehrbeauftragter im Fachbereich tätig.

Prof. Dr. Markus Dresel ist Inhaber des Lehrstuhls für Psychologie an der Universität Augsburg. Seine Forschungsschwerpunkte liegen in der Bildungspsychologie und der Empirischen Bildungsforschung.

Prof. Dr. Sarah Fefer hat eine Juniorprofessur für Schulpsychologie am College of Education der University of Massachusetts Amherst inne. Sie ist gleichsam staatlich anerkannte Verhaltensanalystin. Sie forscht und interessiert sich für die Unterstützung verhaltensauffälliger Schülerinnen und Schüler mithilfe positiver Verhaltensinterventionen sowie die Betreuung in Heim- und Schulkontexten. Ihre Schwerpunkte fokussieren sich auf ADHS und auf Beziehungen zwischen Schule und Familie.

Janka Goldan ist wissenschaftliche Mitarbeiterin am Wuppertaler Institut für bildungsökonomische Forschung und an der School of Education der Bergischen Universität Wuppertal. Ihr Forschungsschwerpunkt ist die Entwicklung der schulischen Inklusion und ihre Implikationen sowohl für die Bildungsplanung als auch für die Bildungsforschung.

Prof. Dr. Robert Grassinger ist Professor für Psychologie an der Pädagogischen Hochschule Weingarten. Er hat Psychologie und Mathematik studiert sowie in Psychologie promoviert und habilitiert. Seine Forschungsschwerpunkte betreffen Fragen der Motivation, der Begabung und des selbstregulierten Lernens und deren Entwicklung sowie Förderung.

Dr. Miriam Hess ist Akademische Rätin am Institut für Grundschulforschung der Universität Erlangen-Nürnberg. Ihre Forschungsschwerpunkte sind unter anderem die videobasierte Unterrichtsforschung, der Einsatz von Videos in der Lehrerbildung und Feedback.

Lisa Hoffmann ist wissenschaftliche Mitarbeiterin am Institut für Bildungsforschung in der School of Education an der Bergischen Universität Wuppertal. Sie forscht im Arbeitsbereich Methodik und Didaktik zu den Förderschwerpunkten Lernen sowie emotionale und soziale Entwicklung.

Prof. Dr. Christian Huber ist Professor für Rehabilitationswissenschaften mit dem Förderschwerpunkt emotional-soziale Entwicklung an der Bergischen Universität Wuppertal. Sein Forschungsschwerpunkt liegt unter anderem im Bereich der Förderung sozialer Integrationsprozesse in Schule und Unterricht.

Prof. Dr. Frank Lipowsky ist Professor für Empirische Schul- und Unterrichtsforschung an der Universität Kassel. Seine Forschungsschwerpunkte sind die Unterrichtsqualität und die Professionalisierung von Lehrpersonen.

Vanessa Pieper, M.A., ist Lehrkraft für besondere Aufgaben an der Universität Vechta.

Daniela Rzejak arbeitet als wissenschaftliche Mitarbeiterin an der Universität Kassel in Evaluationsprojekten, welche die Wirksamkeit von Lehrerfortbildungen untersuchen. Ihre Arbeitsschwerpunkte sind die Motivation von Lehrkräften in Fortbildungen, die Evaluation von Fortbildungswirkungen sowie die kooperative Schul- und Unterrichtsentwicklung von Lehrkräften.

M.Ed. Christina Schatz (geb. Lachner) ist wissenschaftliche Mitarbeiterin am Lehrstuhl für Schulpädagogik an der Universität Augsburg.

Prof. Dr. Susanne Schwab ist Professorin am Zentrum für LehrerInnenbildung und an der Fakultät für Philosophie und Bildungswissenschaften an der Universität Wien. Des Weiteren ist sie außerordentliche Professorin an der North-West University of Vanderbijlpark, Südafrika. Ihr Forschungsschwerpunkt ist die Schulpädagogik unter besonderer Berücksichtigung sozialer, sprachlicher und kultureller Vielfalt.

Dr. Gabriele Steuer arbeitet als Post-Doktorandin an der Universität Bielefeld. Sie beschäftigt sich hauptsächlich mit Motivation, selbstreguliertem Lernen und dem Umgang mit Fehlern.

Prof. Dr. Marie-Christine Vierbuchen ist Juniorprofessorin für Inklusive Bildung an der Universität Vechta. Ihre Forschungsschwerpunkte liegen im Bereich der Lehrerbildung sowie der Prävention und Intervention bei Beeinträchtigungen im Lernen und Verhalten.

Denise Weckend ist wissenschaftliche Mitarbeiterin am Lehrstuhl für Schulpädagogik der Universität Augsburg.

Prof. Dr. Klaus Zierer ist Ordinarius für Schulpädagogik an der Universität Augsburg.